对资本主义的产生、发展进行全面历史分析的著作

世界经济简史
General Economic History

[德] 马克斯·韦伯◎著　李慧泉◎译

| 16世纪的庄园 | 1835年工厂的走锭纺纱 | 理查德·阿克赖特，英国纺织工业家、发明家 | 曼彻斯特的棉花工厂 | 郁金香泡沫 |

立信会计出版社
LIXIN ACCOUNTING PUBLISHING HOUSE

图书在版编目（CIP）数据

世界经济简史 /（德）马克斯·韦伯著；李慧泉译. -- 上海：立信会计出版社，2018.3
（去梯言）
ISBN 978-7-5429-5587-6

Ⅰ.①世… Ⅱ.①马… ②李… Ⅲ.①经济史—世界 Ⅳ.①F119

中国版本图书馆CIP数据核字（2017）第242698号

责任编辑　何颖颖
封面设计　仙　境

世界经济简史
SHIJIE JINGJI JIANSHI

出版发行	立信会计出版社				
地　　址	上海市中山西路2230号		邮政编码	200235	
电　　话	（021）64411389		传　　真	（021）64411325	
网　　址	www.lixinaph.com		电子邮箱	lxaph@sh163.net	
网上书店	www.shlx.net		电　　话	（021）64411071	
经　　销	各地新华书店				
印　　刷	北京柯蓝博泰印务有限公司				
开　　本	720毫米×1000毫米		1/16		
印　　张	19				
字　　数	200千字				
版　　次	2018年3月第1版				
印　　次	2019年9月第2次				
书　　号	ISBN 978-7-5429-5587-6				
定　　价	39.80元				

如有印订差错，请与本社联系调换

韦伯的生平

马克斯·韦伯（Max Weber）生于1864年4月21日，去世于1920年6月14日，是德国的著名经济学家、政治学家和社会学家，对于西方古典管理理论的确立作出了很大贡献。

韦伯出生在一个中产家庭，父亲是一名政治家。耳濡目染，年少时候的韦伯就在学术上展现出了出众的才能，曾在十岁的时候写了两篇历史论文给父母。

韦伯在1882年进入海德堡大学学习法律，1884年，他回到自己的家乡柏林读书，之后担任了柏林大学的老师。

1886年，韦伯通过了测验成为了实习法官。1889年，他以一篇名为《中世纪商业组织的历史》的博士论文获得了博士学位。1891年，他通过了教授资格测验，成为了大学教授。

韦伯对当时的社会政策有很大兴趣，1888年，他加入了"社会政治联盟"，这个团体中的成员大部分都是德国经济学家，而且他们还都是经济历史学派的，他们认为要想解决社会问题，那么最关键的是通过经济上的办法。1890年，为了研究东部移民问题，这个联盟成立了研究小组。韦伯是这次研究的主要负责人，并且记录下了调查结果。这项研究在最后得到了好评，让韦伯获得了社会学和经济学专家的声望。

1903，韦伯辞去了学校教授职位，没有了教职的束缚，他和维尔纳·桑巴特创办了社会学期刊《社会学和社会福利档案》。1904年，韦伯发表了《新教伦理与资本主义精神》，这是他最有名的著作，也是唯一一部他在世时出版成书的作品。

韦伯是现代社会学的奠基人，他对社会学、经济学以及政治学的影响很深。理想的行政组织体系理论便是他提出的，在管理思想发展史上，他被称为"组织理论之父"。

值得关注的是，在韦伯身后，他的著作被他的妻子玛丽安妮·韦伯收集、修订并且出版。本书便是他的妻子邀请著名学者西格蒙德·赫尔曼和麦尔齐·帕尔伊将他在慕尼黑大学的"普通社会经济史概论"这一讲座的笔记整理而成。

前言
Preface

《世界经济简史》一书是由德国的经济学家和社会学家马克斯·韦伯所著。1919—1920年,马克斯·韦伯应学生的热烈呼声,在慕尼黑大学讲授"普通社会经济史概论"。1920年夏季,学期还没结束,韦伯不幸病逝于慕尼黑。他的遗孀玛丽安妮·韦伯邀请著名学者西格蒙德·赫尔曼和麦尔齐·帕尔伊将讲座的笔记整理成书,即《世界经济简史》。这本书目前有多种中文译名,《经济通史》《社会经济史》《世界经济史纲》等。

《世界经济简史》可以说是马克斯·韦伯在经济史方面的盛名之作,西方知识界一直将它与马克思的《资本论》相提并论。两人分别从不同的角度,深刻谱写了资本主义的精神实质,各有千秋,可谓是同一时代的两本经济名著。

本书论述了原始的农业组织形态——家庭、氏族、村落和庄园制,以及前资本主义等各个时期的经济形态,最终落脚到试图解释现代资本主义生产方式的产生。本书中,作者遵循了由工业到商业再到金融货币的论述顺序,还用大量篇幅论述了之所以资本主义发生在西方,不仅仅是得益于地中海沿岸那优越的地理环境,还因为其具有内在动力——资本主义精神。全书内容翔实,资料丰富,涉及从原始社会至现代社会的历史、经济、宗教等各个方面。

目录

第一篇 家庭、氏族、村落以及庄园

第一章 农业组织和有关农业共产主义的问题 / 003

第二章 财产制度与社会团体 / 023

    一、财产的占有形式 / 023

    二、家庭团体与氏族 / 025

    三、由经济与非经济因素决定的家庭的发展演变 / 032

    四、氏族的演变 / 037

    五、家庭共同体的演变 / 040

第三章 领主所有权的起源 / 043

第四章 庄园 / 054

第五章 进入资本主义社会之前西方各国农民的地位 / 062

第六章 庄园中的资本主义发展 / 066

    一、种植园 / 066

    二、地产经济 / 072

    三、庄园制度的解体 / 078

第二篇 资本主义发展之前的工矿业

第七章 工业经济组织的基本形式 / 097

第八章 工矿业的发展阶段 / 102

第九章 手工业行会 / 113

第十章 欧洲行会制度的起源 / 120

第十一章 行会的解体与家庭工业制度的发展 / 127

第十二章 工场生产、工厂及其先驱 / 135

第十三章 现代资本主义发展之前的采矿业 / 150

第三篇　前资本主义时代的商业与交换

第十四章　商业发展的开端 / 163

第十五章　商品运输的技术条件 / 166

第十六章　运输业与商业的组织方式 / 170

　　一、外国商人 / 170

　　二、坐商 / 180

　　三、集市贸易 / 184

第十七章　商业企业的各种形式 / 187

第十八章　商人行会 / 192

第十九章　货币史与货币 / 197

第二十章　前资本主义时期的银行和货币交易 / 211

第二十一章　资本主义时期之前的利息 / 220

第四篇　现代资本主义的开端

第二十二章　现代资本主义的内涵和前提条件 / 227

第二十三章　资本主义发展的外部现实 / 230

第二十四章　早期大规模投机危机 / 235

第二十五章　自由批发贸易 / 240

第二十六章　16～18世纪的殖民政策 / 245

第二十七章　工业技术的进步 / 249

第二十八章　市民 / 258

第二十九章　合理化的国家 / 274

　　一、国家、法律与官员 / 274

　　二、合理化国家的经济措施 / 278

　　三、重商主义 / 280

第三十章　资本主义精神的进化演变 / 284

第一篇
家庭、氏族、村落以及庄园

世界经济简史

第一章
农业组织和有关农业共产主义的问题[1]

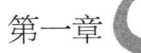

对德国古代经济组织的研究,特别是G·汉森(G. Hanssen)和冯·毛勒(G. von Maurer)的研究得出了"所有经济发展的开端都是原始农业共产主义"这一理论,这也是这个理论[2]第一次被提出。之后,这些人提出了古代德国农业共产主义的理论,在学术研究上,这个理论是大家共同的财产。很多地方都有和德国农业组织相似的情况,这些情况总结起来就是所有经济发展的开端都是农业共产主义,这也是德·拉弗勒(F. de Laveleye)十分注重的发展学说。

俄国、亚洲、印度这些地方的案例都可以证明这个理论的正确性,特别

---

[1] 一般参考文献——奥·麦岑(A. Meitzen):《东日耳曼人、西日耳曼人、凯尔特人、罗马人、芬兰人以及斯拉夫人的定居地和农业制度》,共四卷,柏林,1896年版;科纳普(G. F. Knapp)《论麦岑所谈的定居地和农业制度》,见他的《庄园与骑士封地》,第101页及以下各页(对麦岑的评判);马克斯·韦伯撰写的条目"古代农业史",于《国家科学大辞典》刊载,耶拿,1909年第3版,第1卷,第52页。

[2] 参见汉森(G. Hanssen):《对古代农业的看法》,载于《新公民杂志》第3卷(1835年)和第6卷(1837年)——重载于他的《农业史论文集》,总共两卷,莱比锡,1880—1884年版;另参见冯·毛勒(G. von Maurer):《马尔克、庄园、乡村和城市等制度导论》,慕尼黑,1854年版;德·拉弗勒(F. de Laveleye):《论财产及其原始形态》,巴黎,1874年版(英译本,《原始财产》,伦敦,1878年版)。关于争论的起源和过程,参见《经济史问题》,冯·贝洛(G. von Below):《一个转瞬即逝的为人津津乐道的理论》,蒂宾根,1920年版;另参见马克斯·韦伯:《关于古代日耳曼社会制度的性质的争论》,于《国民经济和统计年鉴》刊载,第83卷(1904年版)。

是印度最具代表性。然而，近来的学术研究却非常认同一种观点，觉得不管是在德国还是在别的经济体系中，土地私有制和庄园经济的发展早在我们所能追溯的最远古的时期就存在了。

德国的村庄和田野，摄于1894年

假如我们第一步先对18世纪时期日耳曼民族的农业组织进行分析，之后追溯到没有什么可供查阅的资料的更古老时期，那么我们就要先看一下条顿族[1]曾经生活过的地方。所以，我们不能把下面三个地区算在内：

（1）易北河[2]和萨尔河以东之前斯拉夫人生活的地方；

（2）莱茵地区、黑森地区和大概从黑森地区边界到累根斯堡[3]邻近地区的一条粗略连线以南的德国南部地区，也就是以前罗马人生活的地方；

（3）威悉河[4]左侧岸边，凯尔特人原本生活在这里。

---

[1] 古代日耳曼人的一个分支。——译者注
[2] 欧洲中部主要航运河道。——译者注
[3] 德国巴伐利亚州的一个城市。——译者注
[4] 流经德国的第二大河流。——译者注

这个原为日耳曼人居住区的定居点具有村庄的形式,而非相互独立的农场。由于每一个村庄都经济独立,因此,就没有与邻近村庄进行交往的必要,不同村庄之间起初完全没有道路相互连接。后来出现的道路也不是有计划地修筑的,而是被过往的路人根据习惯随意踩踏出来的,下一年可能就会消失,然后再出现,再消失,不断重复;就这样过去了几个世纪,才慢慢地有了维护道路的义务,由拥有土地的个人承担这一义务。因此,今天这个地区的地图全图看起来像是一个不规则的网,村庄的位置就是上面的交点处。

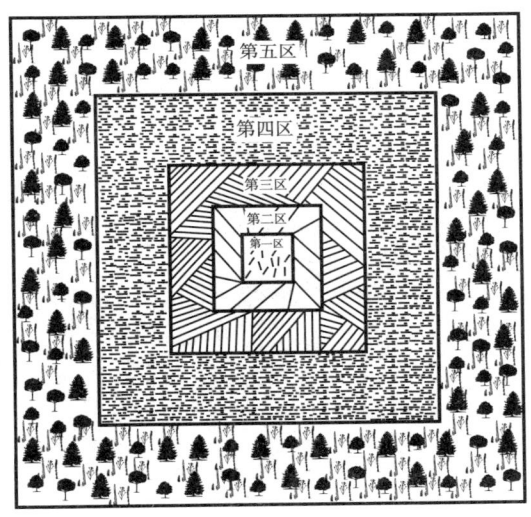

村庄

在这张图上,第一区,即最内层的区域,是居民住宅区,这些住宅位置看上去杂乱无章。第二区是用篱笆圈起来的土地,数量与村庄里原来的住宅用地相等。第三区为耕地(见下文),第四区为牧场。每个家庭都有权利在牧场上放牧相同数量的家畜,然而牧场却不是归集体公有,而是被分成固定的份额。森林区(第五区)的情况与此相同,不过森林有时并不完全归村庄所有;在这一区,村庄居民平均分配砍伐林木、采集垫草和用作饲料的果实等权利。房屋、住宅用地与居民在园地、耕地、牧场和森林中享有的份额合在一起组成一海得[1]（英语hide，德语为Hufe，与英语中的have同源）。

耕地被划分为若干被称为大块（Gewanne）的部分；这些大块又进一步被划分成许多长条地，这些长条地的宽度并非整齐划一，通常情况下非常窄小。每一大块上的这样的长条地都被分给了村里的农民，因此耕地中的各份额最初是相等的。将耕地分成若干大块的出发点在于尽力使每一个公社成员在不同地点的土壤质量各异的土地上平等地拥有土地。这样分配土地的情况有一个好处，出现冰雹等自然灾害时，村民所遭受的损失一样，单个农民的风险得到降低。

古代耕作

通过与罗马人以方田为主的耕作习惯进行对比可以看出，日耳曼人把耕地分成长条地的做法是与他们耕种时所使用的犁的特点有关系的。犁是像耙一样的工具，起初都是由人用手操作或由畜力拖动的，仅能用来刨土或者是在地面挖沟。为了疏松土壤，所有处在耙状犁阶段的民族都不得不在土地上来回耕作。由于这个原因，最合适的土地划分方法是把土地分成方田，就好像在恺撒时期之后，我们所看到的意大利，和在意大利台伯河东南大平原

---

[1] 德国古老的土地计量单位，大概 7.5～20 公顷。——译者注

的全图以及个人所持份地的外部边界至今所展现出的样子一样。

但是日耳曼人的耕种用犁则不是这样，据我们所知，它是由一把竖着挖土的犁刀、一个横着挖土的犁头和右边一块用来翻土的犁板组成的。这种犁让人们不再需要纵横耕作，并且使用这种犁的时候，长条地是最方便耕种的。在这样的情况下，一头牛在一天内不至于非常疲劳的情况下所能耕作的土地量决定了长条地的大小——因此日耳曼人将其称为"莫根"（英语Morning，但是等于英亩）或"塔格韦克"（Tagwerk，一天的工作）。由于这种犁右边安装了一块翻土犁板，在耕地时就会时常向左偏，时间长了，长条地的边界就会变混乱。犁沟慢慢也就不整齐了，每一块长条地之间并没有田埂，至少最初是这样，仅有边界犁沟隔开各地，这样就会经常把别人家的长条地犁过来。因此，"田地审查员"就用杆，后来用所谓弹簧尺恢复原有地界。

由于没有道路让各份地之间相通，只能在同一时间根据同一计划耕作所有份地。耕作的时候一般采用三圃制。在德国，这种制度并不是存在最久的，但这是应用最广泛的农耕方式。在莱茵地区洛施修道院的一份大约公元770年文件中，三圃制已被认为是当然的事了，因此可以说这一制度的采用应至少可以追溯到8世纪。

三圃制耕作是指把整块耕地划分成三个区：在一定的时间内，第一区种植冬季谷物，第二区种植夏季谷物，而第三区实行休耕，还要为其施肥（至少历史上曾经有此类事情）。三区土地每年轮换，因此如果在今年一个地区种植了冬季谷物，明年就种植夏季谷物，后年则休耕，其他区作相应轮耕。家畜冬天在畜舍中喂养，到夏天他们会在牧场上放牧。在这样的农耕制度之下，任何个人都不可能与公社其他成员所采用的耕种方法有任何差异；集体让他干什么他就干什么。村长决定播种、收割时间，并且指挥大家用篱笆围起已播种谷物的耕地，这样做以便和休耕地隔开。收割一结束，篱笆就会被拆除。在共同收割日，那些没有把庄稼收割完的人，其庄稼最后的下场就是被放出去吃农作物残茬的家畜践踏。

　　海得份地是个人的私有财产，并可以世代承袭[1]。海得份地大小各异，每一个村落都有一定的差别。一般都觉得想要让一个家庭过上普通的日子那么就需要40英亩的土地，这是一个标准。个人自由使用住宅用地和园地，这些土地都是他们持有地的一部分。他们的父母和小孩居住在房屋里面，一般情况下他们已经成年的儿子也在这个狭义的家庭之中。

　　耕地份额也分给个人所有，剩下的已耕种土地是海得农或持有份地的农民（也就是村里有正式身份的成员或自由民）组成的公社的。这些农民仅仅包括那些在三圃田的每一圃中都有权利持有一份土地的人。没有土地或者并不是在每一圃中都持有一份土地的农民都不能称之为海得农。

　　马尔克[2]是比村庄还大的团体，它包括森林和荒地，但和公有地或者是坟场相比又不一样。几个村落组成了这个团体。现在已经没有办法知道马尔克组织的起源及最初的形式。但是不管怎样，马尔克能追本溯源至加洛林王朝[3]将行政区划分为区以前，但与百户村相比又有些差异。在统一的马尔克里，有"最高长官"一职，再加上一块可以世袭的土地，一般情况下国王或封建领主优先担任这个职务；除此之外，还有海得农代表组成的会议和"森林法庭"，这些代表来自马尔克所辖的各村。

　　起初，组成这一经济的成员在理论上是完全平等的。但是这种平等由于继承遗产的子女数量的差异而被打破，因而随之出现了半海得农和四分之一

---

　　[1]　近来与原始共产主义理论密切相关的争论主题一直是海得组织。刚开始的时候，有一些学者认为它是村社田地制度的产物与表现，之后有学者认为庄园的起源就是它。鲁贝尔（Rübel）又认为它是由法兰克王国在整个德意志推广的萨利系法兰克族（the Salian Franks）起初所特有的制度。
　　[2]　是一种土地公有私用的农村公社。——译者注
　　[3]　从751年起统治法兰克王国的封建王朝，现在的法国、德国便是从法兰克王国的组成部分演变而来。——译者注

海得农。此外，村里的居民并不是只有海得农。一些其他社会阶层的居民也居住在村里。第一种人就是没有成年的幼子，他们是没有继承权的。这些人要搬到份地之外的地方居住，他们所拥有的土地还没有被开垦过，但他们有放牧的权利，在这样的情况下，他们要交税。他们的父亲也可以从自身所持园地中分出一部分给他们建造住房。

海得农组织不包括那些从外面来的手艺人及其他居民。因此，在海得农与村中其他阶层居民之间就有了明显的分界线，后者在德国北部称之为"草泽人"（Brinksitzer）或"贫农"（Kossäten），在南部被称为佣工或小屋农。这些人之所以属于这个村子，主要是因为他们在这里有房子，只不过是没有耕地。不过，如果农民们得到了村长或者是领主（最初氏族）的同意，他们就能卖给这些人一些自己所持份地，或者是这些人能在村里租一块公有土地，而他们也能拥有自己的土地。这样的土地叫"流动份地"；拥有这些土地的人并不需要承担海得地的义务，庄园法庭并不管他们，这些地能随意转给他人。但这样的土地持有者没有海得农的权利。像这样没有什么法律地位的人有很多；有的村庄有一半的耕地变成了流动份地。

后来，因为土地所有权的不同，农民被分成了两个阶层，一个是海得农和其他阶层，另一个是不在海得组织之中的人。但在海得农上面发展了一个特殊的经济阶层，这些人在主要的村庄外面居住。日耳曼农业制度形成之始只要存在没有明确归属的土地，个人就可以开垦并将其用篱笆围住；只要他一直耕种，这块所谓的"圈围地"就归属于他，不然就是马尔克的了。获得这"圈围地"的前提是，拥有数量可观的牲畜和奴隶，所以一般这样的情况发生在国王、王公贵族和领主中。

国王拥有马尔克的最高权力，因此他可以把马尔克的土地赏给他人。这样的赏赐是在海得地的分配范围之外进行的。森林的面积和边界在这样分配土地的情况下会有影响，这种土地要先变成可耕土地，处在更加有利的法律关系下，这是因为它不用承担敞地[1]的义务。为了把这种赐地区分开来，使用了一种被称为王室海得的特殊面积单位，相当于一块四五十公顷[2]的长方形土地。

这样的古代日耳曼人的海得制度和陈旧的定居方式，流传到了威悉河和易北河地带，这些地方是：

（1）斯堪的纳维亚——从挪威到卑尔根，从瑞典一直到达尔河，以及丹麦诸岛与日德兰半岛；

（2）丹麦人和盎格鲁—撒克逊人侵略后的英格兰（敞地制度）；

（3）几乎整个法国北部到布拉邦特的比利时的大部分地区，而比利时北部、佛兰德斯及荷兰的一部分地区则属于萨利克法兰克人的统治区域，其定居方式有所不同；

（4）德国南部，莱赫河、伊萨尔河和多瑙河之间的地带，包括符腾堡和巴登的部分地区以及上巴伐利亚或慕尼黑周围地带，尤其是艾布灵附近区域。

日耳曼人之后进行殖民活动，因此，易北河以东也出现了年代久远的日耳曼定居形式，它用一种合理的方式进行传播。之后，日耳曼人建立了具备合适财产制度及最大限度经济生活自由的"街道村庄"，这是因为他们想让这个地区有更多的移民。土地并非不规则地坐落在一起，而是分别排列在村庄街道两旁；每一个住宅都建立在自己的份地或者是海得上，份地都是紧挨着的，排成长条的形状；但是这里依然保持着把田地分成为若干大块与强制统一耕种的做法。

日耳曼人的起源地以外的地方也慢慢地出现了定居的生活方式，慢慢

---

[1] 日耳曼人使用耕地的方式，因各块份地之间没有道路可通行，耕作通常按三圃制进行。——译者注

[2] 1公顷大约等于2½英亩，1英亩=6.075亩。——译者注

地那些明显的区别显现了出来，特别是在威斯特伐利亚一带，威悉河把这个地方分成了两个地区，这两个地区定居形式不一样。越过威悉河，就不再是日耳曼的定居形式，河的左岸是有独立农场聚居地的定居地，这里混合持有地非常少，也没有公有地和村落。马尔克中那些没有开垦的土地上慢慢出现了这样的农场。然后把这些开垦之后的耕地分到被称为"世袭持有农"的公社成员手中。除此之外，因为这样的分配形式，很多其他移民都加入到马尔克。他们算是东边的小农、劳工、手艺人，也就是所谓的"贫农"，和"世袭地持有农"是租赁关系，或者是作为雇佣劳动者为生。因为威斯特伐利亚的定居方式，这里的世袭持有农平均每个人有200英亩的土地，所以他们的地位和有混合份地的农民比起来独立很多，从威悉河到荷兰海岸地带，这样的个体农场聚居地制度占有主导地位，因此，也包括萨利系法兰克族的主要领土。

在东南方，日耳曼人的居住地与阿尔卑斯山脉农业区和南斯拉夫接壤。阿尔卑斯山脉的农业全部建立在畜牧上，因而公共牧场或公有土地至关重要。所以，所有经济规则均源自"分份"的需要，即源自对有权放牧的人有共同使用牧场的机会的控制。为实现"分份"，需要将牧场分成一定数量的"斯特莱克"（Strikes），一单位"斯特莱克"的相当于养活一头牲畜全年所必需的牧地量。

在历史上，在巴纳特、塞尔维亚及克罗地亚的南方斯拉夫人的经济单位是扎德鲁加（Zadruga）或者是家庭公社，一直都不是村庄，而这样的经济单位有多久的历史，一直都是一个很有争议性的话题。扎德鲁加是说在一个男性家长带领下的生活，这个家庭是扩大了的家庭，里面包括他所有的子孙后代，一般情况下，算上已婚人的另一半人数大概是40～80人，而且经济生活的基础是共产主义。当然，他们一般并不都住在同一个房间里面，可是在生产与消费上，他们作为一个家庭"同锅共灶"生活着。

在西南地区，日耳曼乡村组织接触了罗马土地分配方法的残余，我们能在这些残余中看到领主的地产，它在农民的不是独立的小田地之间。这两种制度在巴登、瓦登堡和下巴伐利亚已经在一定程度上融合在一起了，特别是在一些山区和高地，日耳曼的制度逐渐消失。那里有混合持有地，但是另一方面时而也会有一些村庄的已开垦土地连接成为一体，个人所拥有的土地虽然处于分隔状态，但并没有出现什么平均分配的办法，也没有发现什么分配原则。目前已经无法确知这种被麦岑（A. Meitzen）[1]称为"村庄分配"的起源，这些土地可能是赏赐给非自由民所产生的。

目前已经没有办法知道这种特殊的日耳曼农业制度的起源，这种制度在加洛林王朝时期就已存在，远古时期有这样的方法的可能性不大，因为把敞地划分为相等的长条地的做法是很系统的做法。麦岑曾提出这种制度由另一种制度演变而来，也就是把土地分为所谓的"拉格莫根"（Lagemorgen，地亩）的制度。拉格莫根大约等于一个农民用一头牛一上午所能耕作的土地量，不过这一数量因土壤质量、地形及与宅地相隔的距离等不同而差异很大。拉格莫根因此成为敞地或大块的基础，任何这种旧分配方式残留之地，在与后来分为相等长条地的分配方法所形成的几何图形相比之下，总是呈现出其不规则状态。

里彻尔（Rietschel）的近期（研究）意图被这一观点否定了，他试图证明因为军事需要，所以才出现了日耳曼人的土地与耕种制度。根据里彻尔的理论，"白户村"组织发展出来了这样的制度。他觉得百户村是由100名左右的海得农组成的政治团体，也是一个战术单位，这些海得农所拥有的土地最少是之后公社海得的四倍大。这种组织的核心人物可能要供服兵役用，因为他们靠从剥夺他们的农奴的劳动中获得的收入生活，所以他们能和公社分

---

[1] 德国农业史专家。——译者注

开。正如后来益格鲁撒克逊人一样，对于承担一名全副武装骑士的供养之责而言，海得是一个理想单位。有人认为，公社海得就是经由一个合理化过程而从这种海得组织发展而来的，即将大海得农所持有的土地分为四块、八块或十块的过程。与这种理论截然相反，日耳曼人海得组织大块土地的分配并不是来自于任何合理化过程，而是从拉格莫根演变而来。不过，还有一个难题，那就是在法国北部，这种海得组织仅出现于萨利克法兰克人开疆扩土的地方，而在他们的原有领土中却没有出现。

  日耳曼人的原有定居形式目前已不复存在。它的瓦解开始得很早，并且这不是农民采取了什么措施的结果，而是来自于上层的干预，这些农民并不处于可能实现这一变革的位置。农民早就沦落到依附于政治首领或封建领主的地位；在经济和军事意义上，一名公社海得农是弱于王室海得农的。在实现了长时间和平之后，贵族阶级对经济事务的兴趣越来越大。恰恰是一部分贵族的经营活动，破坏了乡村组织，这样的情况特别是在德国南部表现得很明显。

  举例来说，自16世纪起，德国南部坎普滕的帝国修道院就已经开始了"圈地"运动，并且一直持续到18世纪。已开垦土地经重新分配，农民被安置在排列紧凑的圈围起来的农场上，并尽可能靠近农场中心。

  在德国北边，旧的土地分配方式在19世纪就被政府废除了，而为了消除这样旧有的土地分配办法，普鲁士残忍地动用了武力。1821年，其发布了公社分配法令，试图强制实现向交换经济的转变，法令的制定与实施是在统一马尔克、反对混合份地及牧场的自由主义思想的影响下进行的。以强制合并的方式取消了持有混合份地的公社，同时对公共牧场或公有土地进行分配。因此，农民被迫进入个体经济生活。

  在德国南部，当政者沉醉于对公田制的所谓"净化"，并在不同份地之间建造路网。结果发生了许多将被合并的个人所持份地之间的交换。虽然公有土地依然存在，可是之后实行了冬季牲畜饲养方法，因而公有土地被大范围地转为耕地。新耕地可以作为个体村民的补充收入来源或者用于对老年人的赡养。这种发展在巴登尤为突出。这里定居地特别稠密，这是因为这里一贯坚守确保人口有足够饮食的原则。甚至凡是迁徙者都可以获得补贴，最终，形势的发展使一些地方试图对新旧定居者加以区别对待，准许新定居者使用村公社范围内的某些特定公地。

很多学者认为日耳曼乡村组织是所有民族之前都曾经历过的原始农业共产主义的一种表现形式，并在其他地方寻找实例，使他们可以合理追溯到日耳曼农业制度之前无法考证的历史阶段。在这一努力中，他们为了得出对原始阶段的推论，曾想在卡罗顿战役之前（1746年）的苏格兰农业制度（"小块土地占有制"）中找到与日耳曼农业制度相像的实例。

诚然，耕地在苏格兰被划分为长条地，各块份地交错在一起，且还有公共牧场；就这一点来说，与日耳曼农业制度确有相似之处。然而这些长条地每年或者定期用抽签的方式来重新分配，于是就有了一些类似于村庄共产主义的地方。在我们所能追溯的最古老的日耳曼土地分配方法中居于基础地位的拉格莫根制度中却不曾出现过此类方法。除这一制度之外，在盖尔人和苏格兰人居住的地区形成了塞瓦尔（Cyvvar）制，即共同耕种的习惯，这种制度被认为是苏格兰农业制度的一部分。在这种制度下，翻耕在相当长一段时间内已经休耕的土地需要使用由八头牛拖动的重犁。因为如此，耕牛所有者与重犁所有（一般是村中铁匠）一般会联起手来，一人扶犁，一人赶牛，作为一个整体进行耕种。农作物的分配要么在收割前，要么在联合收割后进行。

苏格兰农业制度区别于日耳曼农业制度的另一个事实，即苏格兰将全部耕地分为两个区。内区根据三圃轮换制施肥耕种，而把外区分成五到七段，一年仅耕种其中一段，其他段则任其杂草丛生，当作牧场使用。这种"粗放草田"农牧业的特点诠释了当时协同耕种的发展，不过在内区，苏格兰的个体农民却像日耳曼农民那样独立种田。

苏格兰农业制度是一种近期的，且高度发展了的耕种制度；而对凯尔特人原始农业制度的分析则必须从爱尔兰着手。爱尔兰农业起初完全建立在畜牧业的基础上，这是基于如下事实：由于气候条件的影响，牲畜一整年都能在户外放牧。牧场则被家庭公社分得，公社的领头人往往拥有300头牲畜。公元600年左右，爱尔兰农业出现了衰退，经济组织也历经变革。然而，与从前一样，土地并未得到永久性分配，一次分配持续的最长时间也只有一代。一直到11世纪，土地的重新分配仍是在首领的主持下进行。

我们几乎不能从爱尔兰或者从苏格兰的共同耕种制中得出一些有关于日耳曼农业的原始阶段的结论，因为我们所了解的最古老的凯尔特人的经济形式仅仅限于与畜牧业有关的方面。据我们了解，有代表性的日耳曼农业制度的起源肯定是耕种与放牧近乎同等必要的时期。也许这一制度形成于恺撒（Caesar）时期，而粗放草田农业显然在塔西佗（Tacitus）[1]时期占主导地位。然而，将这两位罗马作者中任何一位的叙述用于分析研究都颇具困难，其中塔西佗的华丽辞藻尤其令人生疑。

与日耳曼土地制度形成明显对比的是俄罗斯米尔[2]制。在大俄罗斯，这一制度处于主导地位，但是仅限于内地政治区域，在乌克兰和白俄罗斯却未曾出现过这一制度。俄罗斯米尔的村庄是规模非常庞大的街道村庄，一般能容纳三五千居民。园地与耕地均在宅地后面。新成立家庭在一排宅地的末尾处定居。

除了耕地，还存在可利用的公共牧场。耕地先被分成大块，继而进一步分为长条地。与日耳曼土地制度形成对比的是，在俄罗斯，长条地并非死板地按户分配，而是在分配过程中综合考虑一户家庭所拥有的人口数量或劳动

---

[1] 古代罗马最伟大的历史学家。——译者注
[2] 沙俄时代的村社组织。——译者注

力数量等因素，因此其分配结果并仅仅是一时的。法律规定重新分配的频率为每12年进行一次，但事实是重新分配频繁发生，非永远不变，通常每1年、3年，或6年就重新分配一次。土地权归个人所有，而且与村庄有关，跟家庭公社无关。这一权利是永久性的；即使其祖先在几代之前就已迁出，现在是工厂工人，也依然能返乡行使这一权利。相反，未经许可，任何人都不能离开公社。土地权可从定期的重新分配中得以表现出来。

然而，因为进行重新分配所需的大多数几乎从来没有达到过，所以一般情况下，所有村民的一律平等仅是停留于书面的形式而已。凡是人口增长快的家庭都会赞成重新分配；但也存在对他们不利的其他利益关系。米尔决策的民主只在名义上，实际上经常是按照资本主义的方式进行决议。由于缺少粮食，一些单个家庭往往对乡村资产阶级或"富农"负有不同程度的债务，大部分无产者被资产阶级通过资金借贷控制了。当对重新分配问题进行决议时，是让债务人一直贫困下去还是允许其多获得一点儿土地，要看哪一种做法对他们有利，根据对自身有利的做法，他们对村中决策进行相应调整。

直到米尔制度在俄罗斯瓦解时，一直存在着对米尔经济作用的两种不同观点。一种观点认为米尔与个人主义的乡村组织存在明显差别，它是经济生活的救济方式；而且它把赋予每一名迁出的工人返乡要求一份土地的权利当作解决社会问题的方式。持有这一观点的人，虽然承认这会阻碍农村生产方法的进步，不过又认为土地使用权迫使每一次进步都得将每一个人都包括在内。持相反观点的人则认为无条件地把米尔视为进步路上的阻碍以及对沙皇反动政策最强有力的支持。

20世纪初社会革命力量颇具威胁性的发展导致了米尔的瓦解。在1906—1907年的土地改革法中，斯托雷平（Stolypin）[1]赋予农民如下权利：在一定

---

[1] 俄国政治家，曾担任末代沙皇尼古拉二世的内务大臣和大臣会议主席。——译者注

条件下允许农民从米尔中退出，并且可以要求避免他们分得的那份土地于日后重新分配。为了在原则上就像于阿尔高（Allgäu）的圈地那样把农民们散居于各处，退出人员的那份土地必须是连为一体的一整块，每一个人都安置在自己所持土地的中间，并且独立经营。

因此，内务大臣维特（Witte）所渴求的米尔的瓦解最终变成现实。各自由主义政党不敢这样主张，或者像立宪民主党人一样，不敢相信改革的可能性。斯托雷平土地改革的直接后果是退出米尔的人都是比较富裕的农民、拥有大量资金的人，以及根据家庭成员比例拥有较多土地的人，因而俄罗斯的农民被分为两个阶级。一是富裕的大农场主阶级，退出米尔之后，他们转而经营个人农场；另一阶层则是为数众多的被抛在一边的农民，本来他们所拥有的土地就少得可怜，现在重新分配土地的权利又被剥夺了，绝望得沦为农村无产阶级的地位。后者仇视前者，把他们视为伟大的米尔法律的破坏者；前者则成为现行体制的无条件的维护者，如果不是其间世界大战的爆发，未尝不会为沙皇制度提供"武装保卫"与新的支持。

俄国在米尔的起源这一学术研究问题上存在很大分歧。然而根据最普遍接受的观点，米尔是税收制度与农奴制度的产物，并不是一种原始组织。一直到1907年，不但米尔的个体成员对村庄拥有土地权，而且村庄相应地对其劳动力也有不容置疑的征用权。即使在村民经村长准许后离开了村庄，从事了一种全然不同的职业之后，村里有随时将其叫回，让其承担公共责任的权利。这些责任的来源，特别是与农奴身份的解除及免税的代价等补偿金的分期偿付相关。在肥沃的土地上，除去加诸他们身上的公共负担以外，农民还可以获得一些剩余；所以，城市工人一般也能发现，即便自发返乡对自身也是有利的；在这种情况下，米尔经常对放弃土地权的人支付一定补偿金。但是如果税负太高，那就意味着在其他地方可能有更高的收入，对留在村里的人而言，因为纳税属于连带责任，所以纳税负担亦随之增加。米尔在这样的情形下会强制其成员返乡过农民生活。这一连带责任最终限制了个体成员的行动自由，相当于通过米尔，已废除的农奴制又得以延续，农民虽已不再是领主的农奴，但变成了米尔的农奴。

俄罗斯农奴制非常残酷。农民被折磨得很惨；检查员每年将已到适婚年龄的男女配成一对，并为他们分配土地。对领主而言，没有其必须遵守的法律，但他们有传统权利；这样的安排他可以随时废止。在农奴制时期，在土壤贫瘠的情况下，土地的重新分配根据各农户家庭的劳动者数量进行；而土壤肥沃时，则根据每户人口数量进行。无论是哪一种情况，只要公社对领主负有连带支付责任，农民对土地承担的义务就会超过其享有的权利。与此同时，即便在今天，俄罗斯庄园对农民的剥削即使仍是这样的程度，领主几乎不提供任何东西，都用农民的资金与马匹进行耕种。土地要么租给农民，要么在庄园管家的监督下，强迫农民用自己的农具与牲畜耕作。

在16、17世纪，农民所承担的对领主的连带责任以及农奴制出现了。之后发展成了土地重新分配的习惯。这种重新分配的习惯并没有出现在乌克兰在和16、17世纪俄罗斯那些于莫斯科公国统治之下的地区，特别是西部。这些地方的土地是永久地分配给各独立农户的。

荷兰东印度公司在他们所拥有的土地上遵循的经济制度也是基于这一连带责任原则。公司强迫公社对稻米和烟草税承担连带责任。基于这种连带责任，公社最终强迫社员留在村中以分担赋税。随着19世纪连带责任制的废除，强制社员入社的公社也自此衰落。

这种经济制度包括两种稻谷种植方法：一种是产量相对较低的旱稻种植法；另一种是水稻种植法，水田四周用田埂围住，进而再分为小块，这是为了防止灌溉用水的流失。那些开发出水田的人，都拥有不可转让的世袭财产权。旱田实行的是公社外区粗放草田经济的游牧式农牧业，就像苏格兰农村公社那样，全村一起开垦，各户单独耕种与收割。耕种三四年垦地后，就要进行休耕，所以村庄必须再到一个新的地方开垦。从以往情况能够看出，只有荷兰东印度公司的残酷剥削制度产生才会发展成这种重新分配制度。

19世纪30年代，公司所采用的制度被另一种制度代替。农民在这种制度下必须拿出五分之一的土地给国家，并且还要在这片土地上耕作，这部分土地是根据规定种植庄稼的。19世纪，这种制度消失了，代之以一种更为合理的农牧业生产方式。

根据中国古典作家的记述，中国也曾经出现过这样的制度[1]。耕地被分成九块方田，农户被分配外围各块土地，中间一块就是给皇帝的。农户对土地只有使用权；户主死后，要进行重新分配。这种制度仅具有暂时的重要性，在大河附近便于灌溉水稻的地方，这样的方式才占居主导地位。在这种情况下，共产主义农业组织的成立并不是源于原始条件，只不过是出于财政方面的考虑。在当今中国农村仍然常见的氏族经济中反而可以找到中国原始经济组织，氏族拥有自己的小祠堂和私塾，一起耕种，从事经济活动。

农业共产主义制度的最后一个假设事例来自印度。这儿同时有两种不同的农村组织形式。公共牧场和园地是这两种不同形式的共同点，后者类似于日耳曼农业制度中雇佣劳动者和小屋农赖以生活的那部分土地。这里居住着寺院僧侣（与婆罗门相比，他们只是从属地位）、手艺人、洗衣匠、理发匠及村中的各种劳动者——本村"居民"。他们始终遵守"造物主"准则，他们工作并不要报酬，而只是为公社服务，以此来获得一份土地或收成[2]。土地所有权因村而异。在实行Ryotvari制的村里，个人拥有土地所有权，纳税负担也是如此。村庄的首领是村长。农民不能享有统一马尔克的财产，这些

---

[1] 与马克斯·韦伯，《宗教社会学论文集》，蒂宾根，1920年版，第1卷，第350页以及所引用的参考文献略进行比较。

[2] 可用来解释印度情况稳定性的并不是这类措施，而是种姓制度，正如卡尔·马克思所认可的那样，跟中国的氏族经济类似。

财产归属于国王。想要开垦土地的人，都必须支付使用费，才能获得这一权利。

寺院变成了农舍

另一种形式则以处于一个"共同体"管理之下的村庄为代表，这是一个特权贵族的共同体，即没有头领的完全世袭地持有农或海得农的农村贵族阶级的共同体。这些农村贵族将土地出租给农民，统一的马尔克也是他们的；因此他们的地位在真正的农民与国王之间。这类村庄分为两种类型：一类是实行帕提达里制的村庄，在这里土地得到具有决定性的分割与分配。使用者死后，他的那份土地由与其有血缘关系的后代继承，而且当再次继承时，土地将被重新分配。另一类是实行巴雅查拉制的村庄，在这种村庄里，土地分配根据拥有的劳动力或所属等级进行。最后，还有一些完全处于包税人[1]和领主控制之下的村庄，即实行柴明达里制的村庄，帕提达里制村庄也是封建持有地的分割发展而来。

---

[1] 包税制情况下承包税款征收工作的中间人，通过向政府缴纳规定数额的税款，获得向纳税人征税的权利。——译者注

印度情况的特殊之处在于，由于租税的承包与分包，大量承包人存在于领主与农民中间。经常会用这样的方式出现一连串四五个承包人。在承包人与大农场主的这个集团内，曾有一种名义上的共产主义出现。一些农民从事着共产主义农业的生产经营，他们并非分配土地，而是分享收成，而有分享权的所有者对地租进行分配。因此，这种农业共产主义的事例归根结底也是出于财政方面的考虑。

其次，在德国，学者们认为可从摩泽尔河的所谓"农家公社"的持有地中发现原始农业共产主义的踪迹，他们持有这种观点一直到拉姆普雷希特（Lamprecht）[1]认识到这种持有地的本质为止。直到如今，这些持有地仍主要是由林地构成，但是以前也曾包括牧场和耕地，它们定期用抽签的方法进行分配，这是按照公有土地的分配方式进行的。这种方式是来自领主的政策，并不是原始的。农家公社起初是由小农支撑，即由马尔克公社社员耕种庄园式农场或地产。然而当领主变为骑士，并且不再直接经营农业时，他们发现，农民都有自私心理，利用这一点以收取固定地租为条件把土地出租给农民对自己有更多好处。这里我们要再一次提到连带责任制原则。马尔克组织要么负责利益的正式分配，要么负责用抽签的办法进行定期的重新分配。

并非所有事例都能用来证明拉弗勒（Laveleye）的论断，这一论断是：在社会发展进程的开始阶段，农业共产主义所说的是共产主义式的农耕；而不仅仅是指对土地的共同所有权——这是必须加以明确区分的两件事。但事实并不是这样，因为实际上最初的农耕并不是一起进行的。这里的观点存在明显的冲突。自由主义者竭尽可能把私有财产的起源追根溯源至想象中的人类远祖时期，而社会主义作者则视私有财产为由美德向罪恶的堕落。实际上，对于原始人的经济生活，我们无法做出任何确切的一般性推断。如果我们想

---

[1] 德国史学家，跨学科史学的倡导者。——译者注

从欧洲影响尚未接触到的人口中寻找答案，就会发现没有任何一致之处，差异极大。

所谓的耨耕在原始农业生活中占据主导地位。耕种所用农具仅是一根带尖的棍子，不用犁也不用驮畜[1]，男人在田间来回走动用它挖坑，女人将种子放入坑内。然而，使用这种种植方法，人们可能结成完全不一样的组织形式。在巴西内陆的瓜托人能发现个体经济，但没有证据表明以前出现过其他组织形式。每一户家庭都能自己丰衣足食，家庭之间也没有专门分工，家庭成员之间或许有些分工，而且部落之间的交换关系也颇为有限。与之相反的极端则是工作均集中在一个大的中央居所里进行，与易洛魁人长屋里的情形类似。这儿的妇女在一个领头妇女的领导下聚在一起，她负责给各个家庭分配工作和产品。男人负责作战与打猎，还会干建造房屋、开垦土地以及放牧牲畜等重体力劳动。放牧起初算是一种高贵职业，因为驯养牲畜必须要有一定的力量与技巧。后来对这一工作的尊重则是出于传统与习惯。在世界各地，我们都看到一样的情况，在黑人部落这样的情况尤其明显；在这些部落中，女人一般在田间干活。

---

[1] 欧洲在农业经济上与亚洲各地的主要差别可追溯到如下事实：欧洲早在荷马时期便有了挤奶的方法，那时中国人和爪哇人都不懂使用动物奶。另一方面，从中世纪开始，印度便禁止宰杀家畜，上层社会即使现在仍谴责食肉者。因此亚洲的广大地区既没有用来提供肉食的动物，也没有用来挤奶的动物。

第二章
财产制度与社会团体

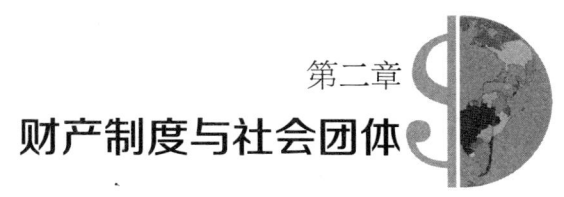

一、财产的占有形式

财产占有形式（the forms of appropriation）的多样性与农耕形式的多样性差不多，很是相似。一开始各地的所有权都归家庭公社所有，但是由于家庭公社可能是像易洛魁人[1]的长屋那样的一个大组织，或者是像南方斯拉夫人的扎德鲁加那样的单个家庭。因此，可以在两种不同的基础上行使所有权。

第一种是劳动的物质手段，特别是当把土地看成是工具的情况下，女子和其亲族便常常使用这个手段。第二种是当土地被看成是"父系土地"，也就是已被男人征服并由男人来保护的土地，土地归属于男性集团或者其他男性氏族。

无论是哪一种情况，原始占有形式与劳动分工并不单纯取决于纯粹经济上的考虑，宗教、军事和巫术方面的动机也参与其中。

从前，个人必须适应他所在的各种团体。这些团体有如下几种类型：

（1）家庭。虽然家庭结构各异，但它一直是一个消费团体。物质生产手段，特别是动产，也可能归属于家庭团体。在这种情况下，财产的占用可在

---

[1] 北美洲印第安人的一支，其住房被称为长屋，每座长屋中住着一个母系家族。——译者注

家庭范围内进一步划分，比如一些特殊的继承方式，如武器及男性装配归男子所有；饰品及女性服饰则归女子所有。

（2）氏族。氏族也可以根据所有权的大小持有财物。它可能拥有土地；不过无论怎样氏族成员往往对家庭公社的财产仍正式拥有某种权利，例如，有产业要出售时必须获得成员的同意，或者成员对所售产业有优先认购权，这些均可视为原先广泛扩张的财产权的痕迹。

除此之外，氏族还负责保护个人的安全。复仇的责任及执行复仇法的责任也均由氏族承担。成员有权分得一份杀人补偿金，而且由于对氏族中的女人享有共同所有权，因此有权从新娘的聘礼中分得一份。结构上，其可能是父系的也可能是母系的，如果财产权及其他权利归男性所有，则称之为父系氏族；反之，则是母系氏族。

（3）巫术团体。其中，图腾氏族是最重要的团体，它产生于某种万物有灵论与灵体信仰占主导地位的时期。

（4）村庄与马尔克团体，特别具有经济上的重要性。

（5）政治团体。这种组织保护村庄占用的土地，因而拥有土地授予方面的广泛权利。另外，他还要求个人服兵役及司法服务，并给予个人相应权利[1]；同时它也征发徭役及赋税。

在不同的条件下，个人还必须将以下两点考虑在内：

（6）在耕种非自己土地时的土地领主权。

（7）在自己不是自由人而是他人奴隶时的人身领主权。

从前，每一名日耳曼个体农民均与一位领主有土地与人身的领主权关系，与政治元首也有这种关系，其中一人或者多于一人对其有要求其服徭役的权利。农业发展采取的形式会因为这些领主是同为一人还是不同的人而有

---

[1] 与农民战争时期仍然存在的佩带武器的权利进行比较，将会发现尽管自由民拥有与参加此类司法团体的义务以及相对应的权利。

不同。在前一种情况下，不同领主之间的竞争有利于农民获得自由；而在后一种情况下，则有向奴隶制发展的趋势。

二、家庭团体与氏族

当今，家庭团体或者家庭往往是一个小家庭，即由父母及其儿女组成的团体。它以假设为长久的合法婚姻为基础。这种小家庭的经济生活在消费上是一体的，不过至少在名义上是区别于生产机构的。在家庭范围内，一家之主个人拥有全部财产权，不过对于妻子与子女的特殊财物，这一权利受到不同程度的限制。亲属关系是按照父系与母系双方同样计算的，这种关系的重要性事实上仅限于在继承问题上。原有意义上的氏族概念已不复存在；它的痕迹只有在旁系亲属的继承权中才能找到，即便是在这一点上，这种关系的年代与历史也仍存在疑问[1]。

社会主义理论源自于对婚姻制度不同发展阶段的假设。按照这种看法，原始状态是原始部落内随意发生性关系的乱婚，与私有财产的完全缺失相对应。这一假设可从所谓的原始状态的各种痕迹中找到依据：

原始部落中具有纵欲性质的宗教习惯，当酒肉狂欢之际，加诸性关系之上的各种限制就此消失；在一些部落中，男人和女人在结婚之前均享有性

---

[1] 这种研究可追溯至巴霍芬（J. J. Bachofen）的《母权论》（斯图加特，1861年版）。巴霍芬关于家庭组织的"母权"的起源的主张已经被摩根（L. H. Morgan）（尤其是《古代社会》，纽约，1877年版）和梅因（H. S. Maine）（《古代法律》，伦敦，1861年版）所认可，而且已经成为社会主义理论的基础。请与倍倍尔（Bebel）、恩格斯（Engels）以及库诺（Cunow）的著作进行对比。格罗塞（E. Grosse）的《家庭组织和经济组织》（弗莱堡和莱比锡，1898年版），代表了对片面母权理论的攻击。玛丽安妮·韦伯（Mariance Weber）的《权利发展中的妻子和母亲》（蒂宾根，1907年版）是对相关知识的现况进行阐述而且大体上没有偏见的。

关系的自由；古代东方寺庙里的奴隶为献神而委身于任何男子的性滥交；最后，在以色列人中间及很多地方都有迎娶寡嫂的习惯，包括同族兄弟有迎娶自家兄弟遗孀并为其传宗接代的权利与义务。

根据上述情况可以看出原始通婚的残余，而通婚范围据推断已逐渐减小为某一特定人的权利。

根据这种社会主义理论，群婚是第二个发展阶段。某一些团体（部落或者氏族）与另外的团体结合成一个婚姻单位，某一团体的任一男子均可视为另一个团体中任一女子的丈夫。这种论点是基于来自于下述事实的推断得出：在印第安人的部落中，除父母的称呼之外没有任何亲属的称谓；待成长到一定年龄，所有人都会胡乱地得到这些称谓。再者，进一步的证据可以得自于南太平洋群岛一些婚姻团体的个别事例，一些女人对某一特定男人拥有这种权利，或与之相反，一些男人对某一特定女人拥有同时或相继的性权利。

社会主义理论认为"母权制"[1]是一个基本的过渡阶段。按照这一理论，在性行为与生育之间的因果关系尚未为人们所认知的时代，家庭公社是由母系团体构成的并不是由家庭；因此，仅有母系亲属才拥有法律上或者仪式上的地位。这一阶段是从分布广泛的"舅权制"推导得出的。在这种制度中，母亲的兄弟是女方的保护者，因此，她的儿女可以从舅舅那儿继承财产。这种母权制也是发展过程当中的一个阶段。在这种很多社会都可以见到的制度下，酋长的荣誉只归女子所有，并且是经济事务，尤其是家庭公社经济事务的领导。

据推断，通过抢婚制实现了母权制向父权制的过渡。在一定的阶段之后，乱婚的礼仪基准受到谴责，而且外婚制代替内婚制成为一般原则，即性

---

[1] 根据母系血缘关系决定继嗣关系和财产继承关系的母系氏族制。——译者注

关系逐渐限制为仅以其他团体的人为对象，用暴力手段从这些团体中掠夺女人也是被包含在内的。

这一做法发展出了买卖婚姻。这种发展过程的论点可以从如下事实中推断出：结婚仪式甚至在早已发展到契约婚姻阶段的很多文明民族中仍具有强行诱拐的特征。最后，在社会主义思想中，向一夫一妻合法制与父权制的过渡，与私有财产的起源及男人想要得到合法的继承人有关。自此，一夫一妻制的婚姻与卖淫携手并进，堕入了罪恶的深渊。

有关母权学说及以此为根据的社会主学说的内容就介绍这么多。这一学说虽然在细节上是站不住脚的，不过就整体而言，对问题的解决则作出了有价值的贡献。这里再次证实了一个古老的真理，那就是巧妙的错误比愚蠢的正确对科学更有益。若要评价这一学说，则不得不先思考一下卖淫现象的发展演变，但这里不涉及道德评价。

我们认为卖淫是为了获得一定的金钱收入而作为一种正式职业存在的以性关系作为交易的行为。这样看来，它并非一夫一妻制及私有财产制的产物，而是源于远古时代。没有一个历史时期或者发展阶段不存在卖淫。这种卖淫在伊斯兰教文明中的确很少见，而且也不存在于有些原始民族中，然而在社会主义理论者所说的那些没有私有财产的民族中却存在着卖淫制度本身及对同性和异性卖淫的惩罚。

不管在什么时候什么地点，这一职业总是被看成是一个社会阶层的职业，而且通常处于被排斥的地位，宗教卖淫是个例外。在职业卖淫和各种形式的婚姻之间，存在长久或临时性关系的各种可能的中间形式，这些形式的性关系不一定受到道德谴责或法律惩罚。虽然现在婚姻之外的性愉悦满足的合约是无效的，也就是法律所禁止的卑鄙原因使其无效，不过在埃及的托勒密王朝，存在性契约自由，女人不得不以对男人性要求的满足来交换财产权、食物或者其他报酬。

然而，卖淫不但以无约束的性委身的形式出现，而且还以符合神圣规范的宗教仪式上的卖淫形式出现，例如，印度与古代东方寺庙里献神的奴隶。这全部是女奴，她们待在寺庙里必须履行各种宗教服务职责，其中一部分职责就是于性的狂欢之中。那些女奴时而也为得到报酬委身于平民。这种奴隶制可以追溯到祭祀制度，追本溯源至有性欲特征的万物有灵论的巫术，即从疯狂兴奋的状态进入性的滥交。

在各农业民族中，祈祷丰收的巫术形式的性行为流行甚广。出于对产量增长的期盼，性的狂欢甚至发生于土地上。为了参加这种圣礼，印度出现了舞妓，她们是自由的艺妓，在印度文化生活中有很大影响力，类似于希腊妇女中的艺妓。虽然她们的生活条件良好，但却被归类于最低贱的阶层，而且正像印度舞蹈剧展现的那样，如果因奇迹发生而成为生活条件降低很多的已婚妇女，从而地位得以提升，那将被视为无上的幸运。

在巴比伦和耶路撒冷除了用于献神的奴隶之外，还可找到真正的庙妓，过往的商人主要是她们的顾客。当其职业失去神圣与狂欢节性质后，这些人在寺庙物质利益的保护下仍坚持旧业。反对官方许可的合法卖淫及其产生的根源——狂欢节的斗争是由伟大救世宗教的先知及僧侣进行的，例如袄教徒、婆罗门教徒和《旧约全书》的先知。他们之所以进行斗争，在一定程度上是出于道德与理性的原因，这些人进行斗争是希望让男性的精神生活更加丰富多彩，而且他们还觉得纵欲是宗教意念取得伟大胜利的最大障碍。

另外，异教团体的竞争也发挥了一定作用。古代以色列人的神并非像巴力那样的阴间神灵，而是山神，而且在斗争中支持僧侣的力量中有警察，因为政府害怕狂欢现象相关的情绪激动会引发社会底层的革命运动。然而，在受政府怀疑的狂欢节被废除之后，卖淫还是被保留下来，不过却是非法的。中世纪时，虽然存在教会的训诫，卖淫还是得到了官方认可，而且还组织了同业公会。在日本，茶寮下女偶尔当妓女使用的习俗流传了下来，并且她们的社会地位并没有因此丧失，还在婚姻问题上特别受欢迎。

　　卖淫制度地位的改变一直到15世纪末才开始，这一时期正是法国查理八世出征那不勒斯期间性病猖獗之后。自那时起开始了大张旗鼓的隔离制度，此前只是划分区域但不与一般居民隔离。新教，特别是加尔文教派，禁欲倾向的兴起抵制了卖淫制度，和之后天主教所发挥的作用一样，但是后者更温和和谨慎。宗教对卖淫抵制作用的结果与同样发起斗争反对狂欢习俗的穆罕默德[1]和《塔木德经》[2]制订者所取得的结果相差无几。

　　如若要分析婚姻之外的性关系，那就要把卖淫与女性的性自由区分开。性自由对于男人而言总被认为是理所应当的，但三大一神教首先对其进行谴责，实际上，犹太教对男人性自由的谴责是在犹太法典制定之后才开始的。女人最初拥有的平等的性自由可以从以下事实中发现：

　　尽管长久婚姻已经被穆罕默德时期的阿拉伯人认可，但仍然存在着为换得生活资料的临时婚姻与试婚。在埃及与别处也可以找到试婚。上层阶级家庭的女孩特别厌恶屈从于家长制包办婚姻那种严厉的家庭约束，而不愿放弃自身性自由，往往待在父母家里，与男人结成自愿的任何形式的婚约。

　　除了这样的个人性自由的例子以外，不得不提到氏族有可能利用女人为其牟利以及为换得粮食出租女人。所谓的性招待，即把自己的妻女献给贵宾的义务，也应该得到承认。最后，发展起来了纳妾的做法，它在以下事实中区别于婚姻：

　　妾的孩子不能获得完全的合法地位。它始终与社会阶级差异相适应，并且包括跨越阶级藩篱的同居，而且出现于阶级内部通婚已经形成之后。纳妾在罗马帝国时期已经完全获得法律承认，特别是对不准结婚的士兵及出于社会阶级方面的考虑结婚机会受限的元老院议员而言更是如此。这一做法在中

---

[1] 伊斯兰教徒公认的先知，伊斯兰教的复兴者。——译者注
[2] 记录了犹太教律法、条例及传统的宗教文献。——译者注

世纪时期一直得以保持，1515年第五届拉特兰会议第一次对其完全禁止。不过宗教改革中的改革派则在一开始便反对这种做法，自那时起西方世界就不存在被法律所认可的纳妾制度了。

对社会主义母权理论的进一步研究发现，这一理论提出的性生活的任何一个阶段均无法表明曾经是一般发展进程的某个阶段。有这种情况发生的地方，环境总是很特殊的。就算真的有性滥交，它或者是更为古老的性生活的严苛规则退化的产物，或者是一种具有狂欢特征的特殊现象。

母权理论方面应当承认，万物有灵论宗教信仰的历史显示出，生育行为与生育之间的联系起初不为人们所了解。结果是，不承认父亲与孩子之间的血缘纽带，就像现在私生子生活于母权的保护之下。然而，孩子单独与母亲生活在一起的纯粹的母系组织的现象，仅仅发生于十分特殊的情况下，不是普遍存在的。

家族的内部通婚或者兄妹结婚，是一种为了保持皇族血统纯洁的贵族制度，就像托勒密皇族的内部通婚。

氏族的优先权是指女孩在与外面的人结婚之前必须先将自己的身体贡献给她所在氏族的成员，她也能把这种优先权买回去；这种优先权可用财富的分化进行解释，是防止财富耗散的一种方式。迎娶寡嫂的行为也不是与原始条件相对应，而是源于以下事实：出于军事和宗教上的原因，而想方设法避免某个男人绝后；没有武士的家庭不能让他绝后。

在社会阶层化之后，产生了阶级内部通婚，从进一步的意义上讲，也就是指把女儿送给那些特定政治或经济团体的成员。在希腊民主政治时期，为了把财产给在本市市民阶级范围内以及通过限制人口以几何乘数增加而给予市民阶级垄断政治的机会，这一婚姻形式曾经大范围流行。非常极端的阶级分化发展的情况下，例如印度的种姓制度，通婚也采取了跨阶级的形式。高级种姓的男人能够按自己的意愿与低级种姓的女子发生性关系或者结婚，但是高级种姓的女子却不可以这样做。结果，低级种姓的女子可能会为了钱财而出卖自己，而高级种姓的女孩则被人用金钱换得一个男人。婚约是在孩提时代定下的，而且男人则可以和几个女人结婚，并且被女方的父母养着，他能自己选择去谁家。这种习俗在印度被英国政府取缔了，强制名义上的丈夫承担女人的供养之责。任何存在同族通婚的地方，均非前进，应将其视为一种倒退。

至于家族的外婚制历来在每个地方都能找到，几乎没有什么例外情况。这种情况是为了防止家族内部男人之间的相互嫉妒而做的努力以及对以下事实的认识：一起长大的男女很难发展出强烈的性冲动。氏族的外婚制通常与属于图腾信仰的万物有灵论观念相关。那种认为它曾经传播到世界各地的说法却无法证实，尽管在像美洲及印度群岛那样被隔开的地区都能找到它。抢婚行为一直被受影响的家属视为不合法，并且可以把它当成是血亲复仇及强征赎命金的理由，不过与此同时也被看作十分勇敢的冒险行为。

基于家长制的合法婚姻，其突出特征是从一定的社会团体的观念来说，一名男性仅其特定妻子的孩子才拥有充分合法的身份。这种社会团体可能是以下几种类型：

（1）家庭团体：只有与正妻婚生的子女才享有财产继承权，副妻与妾的孩子则不能享有。

（2）氏族：仅婚生子女才才能拥有血亲复仇、赎命金征收以及财产继承等约定俗成的权利义务。

（3）军事团体：仅婚生子女才拥有携带武器、分享战利品或所占领的土地以及参加土地分配的权利。

（4）阶级团体：仅婚生子女才是本阶级的正式成员。

（5）宗教团体：仅合法后代才被看作有资格献祭祖先，神也只接受他们的供奉。

除了基于家长制的合法婚姻之外，还有一些其他可能的婚姻安排方式如下所述：

（1）纯粹的母权制团体。被视为团体合法首脑的父亲在这一团体内是缺失的，亲属关系仅存在于子女与母亲或者母亲的亲属之间。纯粹的母系团体特别与男性团体相关联（见下文）。

（2）纯粹的父系团体。一位父亲的所有子女，包括副妻、妾和奴隶所生的子女，以及养子（女），他们的地位一律平等。女人及其子女均须听他的。基于家长制的合法婚姻就是由此发展而来的。

（3）均隶属于母亲的氏族，而非父亲的氏族。据发现，这种情况与图腾崇拜相关，并且是男妓组织的痕迹（见下文）。

三、由经济与非经济因素决定的家庭的发展演变

要研究这一问题，需要首先对原始经济生活做一全面考察。在当前的科学讨论中，原始经济生活一致被划分为狩猎经济、畜牧经济和农业经济三个不同阶段的做法是站不住脚的。纯粹的狩猎部落与纯粹的游牧部落都并非原始部落；就算它们的确曾经存在过，也不能摆脱对自己部落内部及其与农业部落之间物品交换的依靠。

与之相反，建立在耨耕水平之上游牧式农业是经济的原始状态，而且通常和狩猎经济结合在一起。耨耕是一种没有家畜，特别是没有驮畜的农耕方式；耕犁代表了原始农业向传统农业的转变。家畜的驯养需要一段很长的时间。可能一开始先有了耕畜，后来又有了奶畜。直至今日，在东方的一些地方奶畜养殖仍然不为人知。牲畜用作肉食则是在耕畜和奶畜出现以后。作为一种偶然现象，牲畜的屠宰无疑出现得相对较早，而且与肉食者的狂欢仪式相关。最后，

我们发现了用于军事用途的动物驯养。自公元前16世纪马匹就已经供人们在平原上骑乘之用及其他各地作拖曳、牵引之用；而且中国、印度到爱尔兰的所有各族居民都习以为常的英勇的战车作战时期也已拉开帷幕。

小规模农户就可对耨耕进行单独操作，或者由多户家庭组成甚至多达数百人的劳动群体操作。后一种农耕方式是农业技术历经了相当程度的发展之后的产物。狩猎原本一定是共同进行的，尽管狩猎活动的社会化是环境状况所致。家畜的饲养可由个体农户单独进行，并且一直肯定是这样；不管怎样，因为大规模畜群需要分散于广泛的区域，所以经营畜牧业的社会团体不可能规模很大。最后，粗放型农业可以有各种经营方式，不过土地开垦却需要集体行动。

田野

在探讨农牧业经营方式的区别时，还论及了两性之间劳动分工形式。土地耕作与农作物收割工作起初主要落在女人身上。只有当需要重体力劳动时，如耨状农具被耕犁所取代时，男人才有必要参加。而以纺织为主的严格意义上的家庭劳动，则只有妇女参加。男人的工作还包括狩猎、饲养耕牛之类的家畜（小动物的饲养仍然是女人的工作职责）还有木材与金属加工，以及最后一项也是最重要的一项，参加战争。女人的劳动是一个连续过程，而男人的劳动则是时断时续的。随着劳动的难度和强度逐渐增加，男人才开始了连续劳动。

这些条件的相互作用产生了两种类型的社会化，一方面是家庭劳动与田间劳动的社会化，另一方面是狩猎与作战的社会化。第一种类型的社会化以女人为中心进行，而且她们经常在此基础上占有举足轻重的社会地位；并且往往掌握完全的控制权。女人的家庭最初就是工作间，而狩猎与作战的社会化则导致男人的社团应运而生。不管一家之长是像印第安人那样的女子还是男子，家庭内部总是存在传统的奴役以及相应的家长地位。

与之相反，狩猎与作战的社会化则是在为实现这一目的而根据功绩或天资选拨出来的首领的领导之下进行的。选拔过程中的决定因素并非他的亲属关系，而是他本身的骁勇善战以及其他个人品质。他是自由选出的领导，带领着自由选出的属下。

与女人从事经济活动的家庭公社相对应的是男子会所。在人生的25~30岁这段有限的时间内，所有男子都离开他们的家庭而在一个会所里共同生活。他们从事狩猎、战争、巫术、以及武器和其他重要的铁制工具的生产制造。年轻人往往以抢夺方式娶妻，因此婚姻具有多夫制的特征，要不然就是买妻。为了维护其神秘性，男子会所禁止女子进入。它通过营造恐怖环境维护其神圣性，就像南太平洋岛民杜克—杜克一样。当正式流行氏族的外婚制之时，舅权制往往与男子会所制度相关，而且经常、虽然并非总是与母系亲属相关。一般来说，男性团体又可根据年龄分成不同类别。他们到达一定年龄之后就从男子会所退出，回到村里与妻子团聚。

一般而言，男子会所也招收不满25岁的见习者。男孩子长到一定年龄，就被带出家庭，完成一定的巫术程序（一般包括割礼），接受成年礼，然后他们开始在男子会所的生活。男子会所是一种军营，这种军事制度在瓦解过程中产生了各种不同的发展路线，例如巫术联盟或者19世纪初意大利犯罪分子秘密社团式的秘密政治团体。斯巴达的会团、希腊的胞族[1]以及古罗马元老院均是这种制度的实例。

并非世界各地都形成了这种原始军事组织，即便是曾经出现过的地方，也很快就消失了，这或许可以归因于去军事化的过程，或者军事技术的进步使需配备重武器和经过特殊训练的军队更有利于单独战斗。特别是车战与马战促进了军事组织向这一方向的发展演变。结果是，男人往往回到家中和妻子生活在一起，而且军事保护的实施是通过制度安排给予战士土地上的特殊权利，不再是通过男子会所的共产主义，这使他们有能力武装自己。血缘关系开始变得特别重要，而世界各地伴随出现的是某种形式的原始的万物有灵论或者精灵信仰。

在男子会所制度中显然可以找到图腾信仰[2]的来源，图腾信仰以万物有灵论为基础，尽管后来逐渐变得与万物有灵论脱节了。图腾被认为是一个有精灵附体的动物、石头、人工制品或者任何物体，图腾集团中的成员均与这种精灵存在血缘关系。当图腾是一只动物时，这样的动物就不准被杀害，因为它与集团均出自同一血统；而且从这种禁忌中发展出各种各样仪式上的食物禁忌。同属一个图腾的人们形成一种文化同盟，抑或是一个和平集团，集团成员之间不可以发生战争。

他们实行外婚制，同一图腾集团内成员之间的婚姻被视为乱伦，而且乱伦者会受到严厉惩罚以赎其罪孽。从而，一个图腾集团就成为其他图腾集团的结婚对象。就这一点而言，图腾集团一般会成为一个贯穿于家庭和政治团

---

[1] 介于氏族与部落之间的群体，若干有共同祖先或共同祭礼或亲属惯例的氏族结合成胞族，而若干胞族组成部落。——译者注

[2] 见弗雷泽（J. G. Frazer）：《图腾信仰和外婚制》，伦敦，1910年版。

体的仪式上的概念。尽管有的父亲与妻子儿女一起生活在家庭团体里,但是母系继承制却成为相当普遍的惯例,子女属于母亲的氏族,而且与父亲在礼仪上疏远。这就是所谓母权制的事实,因而母权制连同图腾信仰均是男子会所时期的残留痕迹。不存在图腾信仰的地方,我们都能发现家长制,或者说是按父系继承的父权占统治地位的制度。

向父权制发展的倾向越来越明显,可以从已经存在的土地保有制度看出来,它与年代久远的母权制的斗争。土地分配按照经济原则来说,土地就是女子劳动的地方,按照军事原则,土地被看成是征服之后的硕果,也是军事保护的地方。子女们身上有耕种田地的责任,舅父是这些子女的监护人,因此最后由他继承这些土地。相反,如果土地被当成了"父系土地",军事组织就拥有这些土地的产权;子女被看成是父亲的,这就导致子女失去了土地权。为了让成员有军事服务的经济基础,军事组织试图把土地分配权交到父系氏族手中。在这样的情形下出现了哥哥死亡弟弟继承,还有一些和女性后代有关的法律规定,就是说,假如一个支系最后活下来的是一位女性,那么和她亲近的族人就要跟她结婚,他们有这个权利和义务。在希腊,这样的制度普遍存在。

另一种可能性是个人财产关系取决于父权制和母权制组织。在经济上处于平等地位的人之间,更为古老的婚姻形式是换妻[1];特别是不同家庭之间,年轻男子互相交换他们的姐妹。随着经济地位的分化,妇女被认为是劳动力,而且被当作一种价值对象、能工作的动物被买来买去。那些没有经济能力购买妻子的男子就要为女子服劳役,或者是在她家里一直住着。买卖婚姻是父权制条件下的婚姻形态,服役婚姻是母权制条件下的婚姻形态,两者同时并存,在同一家庭内部甚至也会出现这样的情况;因此,无论哪一种都不

---

[1] 《创世记》,第31章,第8节及以下各节。

是普遍流行的婚姻形态。女性始终都得服从于男性的威权，无论是在她自己的家庭公社，还是在购买她的那位男子所在的家庭公社。买卖婚姻与服役婚姻一样，可能是一妻多夫制，也可能是一夫多妻制。家境富裕的人可以随心所欲地购买妻子，然而无产者，特别是兄弟之间一般会合伙购买一位共同的妻子。

与上述婚姻关系相对应的是"群婚制"，这种婚姻制度很可能是从具有巫术意义的婚姻之中发展而来，就像图腾集团或者家庭公社之间一样。男子可以一个接一个或者同时娶很多姐妹，换言之，当一群女子也变成了以这种方式迎娶她的那个集团的财产时，她们不得不从另一个家庭公社被接收过来。群婚只是偶然发生的个别现象，而且明显不是婚姻演变进程中的普通阶段。

买来的妻子依常规要服从于男性绝对的家长权威。这种最高权力是一种原始社会的现实。它基本上一直作为原始部落的特征而存在。

四、氏族的演变

现在来讲一下氏族的演变过程。盖尔族[1]的氏族一词的含义是指"血亲"，而且与德语中的单词Sippe（亲族）一样，和拉丁语中的proles（后代）是同义词。首先应把氏族划分为不同的种类以进行区分。

（1）成员之间具有巫术意义上的血缘关系，而且有饮食禁忌以及彼此之间特定的行为礼仪规范等。这些氏族则是图腾氏族。

（2）军事氏族（胞族）就像最初设在男子会所的那种联盟。他们对后代实行的控制具有非常广泛的意义。假如一个人没有在男子会所的见习经历，未

---

[1] 母语为盖尔亚支凯尔特语的族群。——译者注

曾经受过与之相关的严格锻炼和体能测验，或者不曾被允许参加祭礼，用原始部落的术语来形容，这种人就好像是一个"女人"，无法享有与成年男子身份相配的政治经济特权。在男子会所消失之后很长时间，军事氏族依然有它早期的重要意义；例如，在雅典，个人就是通过这种团体拥有市民身份的。

（3）氏族作为血缘团体而存在，它具有一定范围。在这种情况下，最重要的是父系氏族，而且现在的讨论也仅仅与它相关。它的职能是：①履行对外的血亲复仇职责；②团体范围内的罚金分配；③在"父系土地"的情况下，它是土地分配的单位，而且一直到有正式历史记载的时期，在中国、以色列及古代日耳曼的法律中，在土地向外族出售之前，必须满足男性所享有的购买要求。从这方面来说，父系氏族是一个历经选拔的团体，只有那些在体格上和经济上有能力武装自己以参加战争的男人才被接纳为族人。一个人如果达不到上述标准，则必须将自己托付给一个领主或者保护者，而且服从于他的权力之下。因此，父系氏族实际上变成为财产拥有者的特权集团。

氏族可能是有组织的，也可能是无组织的，最初的情况可能处于中间状态。氏族往往有一个族长，尽管在有正式历史记载的时期常常不是这样。基本上他仅仅是同族中最年长的人。他担任氏族成员之间纠纷的仲裁者，而且为他们分配土地，分配肯定是根据传统而非任意进行的，因为氏族成员均享有平等权利，就算是遭遇不平等，起码也是明确规定的。典型的氏族族长是阿拉伯式的族长，他管理成员仅仅通过劝告和树立良好榜样，就像塔西佗时期日耳曼人的族长一样，他的统治与其说是通过下达命令实现的，倒不如说是通过身体力行实现的。

不同氏族的经历极为不同。氏族在西方已经完全消失了，而在东方却完整保留了下来。在古代，希腊语中的家族与拉丁语中的氏族都曾发挥过很大的作用。每一座古代城市最初均是由氏族而并非个人构成的。个人仅仅是以氏族成员、军事组织（胞族）成员、职责分配组织的成员的身份属于城市。

氏族成员身份在上层种姓中是义务性的，然而下层种姓以及后来新成立种姓的成员却都归属于一个迪维克（devak），即图腾集团。这里，氏族的重要性在于如下事实：土地制度是建立在族长赐予的基础之上的。因此，我们发现这里也存在着作为土地分配的原则的世袭身份或者上天赐予。一个人无法由于拥有土地而变成贵族，不过与之相反，一个人却可以因为属于贵族氏族而拥有土地继承权。在另一方面，西方封建制度中封建领主负责土地分配，与氏族和亲族均没有关系，下属对领主的效忠乃是个人行为。一直到今天的中国，经济制度仍是以氏族为基础、半共产主义式的。氏族在各自村庄均设有私塾和库房，用以维持土地的耕种，参加继承事宜，而且为成员的过错承担责任。个人的全部经济生活均依赖于他的氏族成员身份，而且氏族成员个人的信誉一般代表了整个氏族的信誉。

两股力量相互作用导致氏族的瓦解。一种是预言的宗教力量；先知试图不顾自己的氏族成员身份创建自己的团体。基督说，"我之所以会来，并不是让土地上太平，而是让地上的人动刀兵。因为我来了，让人和父亲疏远了起来，女儿和母亲也疏远了起来"[1]，还说"人到我这里来，如果他不恨自己的妻子、孩子、兄弟姐妹、父母，他就不会作我们的信徒"[2]，这就表达了每一位先知关于作为一种制度的氏族的计划。教会在中世纪试图废除氏族在继承方面的权利，以使土地根据遗嘱继承，不过，就这一点而言，不单单是教会在这样做。在犹太人当中，一些力量发挥着完全一样的作用。一直到被放逐他乡，氏族一直保持着它的生命力。即使在被放逐之后，平民百姓的确依然在先前由上层阶级的家庭所保管的族谱中进行登记。不过这种氏族之间的界限后来逐渐消失了，大概是因为起初具有军事性质的氏族在去军事化的犹太国家不能扎根，因而那里能看到的成员身份就是构筑于血缘关系或者个人

---

[1]《马太福音》，第10章，第34节至35节。——译者注
[2]《路加福音》，第14章，第26节。——译者注

信仰之上的宗教团体的人了。

官僚阶级是推动氏族瓦解的另一种力量。在古代，我们发现在埃及新王国时期官僚阶级有过巨大的发展。那里没有遗留下来氏族组织的任何痕迹，这主要是因为当时政府不同意。由此，产生了男女平等及性契约自由，儿女则依照常规从母姓。皇权因害怕氏族而鼓励官僚阶级的发展。这一过程的结果与中国的情况正好相反，在中国，氏族势力并没有被国家权力所打破。

五、家庭共同体的演变

原始的家庭共同体未必是纯粹的共产主义。在共同体内，所有权，即使是对儿女的所有权，往往都有了相当程度的发展，特别是对纺织产品和铁制工具的所有权。其中，也存在女性从女性处继承及男性从男性处继承的特殊权利。此外，不仅存在作为正常状况的绝对父权，也存在这一权力被其他组织所削弱的情况，例如，图腾集团或者母系氏族。在某一点上而言，家庭共同体差不多一直都是纯粹的共产主义，即与消费有关的方面，尽管不是与财产有关的方面。但在此基础之上，经历了各种不同的发展路径，导致了各种不同的结果。

小家庭可能发展演变成为扩大到一定规模的家庭，而且这个大家庭或者以自由共同体的形式存在，或者以土地贵族或皇族的庄宅之类的庄园家庭的形式存在，第一种情况通常是在经济基础上发展而来的，是劳动集中化的产物，然而庄园的发展是根据政治条件产生的。

家庭共同体的发展演变，在南方斯拉夫人中间进化成了扎德鲁加，而在阿尔卑斯山脉一带则进化为公社。在上述两种情况下，一家之长通常都是选拔出来的，而且通常都可以将其罢免。在生产方面的原始状态是纯粹的共产主义。从这种团体退出的人会丧失分享公共财产的所有权利。偶尔在其他一些地方，例如在西西里岛和东方，共同体不是根据共产主义的原则组织起来的，而是以股份为基础，形成了一些不同的发展路径，因此个人总是可以要求财产分割，因而可以把财产份额带往任何想去的地方。

家长制是庄园发展的典型形式。家长制的突出特点是财产权完全归属于一个人，即一家之长，其他任何人都无权要求核查账目，并且这种独裁身份是可以继承的、终身制的。妻子、子女、奴隶、家畜以及工具根据这种专制权力都是可以世袭的，即罗马法律中所指的家产，这种专制权力的经典完备形式在罗马法律中呈现了出来。这是一种绝对的统治权，这种权力与对妻子的夫权或者对子女的父权的原则是有差异的。父亲在家中的权力可以大到将人处死，出卖妻子儿女，或者把他们作为劳动力出租出去，在行使这些权力时仅仅受到一些仪式上的限制。按照巴比伦、罗马以及古代日耳曼人的法律，父亲除了自己的孩子，还可以收养别人的孩子，而且养子（女）处于与自己的子女完全平等的地位。女性奴隶与妻子之间、妻与妾之间以及养子与奴隶之间不存在什么区别。

养子之所以被称为自由人，仅仅因为他们和奴隶存在一点差异，即他们未来会有可能成为一家之长。总而言之，这种制度是纯粹的父系氏族制度。根据有关发现，这种制度与畜牧经济有关系，也与由独立作战的骑士所组成的军事阶层有关系，或者，还与祖先崇拜存在关系。不过，祖先崇拜绝不能和亡灵祭祀相混淆；亡灵祭祀行为可以在没有祖先崇拜的情况下单独发生，埃及的情况便属此例。祖先崇拜却必然将祭祀亡灵与氏族成员的身份融为一体，例如，中国和罗马的情况便是如此，父权不可动摇的地位即是以亡灵祭祀与氏族成员身份的结合为基础。

家长制条件下的家庭共同体不复以其未曾变动的原始状态存在了。由于在阶级内部实行内婚制而造成了家庭共同体的瓦解，根据这种婚姻制度，上层阶级的氏族仅愿把女儿许配给与其处于平等地位的人,而且要求婚后她们的家庭地位要高于女奴,一旦妻子基本上不再是劳动力——这一现象也首先在上层阶级中发生——男人因而就不再将她当作劳动力购买了。所以想要把女儿嫁出去的氏族就不得不为其准备一份丰厚的嫁妆,以便足以维持她的阶级标准。这一阶级原则的应用造成了合法的一夫一妻制婚姻与家长权力之间的差别。带嫁妆的婚姻成为正式婚姻,女方所在氏族约定必须让她作正妻,而且只有她的孩子才能作继承人。这一点并不像社会主义理论所认为的那样,男人对为其财产寻找合法继承人的关注开辟了婚姻发展的道路。男人拥有继承人的愿望可以用很多方式实现,反而是女人对于确保其子女继承她丈夫财产的关注起着决定性作用。然而,这种发展根本不是绝对只产生一夫一妻制。一般而言,一夫多妻制在局部范围内仍然存在;除了正妻之外还有副妻,副妻的儿女仅拥有有限的继承权,或者根本没有继承权。

　　据我们所了解的而言,一夫一妻制,作为占统治地位的婚姻方式,首先产生于罗马,并且以罗马祖先崇拜的形式对其予以仪式上的规定。一夫一妻制在希腊很流行并为人所熟知,但却依然保持着很大的弹性。与希腊截然不同,罗马人则是严格执行这种制度。后来,基督教戒律的宗教力量开始支持这一婚姻制度,犹太人也仿效基督教的做法,确立了一夫一妻制,不过这直到加洛林王朝才发生。合法婚姻涉及正妻与妾的区别,不过女方氏族在保护女性权益方面走得更远。在罗马,女方氏族先是成功实现了女人在男人那儿经济与人身的彻底解放,建立了所谓的婚姻自由,这种婚姻的任何一方均可以随意解除婚姻关系,而且给予女人对自己财产的完全控制权,尽管如果婚姻关系被解除,她就失去了对于子女的所有权利。即使查士丁尼大帝也不能取消这种制度。在很多的法律制度中,都可以发现带嫁妆的婚姻和不带嫁妆的婚姻之间的区别,而带嫁妆的婚姻向合法婚姻的发展演变,有很长一段时间都反映在这种区别上。埃及人与中世纪的犹太人均是这类情况的实例。

第三章
领主所有权的起源

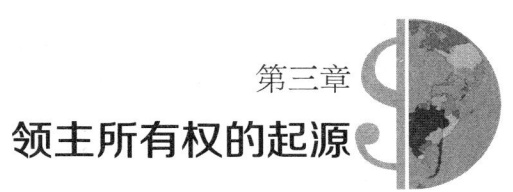

共产主义家庭发展的开始可能是小家庭,不过也有可能由此发展成为大规模的庄园家庭。从经济关系角度看,庄园家庭主要是农业所有制发展过程中的中间阶段,因此也是庄园和封建制度发展的中间阶段。

在这种发展的基础上形成的财富分化,有着各不相同的原因。其中一个原因是酋长制,既包括氏族的酋长,也包括军事集团的酋长。氏族成员之间土地的分配由氏族酋长控制。这种传统权利经常发展成为领主权利,可以世代承袭。氏族对这种世袭头衔的尊敬往往以送礼、帮忙耕种、建造房屋等方式表达,一开始是应要求服役,可是后来演变成为一种义务。军事领袖可能通过内部分化或者对外征服获得土地所有权。他在战利品及所征服土地的分配上享有特权。他的部下也在土地分配中享有特殊待遇。领主土地往往无须承受普通份地的负担——举例而言,就像古代日耳曼经济制度那样——反而还要在普通份地持有者的帮助之下耕种。

因为职业军人阶层的出现,内部分化而得以发展的,因为军事技术的进步和军事装备质量的改善而产生了这一阶层。经济上不独立的人既不能参加军事训练,也不能配备武器装备。因此,两类人之间的差距便产生了,一类人是由于拥有财产而能够服兵役且装备自己的人,另一类人则没有能力这样做,从而不能维持其完全的自由民地位。在这方面,农业技术的发展起了与军事上的进步同样的作用。结果,普通农民被日益束缚在他的经济职能上。

进一步的分化通过如下事实而发生：上层阶级，由于擅长作战且能自己购置装备，因而通过军事行动积累了不同程度的战利品；非军事人员，因为没有能力这样做而越来越屈从于各种各样的赋税和徭役。这些赋税徭役或者用直接用武力手段强征，或者通过购买而豁免义务。

内部分化的另外一个过程是通过对敌对民族的征服而实现的。起初，要杀死那些被征服的敌人，在某些情况下还会发生食人肉的狂欢活动。剥削他们的劳动力并使他们转变为承载重负的奴隶阶级，仅仅是后来才发展出的做法。因此领主阶级便从此产生了，他们凭借其所拥有的人类劳动力开垦、耕种土地，而这对普通的自由民而言则是不可能的。奴隶或被奴役的人口可能作为整个集团的财产而被共用，被用来进行集体性的土地耕作，在一定程度上就像斯巴达的希洛人那样；或者归个人使用，分配给单个领主去耕种他们的私人持有地。后一种情况的发展最终形成了所征服地区的贵族阶级。

除了征服及内部分化之外，还应该认识到没有防御能力的人向军事领袖领主权的自愿归顺。因为前者需要保护，他得承认某位领主为其保护者，或者认某位领主为其主人，就像墨洛温王朝[1]的法兰克人一样。因而他获得了代理人为其在法庭上申诉的权利——就像在法兰克王国那样，获得了请善战者代其参加决斗的权利，获得了不是由族人而是请领主作证为其作无罪证明的权利。而他则以缴纳贡奉、服劳役的方式回报领主，然而对归顺者经济上的剥削并不是意义很大。他只能被要求提供与其自由民身份相称的服役，特别是服兵役。以罗马共和国末期为例，很多元老院议员集合了数以百计的隶农和被保护者，以这种方式反抗恺撒。

领主所有权的第四种起源方式是封建条件下的土地赐予。握有大量人类劳动力及家畜的首领能够以完全不同于普通农民的规模垦殖土地。可是原

---

[1] 是统治法兰克王国的第一个王朝，最后被加洛林王朝所取代。——译者注

则上所开垦的土地归开垦者所有，只要他能继续耕种，所有权就不会发生变更。从而对人类劳动力控制权的差异必然直接或间接地影响到领主阶级对土地的占有。在罗马公地上古罗马贵族行使的占有权便是利用这种优势经济地位的一个例证。

经过开垦以后的领主土地，经常以向外出租的方式进行利用。土地往往租给外地人——例如手艺人，他们那时已受到国王或首领的保护，或者将土地租给贫民耕种。在后一种情况中，我们发现也存在家畜出租的情形，特别是游牧部落中；除了这些，要在领主的土地上居住，移居者通常就要交纳贡奉和服徭役。这就是所谓的隶农制，在整个东方、高卢、意大利及日耳曼人中间都能发现这种制度。征收钱款和实物，特别是贷款，往往也是一种让奴隶和土地增多的方式。债役农与隶农和奴隶同时并存，它发挥了很大作用，特别是在古代经济生活中尤为如此。

产生于氏族关系的依附形式与来源于领主权力的依附形式往往混合在一起。对处于领主保护之下的无地者或外地人而言，氏族成员身份已不再是重要的问题，而且在封建依附者这个单一的类别中，马尔克成员、氏族成员及部落成员之间的差别也都消失了。领主权利得以发展的另一方面的原因在于巫术这种职业的发展。在很多情况下，酋长并不是从军事首领发展而来的，而是来自能呼风唤雨的巫师。巫师对某个物品施咒后，这个物品就变成任何人都不能碰的禁忌品。巫师贵族因而获得了僧侣的财产，而且一旦国王与僧侣结盟，僧侣便以这种方式弄到其私人财产；上述情形在太平洋诸岛特别常见。

贸易为领主财产的发展提供了第六种可能。最初由酋长完全掌握对与其他共同体之间贸易往来的管理权，在刚开始的时候，酋长要让他成为部落利益服务。可他却以抽税的方式利用贸易增加其个人收入，一开始课税仅仅是作为向外地商人提供保护的报酬，因为他授予商人在市场上的特许经营权而且保护市场交易——不必说,这始终是为了酬金。后来酋长自己一般也会从事贸易,而且通过排斥村庄、部落及氏族之类的共同体的成员来确立自己对市场的垄断。从而他获得了放贷权,放贷是使本部落成员沦为债役农的一个办法,同时也是土地积累的办法。

这些酋长可根据两种方法开展贸易:一种是掌握贸易的管理权,由此使贸易的垄断权被酋长个人牢牢掌握在手里,另一种是酋长们联合在一起,一群酋长成立贸易区。后一种情况导致了城市的形成,进而出现商人贵族阶级,即其社会地位有赖于以贸易利润形式积累起来的财产的特权阶级。第一种情形就像喀麦隆沿海地区一样存在于很多黑人部落中。贸易垄断权在古埃及也是典型地被一个人掌握在手里,法老们的皇权很大一部分建筑在他们个人对贸易的垄断之上。我们可以在昔兰尼加[1]的国王们中间及后来一部分中世纪的封建制度中找到类似情况。

城市贵族阶级的发展是酋长贸易的第二种形式,古代及中世纪早期的特征就是这样。正式市民在热那亚和里阿尔托桥畔的威尼斯仅仅是指定居在一起的贵族家庭。他们自己不从事贸易活动,而是以各种形式将资金贷给商人。可结果居民中的其他人群,特别是农民,向城市贵族负债累累。于是出现了古代贵族土地所有权与军事诸侯的土地所有权同时并存。因此从贸易中获利的大地主贵族阶层都居住在具有古代国家特征的密集的沿海城市。一直到希腊时期,古代文化仍然还有这种沿海的特点。在这段古代时期,没有任何城市坐落于离沿海超过一天行程的内陆地区。与之相反,贵族酋长及其佃户却在农村居住。

在赋税组织与国家官制中,领主的财产也可能是其财政根源,并且在这一主题之下应存在两种可能性。一种是为了让行政权力完全归这位王公所

---

[1] 指利比亚东部地区,历史上曾被罗马帝国、奥斯曼帝国占领。——译者注

有，进行集权化管理的王公贵族的私人企业，行政权力与资产经营分离；另一种是，存在一个进行经营管理的阶级组织，除了王公的企业之外，还有起辅助作用的有包税人、封臣以及官员的企业。在后一种情况下，王公将土地赐予下属，让他们承担所有的行政支出。根据这两种制度所占统治地位的差异，国家的政治和社会制度也不一样。至于哪一种形式占据统治地位则主要由经济上的考虑决定。就这一点而言，东方和西方表现出惯常的差异。就东方经济而言——中国、小亚细亚、埃及——灌溉农业占据主要地位，然而通过土地开垦而得以开发的西方则主要经营林业。

东方的灌溉农业直接从不使用牲畜的原始的耨耕发展而来。与此同时，发展出了用犬河灌溉的园艺种植，美索不达米亚[1]用幼发拉底河与底格里斯河，埃及则用尼罗河。农业灌溉及管理要以有规律、组织良好的农业为前提，由这种农业发展而来的有近东大规模的皇室企业，就像定都于底比斯的埃及新王国所特别显现的那样。亚述[2]及巴比伦诸王带领可追溯至男子会所制度的大量家臣参加的数次战役，其目的就是为了掠夺劳动力以修建运河及把沙漠改造为耕地[3]。

国王保留着对水利的管理权，不过需要一个有序的官僚机构具体行使这种权力。在埃及和美索不达米亚，负责农业与水利的官僚机构是世界上最古老的官僚机构，经济是这一机构的基础；在其所存在的整个历史期间始终都是国王个人经济企业的附属品。官员是国王的奴隶或者随从，甚或是士兵；而且为防止逃跑，经常被打上烙印。以征收实物为基础，国王进行赋税管理，在埃及，为了方便国王用来供养官吏及劳动者，所征收的实物均贮存在

---

[1] 指底格里斯河与幼发拉底河之间的地区，是人类最古老的文化摇篮之一，是古巴比伦所在地。——译者注

[2] 位于底格里斯河中游的奴隶制国家。——译者注

[3] 这便解释了以色列人在埃及的命运。

仓库里。这种供给是政府薪水最古老的形式。

把居民放在对王公的奴隶关系之中是这一整套制度所产生的结果。这种关系不仅体现在村庄对所担义务的连带责任和所有依附者所承担的徭役上，最后还体现在托勒密王朝[1]户籍原则上。在这一原则下，个体农民不仅被捆绑在土地上，还与其所在村子捆绑在一起；而且如果他无法证明其户籍，那他实际上就是一个流亡者。这种制度不仅流行于美索不达米亚与埃及，还流行于日本；在日本，自公元7世纪至10世纪，能够看出实行了班田制。在这些情况下，农民在地位上与俄罗斯米尔组织的成员相似。

以王公为中心的货币经济从依附者的徭役中逐渐形成。这种发展也可能存在多种不同的路径。一种是经由王公所从事的生产与贸易这种个体经济路径；或是王公利用政治上归属于他的劳动力生产产品，不仅自己使用，而且供给市场，就跟埃及与巴比伦的情况一样。从事贸易活动以及为供应市场而生产产品是作为一个大家庭的副业而存在的，在家庭与生产机构之间并不存在界限。这就是曾经被洛贝尔图斯（Rodbertus）[2]命名为"庄宅经济"的那类经济组织。

这类庄宅经济又处于各种不同发展路径的最初阶段。埃及的谷物银行制就是其中之一。法老掌握着分设于各处的谷物仓库，农民不但把他应缴纳的实物税赋还把他所有的产品均交付给仓库；国王据以开出可以当作货币使用的票据。另一种可能在于皇室货币赋税的发展，然而这种发展的前提条件是：货币的使用已经在相当程度上渗透进私人经济关系之中，而且产品生产与国内一般市场也已经有了相当程度的发展；埃及托勒密王朝具备所有这些条件。受当时管理技术发展状况的限制，这种制度在预算编制上遭遇难题。

---

[1] 是亚历山大大帝部将托勒密一世在埃及建立的王朝，统治期间为公元前323年至公元前30年。——译者注

[2] 德国经济学家和社会主义者。——译者注

因此，管理者通常用以下三种方法的其中之一将这种计算上的风险转嫁至他人身上：要么将征税工作承包给冒险者或官员，要么直接交给依赖赋税生活的军人，最后则是将该项工作交给地主。所以，由私人做赋税征收工作，这是由于缺少可靠的行政机构造成的，而这又是因为政府官员在道德上不可信赖。

在印度，将赋税承包给冒险者的做法发展规模极为巨大[1]。每一位这样的柴明达尔[2]都有可能发展为地主。招募新兵的工作也交由一种被称为札吉达尔的承包人办理，承包人要征收一定数量的新兵，而不用管其组成成分是怎样的；这些人也力求成为大地主。这种地主与生活上完全独立的封建贵族相似，他们的地位也与必须提供新兵的瓦伦斯坦（Wallenstein）的地位相似[3]。当统治者将税赋征收工作交给官员时，他依据协议规定一个定额；超出定额的部分归官员所有，不过他们也必须给行政人员工资。

古代东方太守组织制度和中国早期官员管理制度也是这样的。随着向现代税收政策的转变，中国人口统计数字显示出突然的惊人增长，这是由于官员过去一直故意少报。以王公为货币经济中心下的第三种可能性，是委托军人征收赋税。这是一种避免政府破产的方式，是王公不能支付军饷时使用的方法。之所以诉诸这种方式，是因为自公元10世纪起处于土耳其军人控制之下的哈里发国内形势变化。由于中央政府已经在现实中无法控制税收，已经把这种职责交给军队而自己从中摆脱出来，所以负责征税的这些军人发展成了军人贵族。

征收赋税与招募新兵这类原始政治职能个人化的三种形式，即将这些

---

[1] 见马克斯·韦伯：《宗教社会学论文集》，第2卷，第69页。

[2] 在莫卧儿王朝时期，印度政府通过中间人柴明达尔向农民征收田赋。——译者注

[3] 神圣罗马帝国的军事统帅。——译者注

职能分别集中于包税人、官员或者军人之手——渐渐变成东方封建制度的基础，因为政府官员在征税技术上的无能而导致货币经济瓦解，这种制度即从而发展起来。结果是出现了一种从属的、合理化的农业共产主义，它具有如下特点：农民公社对包税人、官员或者军人承担连带责任、共同耕种以及对土地的人身依附。东西方制度清楚体现在如下事实上：东方没有出现领主持有地经济，占支配地位的是强行摊派。另一个特征是农民在从实物赋税向货币赋税转变的过程中，稍遇困难便有退回到以货易货经济的倾向。在这样一种情况下，东方政治制度极容易从一种看起来高度发展的文明状态倒退到原始的以货易货经济状态。

我们找到了皇室收入第四种，也即最后一种实现方式：将这一职能交给酋长或者地主。王公因而回避了行政机构问题。他将征税，偶尔也将新兵招募工作交给业已存在的私人性质的代理机构。这发生在罗马帝国时期，此时沿海地区的文明传播至内地，而罗马帝国也基本上从沿海城市联盟变成一个封建割据国家。内陆地区仅仅熟悉庄园经济，却不使用货币。此刻既然将税赋征收与新兵招募职责强加其身，因而大地主——有产者——变成了统治阶级，这种情况一直持续到查士丁尼[1]时代。虽然在他们统治之下的依附人口使他们能缴纳赋税，然而帝国行政体制却未能跟上帝国自身的发展。

在行政技术上，这种形势的特征体现在如下事实上：封建割据地区与都市一起出现，割据地区的首领是负责为国家征收税赋及招募新兵的地主贵族。在西方，隶农从这种状况中发展而来，然而在东方，隶农制与户籍制同样古老。整个帝国在戴克里先（Diocletian）[2]的统治之下均已实行这项基本原则。地方纳税单位将每一个人都包括在内，并且不让其离开。沿海地区一开始是政治生活与经济生活的中心，当其转至内陆地区时，这地区的领主往往

---

[1] 东罗马帝国皇帝，在位期间为公元526—565年。——译者注
[2] 罗马帝国皇帝，在位期间为公元284—305年。——译者注

是该地区的首领。

殖民地所有权的出现是这种发展的特殊案例。最初从征服殖民地中获得的利益是纯粹财政性质的——殖民地资本主义。为实现这一目的，也就是实现财政剥削，征服者要求所属的原住民以货币的形式缴纳赋税或者交付实物，特别是粮食和香料。国家往往将对殖民地的这种剥削转交给商业公司办理——例如，英国东印度公司与荷兰东印度公司。由于原住民的首领成为连带责任的中间人，所以变为地区领主，最初的自由民则变成他们的农奴或者被捆绑于土地上的依附者。对土地的依附关系，与封建义务、共同耕种制度及土地重新分配中的权利义务均一起出现。由领主负责个人份地的分配是殖民地所有权的另一种发展形式。西班牙的南美托管地就属于这一类型[1]。托管地是一种封建赐地，拥有对印第安人强行征派强制性义务、劳役以及贡奉的权利，一直到19世纪初，仍然是这种形式。

在财政基础与货币经济方面，西方封建制度与日本的产品经济以及经由土地赐予而发展起来的封建所有权与东方政治特权私人化的制度形成对比[2]。封建制度通过把土地与领主权授予有能力担负封臣义务的那些人，得以实现其供养骑兵的一般目的。依据其是当作封地赐予还是当作俸禄支付，这种所有权因而又具有两种不同的形式。

对于作为俸禄而给予的封地而言，土耳其的封建组织颇为独特。在土耳其，永久性的个人所有权未获认可，仅有作为其所服军役的酬劳而存在的终身授予。这种封地以其收益进行价值评估，而且与受封者的身份及其所服军役相称。由于封地不能世袭，因此只有在建立特殊军功的情况下，受地者的

---

[1] 见黑耳普斯（A. Helps）：《西班牙对美洲的征服》，共四卷，伦敦，1855—1861年版。农奴分配制是委托制的前提条件，也就是按照人丁数量在领主中分配印第安人。

[2] 见马克斯·韦伯：《经济和社会》（刊载于《社会经济学大纲》），蒂宾根，1922年版，第724页。

儿子才有权继承。通过参考法兰克王室事务总管的做法，土耳其政府制定了具体规章制度，就像最高封建机关那样。

这一制度类似于起初通行于日本的制度。日本自公元10世纪之后由班田制转变为以俸禄原则为基础的制度。将军——天皇的封臣及总司令——在其幕府帮助之下，根据稻米的产量评估土地价值，而且把土地当作俸禄授予他的封臣大名，大名转而再将土地赐予自己的武士。之后，其逐渐建立起了封地的世袭制度。然而，大名[1]最初对将军的依附关系仍然以将军对其进行行政上的控制为形式保持不变，大名转而监督其下属武士的活动。

俄国封建制度与欧洲封建制度比较接近。在俄国，只有对沙皇承担一定的奉公义务及纳税义务才能获赐封地。受封者必须出任文武官员，一直到叶卡捷琳娜二世[2]时期，这种规定才被取消。在彼得大帝[3]时期，赋税制度从土地税到人头税的转变所导致的结果是，土地持有者根据定期人口调查时所记录的其所持土地上养活的人口数量承担纳税责任。在整个农业组织方面，这种制度所产生的效果已在前文述及。

紧随日本之后，封建制度发展最纯粹的地区是中世纪时期的西方[4]。罗马帝国末期的情况为向封建社会的转变做好了准备，特别是已经具备了半封建性质的土地租佃。日耳曼酋长的土地权利已经与罗马的封建制度混合在一起。通过土地开垦与征服——获胜军队要依赖土地来装备自己——及最后通过规模庞大的"托庇"活动，土地持有的规模与重要性因而大大增加。没有财产的农民，或者不再有能力为自己配备军事装备以服兵役的农民，为军事

---

[1] 日本古时的封建领主，大多拥有武士。——译者注

[2] 俄国女皇，在位期间为1762—1796年，与彼得大帝齐名。——译者注

[3] 俄国皇帝，俄罗斯帝国的奠基人，被认为是最杰出的沙皇，在位期间为1682—1725年。——译者注

[4] 参见《剑桥中世纪史》第2卷，第631页，维诺格拉多夫（P. Vinogradoff）关于"封建制度的起源"，和第3卷第458页对"封建制度"的叙述。

技术的进步所迫而不得不依附于经济实力雄厚之人。

土地被大规模地转移至教会手中是另外一个影响。不过，其中起决定性作用的条件乃是阿拉伯人的侵略以及不得不以法兰克骑兵抗击伊斯兰教徒。查理·马特[1]大力推动规模庞大的教产还俗运动，希望用没收的土地建立采邑，以建成一支规模巨大的封臣骑士军队，其成员则为有能力全副武装自己的骑兵。最后，除了土地以外，赐封政府官员与特权成了平常的事情。

---

[1] 墨洛温王朝末期的官相，握有法兰克王国的实权，他的儿子丕平三世建立了加洛林王朝。——译者注

第四章
庄园

领主所有权首先取决于政治与社会阶级关系，特别是西方庄园[1]的内部发展。领主的权力由三方面因素组成：第一，拥有土地（领土权）；第二，拥有人（奴隶）；第三，专擅政治权力（通过封赐或者是抢占）；第四，最后一项特别适用于司法权，而司法权恰好是一种与西方发展有关的、极为重要的力量。

为了能够抗衡上层的政治权力，领主到处力争"豁免权"。他们不准国王的官员来到他们的领地，或者即使允许，官员也不得不直接去找领主本人，请其帮助履行政治当局交托的使命，例如征收封建赋税与招募士兵等。除消极的一面之外，这项豁免权还有其积极的方面，最起码，从政府官员那儿拿走的一部分权利，并直接行使，成了豁免权拥有者的特权。不仅法兰克帝国存在这种形式的豁免权，并且在此之前，古埃及、巴比伦王国以及罗马帝国就已存在这项特权。

---

[1] 参见多普施（A. Dopsch）：《加洛林王朝的经济发展》，第2版，总共两卷，魏玛，1921—1922年版；另参见维诺格拉多夫（P. Vinogradoff）本书第3章第5个注释；塞伊（H. Sée）：《法国的农村阶级和庄园制》，巴黎，1901年版；西博姆（F. Seebohm）：《英国乡村公社》，伦敦，1890年第4版；维诺格拉多夫（P. Vinogradoff）：《英格兰的农奴制》，牛津，1892年版，以及《庄园制的发展》，伦敦，1911年第2版；梅特兰，（F. W. Maitland）：《末日裁判书及其他》，剑桥，1897年版；波洛克和梅特兰（F. Pollock and F. W. Maitland）：《爱德华一世以前的英国法律历史》，总共两卷，剑桥，1898年第2版；克茨克（Kötschke）：《经济史》，第80页。

13世纪的庄园

司法权的专擅问题是具有决定性的因素。拥有土地与奴隶的领主为这一特权到处斗争。他们在穆斯林的哈里发[1]所辖区域中没能成功；最高政府的司法权仍然保持完整。相比之下，西方土地所有者为此所做的努力却经常成功。在西方，领主最初就对他的奴隶拥有不受限制的司法权，然而自由民则仅受民众法庭管辖。对于非自由民，正式法庭的刑事审判是最终判决，领主必须参加审判早已成为通例。随时间发展，自由民与非自由民之间的差别渐渐消失了，也慢慢地削弱了领主对奴隶的权力，可是却增强了对自由民的权力。

自公元10世纪至13世纪，公共法庭越来越多地干预奴隶案件的审判；往往是在民众法庭审判他们的刑事案件。特别是自公元8世纪至12世纪，奴隶的地位得以慢慢改善。随着规模巨大的征服运动结束，奴隶贸易逐渐衰落，奴隶市场的供给也变得日渐困难。与此同时，由于森林开垦的原因，对奴隶的需求急剧增长。为了获得与留住奴隶，领主不得不逐渐改善其生活条件。与拉丁的所有者不一样，领主主要是武士而非农场主，且发现很难监督其非自

---

[1] 伊斯兰教国家政教合一的领袖。——译者注

由依附者，使得奴隶的处境也因而得以改善。在另一方面，由于军事技术的改进，领主对自由民的权力得到增强，而且最终导致领主的家庭权力从最初仅限于家族之内扩展至他所管辖的整个领地内。

在自由民与非自由民之间以及自由租佃条件与非自由租佃条件之间存在着互相适应的关系。在这方面，我们必须考虑租佃与封授。租佃是一种以书面合约为基础的租赁关系，合约由各阶层自由民签订。最初可随意终止合约，可是很快发展为每五年重新签订一次的合约，不过实际上合约是终身有效的，而且往往可以世袭。

封授是对封地进行授予，主要是为换得劳役，起初无论任何形式的劳役均可，或者在某些情况下换得贡奉。后来封授的对象分化为两种主要类型，一种是自身被束缚于封建劳役的自由封臣，另一种是自身被束缚于领主庄园劳役的自由民。除这两种租赁形式以外，仍存在第三种形式——定居地的租赁，封建领主一般用这种办法以收取固定租税的方式将土地租给农民垦殖，而且承租人对土地的占有可以世袭。这便是所说的免役租用，后来这种租赁形式也发展到城市。

以上三种租赁形式均与位于乡村公社之外的土地有联系，庄园地产及其所属土地与此形成对比，查理曼（Charlemagne）[1]的乡村法规大全对这些进行了详细描述[2]。在庄园范围内首先是领主土地，或者领地，包括领主的管事直接经营的土地和领主在自由民村庄中所持有的土地；另一个则是农民持有地或者海得份地。根据一整年都要用人力或者包括家畜在内的一整套农具服役，或是仅在耕种与收割时服役，后者又可分为承担无限劳役的奴隶份地

---

[1] 加洛林王朝国王，神圣罗马帝国开国皇帝，在位期间为771—814年。——译者注

[2] 对于多普希（Dopsch）将乡村法规大全解释为阿基坦的独特教规的尝试，见拜斯特（G. Baist）：《社会史和经济史季刊》，第7卷（1914年），第22页，另参见贾德和斯匹泽（J. Jud and L. Spitzer）：《词语和事物》，第6卷（1914—1915年），第116页。

以及承担有限劳役的自由份地。实物贡奉及领主领地（皇室所持土地称为皇庄）上的所有产品均贮存在仓库里，用来满足军队及领主家庭所需，余下的将被出售。

14世纪庄园的内部展示

自由民与非自由民之间关系的决定性转变起因于以领地为界限的领主与法官管辖权的确立，这一方法起初的阻碍在于持有地的分散，例如，富尔达[1]修道院就持有数千处分散于各地的农庄。自中世纪早期起，司法权与产权的拥有者就力求将其持有地合并。

在某种程度上，这种合并是经由"真正的依附关系"的发展而实现的，除非承租者甘愿承受对领主的人身依附，否则领主将拒绝把一块特定土地出租给他。在另一方面，因为领主庄园的自由民与非自由民混在了一起的缘故，庄园法律从而得以发展。在公元13世纪，庄园法律到达了发展的顶峰。

---

[1] 德国黑森州的城市。——译者注

领主最初仅仅对家族中的非自由民拥有司法权，超出这一权力范围，他只有在国王的准许之下，才能在其拥有"豁免权"的领地上行使司法权，不过在他自己的持有地上，却不得不应付承担着完全相同劳役义务的各阶层的人。在这种情形下，自由民能够迫使领主与其所有依附者共同成立一个庄园法庭，由依附者行使裁判官职责。因此，领主就丧失了对其依附者所承担义务的专断管理权，并且这种方式已经变成一种传统（类似于德国革命时期士兵试图自己组织士兵委员会与军官抗衡的过程）。在另一方面，自公元10世纪至12世纪，演变出如下原则：仅依据土地租佃这一事实，承租者就不得不服从于领主司法权的管辖。

对于依附人口而言，这种发展一方面改变了他们的自由，但另一方面也限制了领主对他们的奴役。自由身份的变化在政治上取决于领主对那些由于经济原因而处于未武装状态的自由民所拥有的司法权，然而对非自由身份的变化却起因于如下两点：一是森林开垦导致对农民的需求大大增加，二是德意志向东殖民的要求大大增加。这两种情况均使非自由民能够摆脱领主的权力，领主也被迫争着为其依附者提供更好的生活条件。另外，奴隶贸易已经停止，因此奴隶的新增供给也停了下来，对现有奴隶就不得不多加照顾。依附者阶级地位的提高也同样得益于领主的政治地位。领主是职业军人，并非农场主，因而不能更好地经营农业。他不能以波动的收入为基础编制预算，因而愿意采用传统的固定税赋的方法，因此也愿意在签订合约的基础上实行这种方法。

因此，在中世纪，农民阶级内部产生了显著的分化，各种农民结合在一起仅仅是因为领主的权力与庄园法律。与这种依附者阶层一同存在的还有自由农民，他们处于领主产业的社会圈子之外，占有免役租用的自由持有地，所以实质上是私人业主。领主对这种人不享有司法权。这种自由持有者从来没有彻底消失过，但是仅仅在少数几个地方这类人口才达到相当大的数量。其中一个例子便是挪威，那儿的封建制度一直未得到发展；他们被称为"自由拥有"农,与依附于他们的没有土地的非自由阶层形成对比。北海弗里希尼与迪特马什沼泽地是另一个这样的地方;类似的情况还存在于在阿尔卑斯山脉的某些区域、蒂罗尔[1]和瑞士各地及英格兰。最后,俄国很多地方存在"身披盔甲的农民",他们均是个体经营者;后来出现了哥萨克[2]骑兵,这一庶民士兵阶层在社会中处于小农地位,他们也是个体经营者。

作为封建制度发展的结果,当地主贵族开始征税时,贵族本身却免于纳税,而未武装的农民则负有纳税义务。为增强地方军事实力,法国的封建法律确立了无地无领主的原则,最初是想要增加封地的数量,以保证军事实力;日耳曼国王每一次封赐土地均是依据这一原则而进行的强制性的重新分封。纳税义务的这种分化形成了王公保持农民持有地政策的基础。他们不能同意农民转让海得份地,因为承担纳税义务的土地面积将会从此减少。因此,有领土的王公实行了保护农民以及禁止贵族没收农民持有地的制度。

一些经济上的后果也因而产生:

(1)领主的大家庭与农民的小家庭同时存在。农民的租税最初仅用来满足领主的需要,而且早已按常规确定下来。在满足自身生活所需以及缴纳租税之外,农民对土地增产没有兴趣,而且只要领主不是在为供应市场而生产,就对提高租税也没什么兴趣。领主的生活方式与农民没什么区别。因此,正如马克思所言:"领主的肚皮为其对农民的剥削设置了一个限度。"按常规确定的农民阶级的租税受庄园法律及共同利益的保护。

(2)由于与赋税有关,政府有维护农民阶级的兴趣,因而法学家也参加进来,特别是在法国。罗马法并非如平常所认为的那样,促进了古代日耳曼农民法律的瓦解,正好相反,它对为抵制贵族,维护农民的利益起到很大作用。

(3)农民依附在土地上。这种关系或者是源于个人对领主的忠诚,或者

---

[1] 位于欧洲中部,现在分属意大利与奥地利。——译者注
[2] 生活在东欧大草原的游牧族群,善骑射。——译者注

是因为领主要对农民的租税义务负责而产生的；贵族也在日益增加的程度上以擅专的方式将这种关系确立下来。农民仅在放弃自己的土地并确保有人来接替时才可以退出共同体。

（4）农民在土地上享有的权利变得特别复杂。就非自由的佃户来说，领主通常拥有在他死后收回其持有地的权利。如果领主由于没有佃户承租而放弃行使这一权利，他起码也要收取租地继承税等特别捐税。自由佃户要么是持有一块可在任何时候撤销租约的租佃土地，要么是拥有永久权利的佃册农。在这两种情况下，法律地位均清楚明确，不过国家经常进行干预，不许撤销租约——即所谓的租佃权。在最初以自由民身份委托领主庇护的依附者当中，形成了对领主的依附以及反过来领主对他们的依附。领主不能简单地将奴隶遣散了事，早在公元13世纪，德意志地方习惯法汇编时期，领主被迫支付给予奴隶一小笔现金作资本。

（5）领主按例将统一的马尔克，也经常将公共牧场或者公有土地占为己有。最初酋长是马尔克组织的领导。在中世纪时期，从领主的监督权中发展出一种对马尔克及村庄公共牧场的封地所有权。公元16世纪的德国农民战争主要就是反对这种侵占，而并非反对苛捐杂税。农民要求自由牧场及林地，可是牧场与林地因为过于稀少而无法出佃，森林有可能被砍伐殆尽，就像西西里[1]一样。

（6）领主曾经设定了许多"定役权"或者专利权，这主要是为了个人私利，例如迫使农民在领主的磨坊碾磨谷物以及使用他的面包烘房与烤箱等。一开始这些垄断权的形成并没有强迫性；因为仅有领主才能建造磨坊或其他设施。后来领主向农民施压，迫使其使用这些设备。除此之外，领主还拥有许多狩猎与货物运输上的专利权。这些权力从对酋长、此后变为拥有司法权

---

[1] 地中海最大和人口最稠密的岛。——译者注

的领主的义务发展而来并用于经济目的。

领主对依附农民的剥削是通过使其变成交租者进行的,并不是通过强迫其劳动进行,不过存在两种例外情况。世界上只存在两种例外情况,这些例外将在后文"庄园范围内资本主义经济的发展"部分进行论述(参见第六章)。这种剥削方式起初是基于领主的墨守传统。他们缺乏创建大规模企业的进取心,从而不能充分利用农民的劳动力。另外,只要骑兵仍然是军队的核心,领主就被束缚于他的封臣义务上,而无暇顾及农业经营,而农民就不用参加战争。再者,领主自身未拥有流动资本,因而愿意将积极经营的风险转嫁给农民。最后,在欧洲,庄园法律的限制也束缚着领主的行为,然而在亚洲,由于不存在相当于罗马法的现成法规,市场生产缺乏充分的保护可以依恃,因此,这里的领主自营地或者内田根本没有任何发展。

领主收取租金的方式有很多种:

(1)通过封建赋役,向自由农民征收实物捐税,向农奴征派徭役。

(2)在变更承租人时收取过户费,并作为出售持有地的条件被领主强制推行。

(3)收取继承税与婚姻税,继承税是作为农民将土地传给继承者的条件而强加于农民头上的,而婚姻税是农民为获得让女儿嫁到领主辖区之外这一特权而必须支付的。

(4)收取森林税或者牧场税,这是农民从森林里获得牲畜饲料的条件。

(5)强加于农民身上的运输捐与路桥捐之类的间接租费。

所有这些捐税最初均通过"庄司"制度征收。这一制度是德国南部和西部、法国的庄园管理代表性类型,而且无论在任何地方该制度均是进行土地剥削的最古老的封建组织形式。这种制度的前提条件在于四处分散的持有地。领主在其广泛分散的每一块持有地上均设一个庄司或庄头,这些人的职责是向附近领土的依附者征税并监督其履行义务。

第五章
进入资本主义社会之前西方各国农民的地位 [1]

法国。最初,奴隶与半自由民是同时存在的。在农奴之中,有一些可能是人身农奴,承担无限徭役,除了生与死之外,领主对他们拥有绝对的权力;另有一些可能是永业农奴,承担有限徭役,而且有权退佃,可是在佃农死后或者迁走以后,领主拥有将土地重新处置的权利。半自由农或者隶农拥有土地转让权,而且承担徭役或捐税,这最初是自由身份的一种标志。之后出现了两种情况,于是这种关系就经历了广泛变革。首先,早在公元12世纪和13世纪,农奴人口的数量明显减少,因为大批奴隶得到解放。这与货币经济的引入同时发生。这与领主的个人私利相符,因为这将使得自由农民承担更为沉重的赋役。

农民联盟的成立是另一个起因。村庄公社自己组织了一个团体,对领主的租费承担连带责任,以换得行政上的完全自治,国王也保护这种自治。双方均从这种安排中获得了利益,从而领主仅需和一个债务人交涉,农民的权力也大大增强。这些联盟甚至临时应邀参加三级会议。

贵族阶层发现这种改革越省事,他们越演变为(与那时普鲁士的土地贵

---

[1] 一般参考文献——博纳迈尔(E. Bonnemère):《从中世纪到现在的农民史》总共三卷,巴黎1886年第4版;阿弗内尔子爵(G. Vicomte d'Avenel):《1200—1800年关于财产、工资、商品以及一般价格的经济史》,总共六卷,巴黎,1886—1920年版;另见第六章的参考文献。

族形成对比）宫廷贵族，一个食利阶层，远离土地居住，而且不再代表任何劳动组织；因此革命一旦爆发，他们就很容易被从国家经济组织中消灭。

意大利。在市民购买土地或者政治骚乱中占领者没收土地的情况下，最初的农业组织早已发生改变，人身奴役早就被意大利的城市废除了，除此之外，还限定了农民的徭役与赋税，而且采取了收益分成式的经营方法，并非最初就有什么资本主义的设想，而是为了满足所有者的要求。分益佃户不得不对贵族提供食物供应，各户分别负责供应不同种类的产品。流动资本往往由有财产的市民提供，他们不想将其财产用于资本主义农业。这种收益分成式的租佃制度将意大利和法国南部与欧洲其他各国区别开来。

德国。德国西北部和西南部及与法国北部相连接的地区，特别是以第四章结尾处所提到的庄司制组织以及分散的持有地为特色。以此作为起始点，农业组织的发展在西南和西北经由两条特别不同的路径进行。在德国西南部，庄司制度解体了。领主在土地与个人忠诚上的的权利以及司法权开始变为一种纯收取租金的权利，而仅有相对很少强制性徭役以及和转移继承权相关的痕迹依然存在。莱茵河或德国西南部的农民因而在现实中是自己的主人，可以出售其持有地或者传给继承人。这种情况的产生主要是由于庄园法律发挥了它的最大作用以及持有地非常分散的原因；一个村庄中往往住着几个土地所有者，而分别由不同的人掌握司法权、土地持有权及隶属关系，从而在他们的相互争斗中农民能够坐收渔翁之利。将大部分统一的马尔克以及一小部分公共牧场占为己有是德国西部与西南部的土地持有者可以获得的主要收益。

在德国西北部，土地持有者将庄司制度取消了。他们一旦发现在市场上卖出产品的可能性，就会对增加土地收入以及获得适于为市场生产产品的持有地产生兴趣。因此，在公元13世纪德意志地方习惯法汇编时期，甚至更早一点，就有大批农奴得到解放。以这种方式解放出来的土地均按一定的期限出租给被称为"佃农"的自由租佃者，在政府施以强大压力的情况下，这些人的财产变为世袭的，并受国家保护免受租金意外增加造成的利益损失。如果地主想要赶走一个佃农，为了避免税收减少政府会迫使其再找一个农民代替。

因为大块持有地符合领主的利益，所以出现了单人继承法，领主强行规定一块持有地仅可由一位继承者继承。一般说来，地租仍以实物支付，而强制性的封建劳役则可用货币支付替代。在维斯特法利亚[1]的某些地方，农奴制曾经存在，可仅限于领主在佃农死后可以取回一部分遗产。在德国东南部——巴伐利亚、上帕拉提内特以及南符腾堡农民的财产权常常缺乏保障。世袭租佃与非世袭租佃是有区别的，而且受保护的租佃与不受限制的租佃也存在差别。后者只能是终身的，而且允许领主在承佃者死后增加赋税或把持有地出租给其他人。领主自己往往是坚决执行强制继承法的。赋税包括什一税与变更承佃人时的过户费。赋税名目的多少取决于财产是世袭性质的还是非世袭性质的。徭役非常轻。人身奴役虽一直通行至18世纪，但只不过是需要向所依附的领主缴纳一点适度的、种类有限的赋税。这种领主和庄园领主往往不再是同一个人。

一直到16世纪，德国东部的农民始终处于最理想的法律地位。耕种者往往持有附有免役条件的土地，不用服劳役，并且享有人身自由。相对大一些的地块均由贵族掌握在手里，他们从一开始就拥有大块海得地，一个村庄常常有三四块或者更多这样的大块土地。司法权与土地持有权在很多地方都是一致的。这一特征后来让贵族直接经营的持有地变成大规模的农场与强迫佃农承担强制性劳役变得更简单了。

在英格兰，处于农奴地位的农仆以及从严格说来地位相对较高的庄园仆

---

[1] 德意志西北部的历史地名。——译者注

役；他们均完全地依附在土地上，不过均是平民法庭的成员。庄园法律已经变得很有用处了，这使领主压迫农民或增加其赋税变得困难。土地所有权与司法权相一致；而且诺曼底征服[1]时期，就是将结合了这两种权利的地区赐予封臣。不过土地持有者的上面存在一个强大的国家，历代英国国王均通过皇家法庭与训练有素的法官所拥有的权力，来保护农民免受封建地主的损害。

---

[1] 指1066年法国封建主在诺曼底公爵威廉的带领下对英国的征服。——译者注

第六章
庄园中的资本主义发展

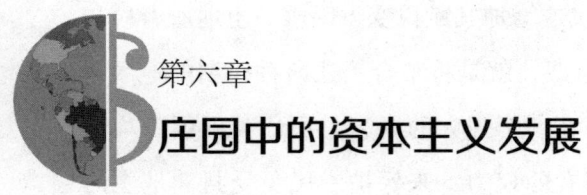

在和经济相关的巨大军事利益的压力下,庄园制产生了,其原本是想要利用其附属的土地与劳动力支撑上层阶级的生活,而此时却显现出强烈的资本主义发展趋势。这一趋势体现于种植园及地产经济这两种形式。

一、种植园

种植园是一种使用强制性劳动专门为市场生产园艺产品的体制。种植园经济普遍出现于任何由因征服而产生的领主阶级进行农业经营并适于集约耕作的地方,在殖民地,这样的特征尤其明显。在近代,种植园的产品一直是烟草、甘蔗、咖啡及棉花;在古代是酒与油。想要获得发展,一般情况下要历经初级的准种植园制度。在这一阶段,仅是对市场进行调节并把这种职权集中于一人之手,而将产品生产作为一种强制性劳动交给奴隶阶级来做,村庄公社承担连带责任,依附于土地之上,而且向正式的种植园主缴付赋税,这些准种植园是一种殖民机构。这种情况在南美洲占统治地位并且一直持续到19世纪初期革命发生时,而在新英格兰各州,一直到与母国分开时这种状况仍然存在。

世界各地都有种植园。这一制度曾经历了两次典型的发展。先是古代的迦太基[1]—罗马种植园，第二次发生于19世纪美国南方诸州的黑人种植园。种植园的经营完全是靠有纪律的奴隶劳动来进行的。在种植园经济中，我们找不到像庄园经济一样大规模地产与农民个人小块持有地同时存在的情况，可是奴隶人口却被集中于屯舍。劳动力的增加是这种企业的主要困难。劳动者自己无法生育后代，也没有家属。因此，这种种植园的生存依赖于奴隶的捕捉，要不然就是发生战争，要么是对能捕获大量奴隶的地方发动规律性的侵袭，例如非洲就是进行黑奴交易的地方。古代种植园[2]在迦太基得以发展，马戈（Mago）[3]曾对这里的种植园作过科学描述，拉丁文献中加图（Cato）[4]、瓦罗（Varro）[5]与科隆麦拉（Columella）也进行过这类描述。

16世纪的庄园

---

[1] 地中海地区古城，位于非洲北海岸，建城时间早于罗马；公元前9世纪末，腓尼基人建立迦太基城邦，公元前146年被罗马所灭。——译者注

[2] 见韦伯：《在国家法与私法方面具有重大意义的罗马农业史》，斯图加特，1891年版；《辞典》，第3版中韦伯对"农业史"论述和罗斯托佐（M. Rostowzew）对"永佃权"的论述这两条（以及广泛引用的参考文献）。

[3] 迦太基名将哈米尔卡—巴卡（Hamilcar Barca）的儿子，杰出的高级将领。——译者注

[4] 罗马共和国时期的政治家，首位用拉丁语撰写历史著作的罗马人。——译者注

[5] 古罗马著名学者和作家。——译者注

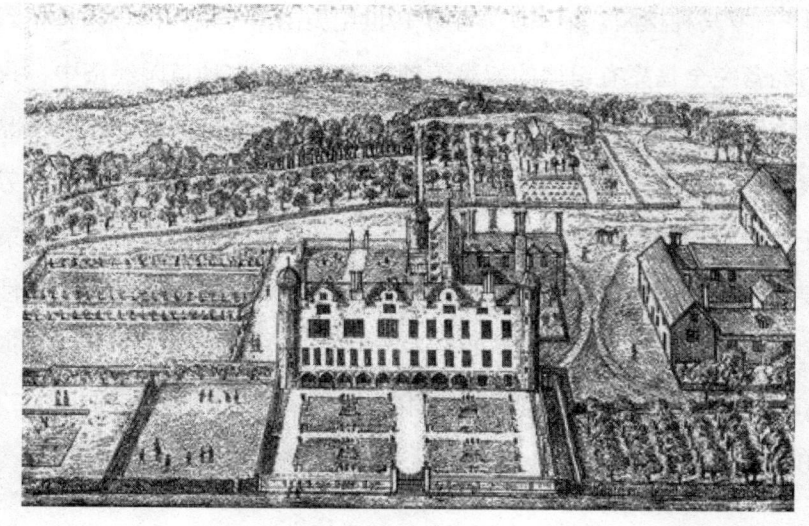

16世纪的庄园和村庄

能随时从市场上买入奴隶是种植园存在的先决条件。罗马种植园生产酒和油。隶农——自由小佃户和农奴——奴隶在这种种植园中同时存在。隶农使用领主提供的家畜及农具在土地上种植庄稼，因而成为一种劳动力，而不是现在所说的农民。奴隶没有家眷和财产，而且被集中在屯舍，屯舍集宿舍、隔离室以及防止其逃跑的牢房于一体。早晨听见起床号就起，排队上下班，衣服由仓库发放且必须归还，工作都是按照严格的军事程序进行。庄司或者监工是唯一的例外，他拥有私有财产，而且是共同居住者，这是指他能带着一定数量的家畜在种植园主的牧场上放牧，还可以获准与一个女奴结婚。

最大的难题是劳动人口数量的保持问题。由于奴隶之间的性乱交带来的自然增长无法满足需要，所以许诺女奴在第三胎后获得自由的方法被用来鼓励生孩子。这种方法经过试验证明是没有任何作用的，因为除了卖淫，这些重获自由的妇女没有别的出路。由于对奴隶的稳定需求，住在城市的种植园主的困难日益增加。由于帝国初期大战结束之后，奴隶市场已不再可能实现永久供给，奴隶屯舍注定要消失。

　　与煤矿开采的失败对现代工业的影响一样，奴隶市场缩小带来的影响也很大。造成罗马种植园在性质上发生变化的另一个原因是古代文化重心转向内陆地区，然而奴隶屯舍则需要设在沿海附近区域，而且依赖商业的发展。在内陆地区，传统的庄园经济占统治地位，而且具备相应的运输条件；随着文化重心转向内陆地区，再加上帝国带来的和平环境，之后肯定会发生向另一种制度的过渡。因此在帝国衰落时期，只在和农业劳动有关的范围内来讲，我们发现奴隶均有家眷，而且住在自己的份地上；然而在另一方面，隶农也要承担劳役，而不再是只支付租金；也就是说，这两个阶级越来越趋于融合了。帝国的经济与政治政策被有产阶级控制了。货币经济与城市生活日渐没落；其状况与以货易货经济阶段相接近。

　　类似的困难也出现在北美合众国的南方诸州。在棉花利用方面取得了重大发明以后，那里的种植园制度才得以形成的。在18世纪的最后三分之一的时间里，棉纺机（1763年—1769年）与织布机（1785年）被英国人发明了出来，将纤维与棉籽剥离开的锯齿轧花机（1793年）被美国人发明了出来；轧花机的使用代表着首次有效利用棉花作物成为可能。因此，棉花的成批销售发展起来，从而代替了麻毛的生产。然而，生产过程中机器的使用在欧洲和美洲产生了完全相反的结果。在欧洲，棉花加工推动了自由劳动力组织的成立，英国的兰开郡[1]发展起了第一批工厂；然而在美洲，则是推动了奴隶制。

　　在16、17世纪，曾试图利用印第安人进行大规模生产，可是很快便行不通，因此不得不转而依赖黑人奴隶的进口。然而黑人奴隶没有家眷，无法自行繁育，在新英格兰诸州陆续禁止奴隶贸易后，只经过了一代——到18世纪

---

　　[1]　位于英格兰西北部，1764年发明珍妮纺纱机的詹姆斯·哈格里夫斯便是兰开郡的纺织工；到1835年，英国全国一半以上的棉纺织厂在兰开郡。——译者注

末期，便发生了黑人奴隶的严重缺乏。虽然一些贫困的移民想靠这种植园进行劳动来支付那笔渡重洋的巨额花费，可是仅仅靠他们是不够的。另一个权宜之计是蓄养黑奴，这一方法在南方许多州有系统的进行，使得蓄养黑奴的州与消费黑奴的州是能够区别开来的。

理查德·阿克赖特，英国纺织工业家、发明家，他发明的水力纺织机被誉为工业革命的第一步

与此同时，发生了为黑奴劳动的使用而抢夺土地的斗争。这种制度要求有廉价土地以及不断有新地可供耕种。若是劳动力昂贵，土地就必须廉价，并且由于黑人只能用最原始的农具而不能使用现代工具，因此仅能做开垦工作。从而在使用自由劳动的州与使用非自由劳动的州之间发生了争执，进而形成了一种奇怪的现象，那就是只有起辅助作用的生产要素"奴隶"能产生

地租，而土地则产生不了任何地租。在政治上，这种状况则意味着北方资本家阶级与南方种植园贵族阶级的斗争。自由农民支持资本家，没有奴隶的南方白人——"穷苦白人"则支持种植园主；后者惧怕黑奴的解放[1]，这是由于经济竞争与阶级地位。

奴隶制仅仅在执行最严格的纪律并与残酷剥削相结合才能赚得利润。另一个必要条件是奴隶供给与蓄养价格低廉而且有可能进行大规模的开垦，而大规模开垦的前提条件则是土地供给不受限制。当奴隶价格变得昂贵并且无法再让他们保持单身时，古代种植园及其奴隶制因而瓦解了。在这方面，基督教没有起到一般所归因于它的那种作用，反而是斯多噶学派[2]的帝王开始保护家庭并在奴隶中间介绍婚姻制度。

北美，对于奴隶制的废除，贵格会信徒尤其活跃。然而，自1808年起国会禁止奴隶的进口，而且可供开垦的土地已经不多了的时候，奴隶制走向灭亡的命运就已注定。即便是没有南方诸州脱离联邦而引发的美国南北战争，从奴隶制经济向分益佃农制度的转变也是不能避免的。北方获胜者处理问题的方式不对，黑人甚至被给予特权，然而在军队撤走后，黑人就被剥夺了选举权，白人和黑人之间形成了明显的种族差异。黑人变成了被债务捆绑的分益佃农。因为铁路依赖白人土地所有者经营，黑人也就失去了经商机会，黑人的自由迁徙仅仅停留在纸上。在"土地"要素被消耗殆尽后，黑人解放所带来的混乱状态，定然会自发地、渐渐地形成了。

---

[1] 参见凯尔恩斯（J. E. Cairnes）：《奴隶劳动力及其性质、经历和可能的计划》，纽约，1862年版；涅伯尔（H. J. Nieboer）：《作为一种工业制度的奴隶制》，海牙，1990年版；杜·波依斯（B. Du Bois）：《非洲奴隶贸易的取缔》，纽约，1904年版；科纳普（G. Knapp）：《处于被奴役地位的农民及其自由》，莱比锡，1909年第2版，第1页。

[2] 古希腊哲学家芝诺于公元前305年左右创立的哲学流派。——译者注

二、地产经济

我们所理解的地产是指定位于为市场生产产品的大规模资本主义产业，它要么可能专门致力于畜牧业，要么可能专门致力于农业耕种，或两者兼而有之。如若主要从事大规模畜牧业，则就像罗马大平原上的情况一样，该产业不需要资本便可经营。这里以著名的大领地占统治地位，它的起源明显可以追溯至神权国家的贵族封地。罗马的大贵族均是罗马大平原上的地产所有者；另外，还存在佃农，他们主要养殖大量牲畜向罗马供应牛奶。但农民则被剥夺了土地而不得不搬至别处。

在南美洲的帕姆帕斯草原及苏格兰，用不了多少资本的大规模畜牧业也占统治地位。在苏格兰，农民也被剥夺了土地。在1746年库罗登战役[1]中遭到破坏之后，苏格兰便独立了。英国的政策把原有的氏族族长看作领主，而把氏族成员看作他们的佃农。结果是，在18世纪和19世纪，地主自作主张行使所有者的特权，赶走佃农，将土地变为狩猎场所或者牧羊场。

在英国，随着羊毛工业的增长并在历代国王政策的鼓励之下，集约经营的资本主义畜牧业经济得到了发展。14世纪之后，考虑到征税的可能性，英国国王先是对生羊毛出口商予以照顾，后来又对面向国内消费市场的羊毛制造商提供支持[2]。因此，视自己为公有地所有者的地主将公共牧场变为牧羊场的"圈地运动"开始了。地主成批买进农民的土地，或与之达成协议，从而

---

[1] 1745年6月，英格兰国王詹姆斯二世的孙子查理·爱德华·斯图亚特为复辟斯图亚特王朝而在苏格兰起事，但最终被英国国王乔治二世之子坎伯兰公爵在库罗登战役中击败。——译者注

[2] 见本书第3章第5个注释以及第4章第1个注释中列出的参考文献；另见阿什利（Ashley）、坎宁安（Cunningham）以及罗杰斯（Rogers）的历史书籍。

变为大农场主并开始从事畜牧业。这一过程从15世纪一直持续到17世纪，而且于18世纪在人民与社会作家中间发生了反对圈地运动的风潮，最后致使资本主义大农场主阶级的出现，他们租入土地，使用最少的劳动力，主要从事为羊毛工业提供原料的养羊业。

种植园里正在劳作的人们

另一种形式的地产经济主要进行谷物生产。英国在罗伯特·皮尔（Rovert peel）[1]废除谷物法之前的150年间便一直是这样的情形。那时在保护性关税制度与出口补贴制度之下，小农普遍被取代，给承租者更有效率的农业耕种让路。从而，养羊与种植谷物或者只经营一种，或者同时经营两种。这种一直状况持续至谷物的保护性关税因为清教徒与英国劳工阶级的反对运动而被取消。从这以后，种植谷物不能再获得利润，用在这上面的劳动力也因而得以解放出来。在英格兰低地的广大地区人口数量非常少，然而在爱尔兰，那时在地主的大规模地产之上小佃户农业仍持续存在。

俄罗斯的状况和英国完全相反[2]。在16世纪，这里仍然存在真正的奴隶，而绝大部分农民则是自由分益佃农，他们将收成的一半交给地主。地

---

[1] 曾于1834—1835年和1841—1846年任英国首相，英国保守党的创建者。——译者注

[2] 见斯特恩（E. V. Stern）：《俄国农业问题和俄国革命》，哈雷，1918年版。

主拥有在任何一年年底撤租的权利，但是很少行使。然而，由于地主宁可收取固定地租，而不愿收取波动起伏的实物租金，因此，他们要求农民用货币缴纳其固定地租。与此同时，他们企图将最初仅由奴隶承受的强制性劳役也用到自由佃农身上；修道院持有的土地通常是在以最经济的方式经营，因而在这一点上起了带头作用。货币经济的成长导致农民陷入沉重的债务负担。仅仅一次歉收便能导致这种结果，农民因而失去了迁徙自由。

自16世纪末期开始，沙皇运用他们的权力以及帝国整个行政机构的权力为贵族利益服务。然而后者被直接威胁到生存，因为大地主能够向农民提供更为有利的租赁条件，使得下层贵族面临佃农缺少的问题。沙皇的政策是试图保护他们免受大贵族的伤害。1597年沙皇鲍里斯·戈东诺夫（Boris Godunov）的敕令便是因为这个；宣布租约不可撤销，于是农民实际上被捆绑在土地上；并且农民还被登记在赋税册籍上，从而再次形成了由领主负责保护农民的政策。

随着彼得（Peter）大帝对人头税制度的改革，自由农民与农奴之间的区别消失了。两者均依附在土地上，领主对他们均拥有不受限制的权力。农民不再比一个罗马奴隶拥有更多的权利。1713年，公然授予领主鞭挞权；根据许可，地产上的监工可随意指定男女青年结婚，贡纳的数量也随领主的意愿而定，就跟征兵一样。他们有权将不听话的农民流放至西伯利亚，而且可以在任何时间将任何农民的持有地收回，尽管许多农民能够成功藏匿财产并积累很多财产。但农民没有法庭可去申诉冤苦。他们被视为租税或者劳动力的来源而遭受领主剥削，在俄罗斯中心地区，他们被当成租税的来源，而在有可能开展出口贸易的西部则被当成劳动力的来源。这些就是俄罗斯农民进入19世纪时的状况。

在德国，土地租佃持续存在的西部和庄园经济占统治地位的东部及奥地利之间存在明显的差异[1]。最初这两个地区农民的状况是非常一致的，甚或东部农民的状况要好一些。在东部，有着德国最好的土地法，最初本不存在人身奴役。农民均在大块海得地上安居，其面积与原来的王室海得大致相当；由于农民是纳税人与征兵对象，自普鲁士的弗雷德里克·威廉一世（Frederick William I）[2]和玛丽亚·特雷萨（Maria Theresa）[3]时期起，国家就禁止夺地。汉诺威与威斯特法利亚也同样不允许这样做——禁止夺地，不过在莱茵河与德国西南部却是准许的。尽管东部大部分地区均发生了夺地之事，而在西部[4]与南部却从未发生。其中的原因各种各样。在三十年战争以后，农民人口死亡率很高，西方的持有地被重新分配，而在东方则被合并成了大规模的地产。

在西部与南部，混合持有地占支配地位，而在东方则是贵族连在一起的大农场。然而在西部与南部，即使在贵族连在一起的大农场占支配地位的地区，也没有大地产发展起来。由于这里土地占有权、人身宗主权与司法权是相互分开的，因而农民能够借一方之力对付另一方；然而在东部，这三种权力与不可分割的封地被视为一体。这种状况使地主更易于夺取农民的土地或者强迫农民接受强制性劳役，尽管最初仅有地方法官而不是地主才拥有这种权利。最终，教会的土地在西部要比东部多，而且教会传统上比凡俗地主更为体恤农民。即使在大块持有地掌握在教会手里的东部，就像在澳大利亚掌握在修道院手里一样，传教士也比凡俗持有者经营得更经济，不过对农业出

---

[1] 见冯·贝洛（G. von Below:《地区和城市》，慕尼黑和莱比锡，1900年版，第1～94页；科纳普（Th. Knappe）：《法律史和经济史论文集》，蒂宾根，1902年版；维提克（W. Wittich）的论文，载于《社会经济学大纲》，第7卷（1919年版），第1页。另见《辞典》，第5卷，第3册（1911年版），第208页（"地主阶级"条）。

[2] 普罗士国王，在位期间为1713—1740年。——译者注

[3] 奥地利女大公、匈牙利和波希米亚女王，在位期间为1740—1780年。——译者注

[4] 见布伦塔诺（L. Brentano）：《继承法政策：新旧封建制度》，斯图加特，1899年版。

口同样没有多大兴趣。

因此，市场关系在东部与西部的差异中起了关键的作用。凡是当地市场不能吸收可利用的大量谷物产品而必须向国外出口的地方，大地产就会产生。然而，由于一个汉堡商人无法与马尔克或西里西亚中的单个农民谈判，所以不可避免的就向地产农业过渡了。与之相反，南部与西部的农民可以在附近的城市销售其产品。从此，地主的地租来源于农民，而在东部农民仅能被当成劳动力用。随着城市在地图上出现频率的减少，地产出现的频率随之增加。

在南部与西部，有利于旧式农民生存下来的另外一种力量来自于庄园法，而且传统主义在更大程度上与之结合。甚至有人声称德国西部与南部的农民战争与这种发展有一定关系。这次战争以农民的失败而结束，可是它带来的影响却与一次失败的总罢工一样，对地主而言是一个不好的征兆。

不过英国在14世纪也发生过农民战争，农民依然被剥夺了土地；尽管波兰与德国东部没有发生过一次农民起义，但事实是，就像所有的革命运动并没有爆发在受压迫阶级处境最恶劣的地方一样，就我们所探讨的问题而言，农民战争没有发生在农民阶级处境最恶劣的地方，而是发生在革命者有了一定觉悟的地方。

在东部用来表述农民与地主之间关系的专业术语不是奴役而是可以世袭的依附。农民随地产一起被买入卖出，是地产的附属品。在德国易北河以东，与在堪比王侯的大地产（这种地产十分辽阔，在梅克伦堡占到土地总面积的一半）之上的农民同时存在的是私人地主的农民。财产权存在各种差异。德国农民最初生活于非常有利的关系之下，持有免役租用的土地。

相比之下，斯拉夫人的权利则非常缺乏保障。这就造成这样一种现象，在斯拉夫人占大多数的地方，日耳曼人的处境渐渐恶化。因此在18世纪，东部的大部分农民生活于农奴制度下。农民已变成了地产的附属品。他不拥有任何可靠的可继承的权利，甚至始终未曾拥有一项以终身为期的权利，尽管他们已经被捆绑于土地之上，在找不到接替的人或者没有地主的同意的时候，他们就不能离开这块地产。他们必须承担类似于英国封建法律中的家庭劳役；也就是说，不仅他自己要服劳役，而且他的子女也要到地主的家里当仆人，即使在地主自己也是地产的承租人时也得这样。地主可以迫使任何一个农奴持有一块土地。最后，地主拥有随意增加劳役以及辞退农民的权利。然而，在这里他们与王侯的权利有了尖锐的冲突。在德意志东部，统治者开始保护农民；他们担心长此以往现存的农民阶级会被毁灭，尤其是在奥地利与普鲁士，这样做是要维护本阶级的税源和兵源，并非出于对农民的爱心。的确，对农民的保护措施仅仅在有强大国家的地方才能得以确立下来。因此，在瑞典的西泽尔—波美拉尼亚、梅克伦堡及霍尔斯坦州，发展起来了统一的大地产经济。

大约1890年前后[1]，易北河以东区域的地产是一种季节性的经营。在一年之中，田间劳动分配得并不均匀，冬天田间人手主要经营副业，造成劳工生活艰辛的主要根源是后来副业的消失。

地产上有常年从事农业劳动的男仆与女仆。另外，从事田间劳动的还有第二种劳动者，他们被称为的"长工"。他们居住在自己家里，均已结婚，然而在西里西亚[2]则是集中居住在屯舍。他们根据一年期的合约工作，任何一方均可终止合约。他们的薪酬要么是固定的实物补贴并另外给一些现金，要么是变化不定的产品分成，包括庄稼收成与来自磨坊的收入。脱粒工作是用手进行的，而且整个冬天持续做，通常把六分之一或者十分之一分给"长工"。长工在这项工作上拥有垄断权；地产主不能将这项工作交由别人

---

[1] 见韦伯（M. weber）：《易北河以东的德意志农民的境况》，莱比锡，1892年版。

[2] 中欧的一个历史地名，现绝大部分属于波兰，小部分属于捷克和德国。——译者注

来做。另外，只要三圃制仍然存在，他就在三圃中的每一圃中持有一块长条地，由所有者为他们耕作，此外还拥有一块种植马铃薯的园地。他们只有极少的薪酬或者没有，不过可以养猪销售，也可以卖出自己那份结余的收成。因此他们对猪与谷物的价格上涨感兴趣，从而使他们与地主有相同的经济利益，然而领取货币工资的农业无产阶级则希望这些物品价格下降。地主提供家畜与重型农具，而长工一定要自行配备连枷与大镰刀。

在收获季节，地主需要额外的劳工，因而雇用流动工人——所谓的"短工"或在村中招人。另外，长工如果不愿意看到自己工资降低，那么在夏天起码得找一个助手，在收获季节一般还得再多找一个，他往往找自己的妻子儿女，从而整个家庭都与地主建立了劳动合作关系。工业意义上的契约自由仅适用于移民工人与非独立农场主的长工，据发现后者的状况不符合"规章"（参见下文）。然而，从世袭农奴制时期以来，他们的状况已经发生了根本的变化，因为在那期间地产所有者是通过工人的帮助与农民的合作从事地产经营，已不是用自己的资本了；因此工人和他的劳动工具并没有发生分离。

三、庄园制度的解体

波兰与白俄罗斯也同样地组织了地产经济，经由维斯杜拉河[1]与梅梅尔河上的帆船贸易，这些出口国将他们的产品输送到世界市场。在俄罗斯，地主更愿意将土地出租给农民，农民因而保留了对自己劳动力的控制权。

在地主与农民之间存在着错综复杂的依存关系，地主把农民当作租金与

---

[1] 波兰最长的河流，也是波罗的海流域最大河流。——译者注

劳动力的来源进行剥削，最终又通过这两种剥削将农民束缚在土地上，这种关系是导致农业庄园组织瓦解的原因。这种变化代表着农民与农业劳工获得了人身解放和迁徙自由，还代表着土地从农民的村社组织以及领主的权力中解放了；相反地，凡是农民拥有权利的地方，统治者都必然实行了保护农民的政策，因而这种变化也代表着庄园土地从农民权利的阻碍中解放出来。

首先，就像梅克伦堡、英格兰、西泽尔—波美拉尼亚以及西里西亚的部分地区那样，通过剥夺农民的土地，农民成为没有土地的自由人。其次，通过剥夺领主使其失去土地，农民变成了拥有土地的自由人。法国与德国西南部发生了这种情况，一般而言，凡是地主以租佃方式利用土地的几乎都发生了这种情况，这种情况在波兰也发生了，不过却是俄罗斯干涉导致的。最后，它还可能以上述两种方式相结合的形式出现，农民变成拥有一部分土地的自由人。由于地产组织形式不能轻易被取代，所以凡是有其存在的地方，这是必然会经历的阶段。由于普鲁士过于贫穷，不能用工薪制职员代替地主，因此不得不依赖他们。

默里湾庄园

庄园农业制度的崩溃使得一些权力与限制的废除成为可能，这其中包括：地主世袭的司法权、各种定役权或者专利权，以及以强制分封或者所谓永久管业权的方式加在土地上的所有政治与宗教限制。上述障碍的废除可能采取各种形式：

（1）正如在巴伐利亚一样的教会土地的清偿法。

（2）取消或者限制遗产的转分，特别是在英格兰。

（3）就像普鲁士通过19世纪60年代的税收立法所实现的那样，取消领主在地产上的财政特权，例如免税权及与此相似的政治特权。这些就是废除障碍各种不同的可能性。结果要依被剥夺的对象而论，地主或是农民，如若是农民，还要视其是否仍拥有一些土地而定。

推动庄园制度解体的力量首先来自于庄园内部，并且主要是经济性质的。市场利益的发展与地主与农民双方市场活动以及与货币经济相关的农产品市场的稳步发展是直接原因。然而，这些因素或者不能导致庄园制度的瓦解，或者即便导致庄园制度瓦解，也必然符合地主的利益，地主定会通过剥夺佃农的土地，创建大规模的农业企业。

庄园制度的瓦解一般而言必然还有其他一些利益关系参与其中。新兴城市资产阶级的商业利益便是其中之一，该阶级促进了庄园的衰落或者解体，因为庄园限制了他们的市场机会。一方是城市及其经济政策，另一方是庄园，他们之间的对立，倒不是在于一方代表以货易货经济，另一方代表纯粹的货币经济，因为在很大程度上庄园是在为市场而生产，如果缺少市场机会，领主便无法向农民收取大量货币租金。仅因为佃农担负的强制性劳役与租税这一个事实，庄园制度就限制了乡村人口的购买力，因为它妨碍了农民将其全部劳动力投入到面向市场的生产活动中，而且阻碍了他们购买力的增长。因此，在利益上城市资产阶级与地主阶级是相互对立的。

另外，建立自由劳动力市场是发展中的资本主义的利益所在，然而庄园制度却把农民束缚在土地上，阻碍了自由劳动力市场的建立。为了避开行会，最初的资本主义工业不得不转而利用乡村劳动力。新兴资本家获得土地的愿望造成了他们与庄园制度之间的另一种利益冲突；为了跻身于社会上享有特权的地主阶级行列，资产阶级想用他们新获得的财富投资于土地上，这需要将土地从封建束缚中解放出来。最后，国家的财政利益也在其中起了作用。庄园制度的瓦解有利于提高乡村纳税能力。

上述这些就是庄园经济瓦解的各种可能性。详细地说，它的发展极为复杂。在公元前3世纪，中国[1]的封建制度就已被废除，并建立了土地私有制。秦始皇——秦朝第一个皇帝——他以不同于封建军队的世袭军队为基础构筑了自己的权力，这种军队依靠依附者阶级缴纳的赋税供养，中国的人本主义者，也就是后来儒家的先驱，坚定地支持君主制，他们与欧洲对应集团发挥着相同的合理化作用。自那时以来，中国的财政政策经历了无数次的变更[2]。它在征税国家与"经理制"国家这两个极端之间来回摇摆，换言之，一个极端是把国民看作税赋来源，用税收供养军队和政府官员，而另一个极端则是把国民当作徭役来源使用，并指派一定阶级负责征收实物，供应国家所需。

后一种政策是罗马帝国在戴克里先时期采用的，并且还为这一目的组织了强制性公社。一种制度使民众获得了形式上的自由，而另一制度则将他们变为国家的奴隶。后一种制度在中国的应用方式与在欧洲一样；在欧洲，在这种制度之下，地主将依附人口当作劳动力而不是通过征收租税来剥削。在后一种情况下，私有财产消失了，而对土地的义务与依附以及定期的重新分配则相应产生了。在中国，18世纪之后这种发展的最终结果是放弃了经理原则，实行征税原则；赋税是上缴给国家的，除了这些，还有一些残留下来

---

[1] 见《辞典》，第2卷，第3册，第541页（科纳普等撰写）以及福克斯 J. C. Fuchs 撰写的"农民解放"条目，《网民经济辞典》，第1卷，第2册，第365页。

[2] 见韦伯（M. Weber）：《宗教社会学论文集》，第1卷，第350页的综述。

的不重要的徭役。赋税流入官员之手，虽然他们上缴朝廷的数额有严格的规定，而他们却尽可能将农民的税负提高。不过，这样做明显是较为困难的，因为氏族力量十分强大，每一位官员都必须取得农民的认可。结果，农民获得了较大解放。尽管仍然存在一些佃农，可是他们拥有人身自由，并且仅支付适度的地租。

庄园制度在印度仍继续存在，的确，这种制度最早是以一种次要的方式产生于国库的包税[1]实践中。英国曾经立法保护先前没有权利的农民，与格拉德斯通[2]法保护爱尔兰人占有他们的持有地并防止随意增加传统租税的方式相同；不过对既定的秩序没有原则上的改变。

封建租佃在近东也依然存在，但是仅仅以一种修改过的形式存在，因为旧的封建军队已经消失了。波斯及其他国家的基本变革均只停留在纸上。在土耳其，瓦库夫制度（参阅下文）至今仍对土地持有关系的现代化有一定的阻碍作用。

中世纪时期在日本一直到1861年才结束，伴随着当时贵族统治的瓦解，封建土地持有权也因为所有权的瓦解而衰落。武士——封建制度的支柱——由于贫困而走向工业生活，日本的资本家便是从这个阶级发展而来。

封建土地持有制度的被取代在古代的地中海地区[3]仅仅发生于像罗马与雅典之类大城市的直接管辖范围内。城市资产阶级和土地贵族是相互对立的，同时这种对立矛盾也存在于城市债权人与乡村债务人之间。因为需要动员广大农民服军役，这种情况使得希腊不得不为披甲战士配备土地。这就是所谓暴君立法的重要意义所在，梭伦立法便属此例。骑士家庭被迫加入农民组

---

[1] 是指政府并不直接向纳税人征税，而是将税赋以一定数额承包给私人征收。——译者注

[2] 英国政治家，曾作为自由党人于1868—1874年、1880—1885年、1886年和1892—1894年四次出任英国首相。——译者注

[3] 参考文献参见《辞典》，第3版，第1卷，第182页中韦伯所写条目。

织。克里斯提尼（Cleisthenes）[1]立法所理解的民主制度在大约公元前500年前后是以下这种情况：

每一位雅典人，就要像在中古时期的意大利民主制度中贵族被迫加入行会一样，想要享有公民特权，就一定要归属于某一村庄。这有利地打击了土地的分散持有制度和贵族权力，他们直到那时仍然高高在上并居住在乡村之外。与此同时，混合持有地制度在各地均已被废除。

罗马的阶级斗争对农业组织的影响也有类似的结果。这儿的土地被划分成200多英亩的方田。每一块持有地均用草埂隔开，草埂禁止深耕；地界是公用道路，一般情况下禁止移动地界，这会使得土地的转让极为便利。这种土地制度法肯定在十二铜表时期已经众所周知，而且定是一锤定音的。该项法律与城市资产阶级的利益相符，它将贵族持有的土地与城市中用于投机建筑的土地以相同的方式对待，而且动产与不动产之间的区别被有系统地取消了。然而，在城市的直辖区域之外，古代的土地制度仍然未曾变动。

古代文明——在东方，一直到亚历山大大帝；在西方，一直到奥古斯都——均具有沿河文明特征，而内地的租佃制度依旧没有改变；后来又由此向外扩展，最终遍布整个罗马帝国，这一制度在中世纪前半期始终占统治地位。在佛罗伦萨（Florence）[2]领导下的意大利城市的商人共和国，第一个走上了农民解放的道路。的确，为了城市统治者与议会的利益，为了手工业行会与商业行会的利益，他们剥夺了农民的政治权利；这种状况一直持续到贵族自己转向农民寻求支持以对付城市居民时为止。不管怎样，为了购买土地并把自己从统治家族的控制中解脱出来，这些城市解放了农民。

---

[1] 古代雅典著名政治家，联合平民推翻贵族统治，进行了一系列民主改革，确立了奴隶主民主政治。——译者注

[2] 意大利历史文化名城，文艺复兴的发源地。——译者注

在英格兰[1]，从未发生过合法的农民解放。除了在查理二世（Charles Ⅱ）[2]统治时期废除了农奴制且通过"继承者有绝对处理权"的方式将封赐的土地变为私人财产之外，中世纪的制度在形式上依然有用。"佃册地"是唯一明显的例外，这种土地最初由非自由农民持有，持有者没有任何正式合约，而仅在庄园名册上记录的副本。在英格兰，只靠市场的发展这一个事实就已足够将庄园制度从内部摧毁。依据顺应形势的原则，从农民手中剥夺来的土地交给了资本主。农民因而变成没有土地的自由人。

事情的发展在法国[3]与之完全相反。1789年8月4日夜的大革命一举废除了这里的封建制度。然而，仍旧需要对那时所采取的制度进行一番解释。国民议会的立法给出了解释，这一立法宣布，为了地主的利益而加在农民身上的所有负担均是封建性质的，全部废除，没有任何赔偿。

另外，国家没收了逃亡贵族与教会的大量地产，并将其分给市民与农民。然而，由于早在取消封建负担之前，就已经实现了持有地平等的继承与分配，因此最终结果是，法国变成了中小规模农场的国家，和英国大不一样。具体过程是通过剥夺地主的土地而给予农民财产权利。之所以能够这样，是由于法国地主并非农场主，而是一些通过把持在军队与行政部门的地位而谋生的朝臣贵族。所以，革命摧毁仅仅是一种租佃关系，并非生产性组织。

德国南部与西部的发展过程在性质上与大革命相似，但是采取了一种渐进的方式。巴登在1793年受重农学派影响的马格拉夫·查理·弗雷德里克（Margrave Charles Frederick）早就已经开始了对农民的解放。关键的事实

---

[1] 参见本书第2章第5个注释以及书第4章第1个注释中列出的参考文献。

[2] 苏格兰和英格兰国王，在位期间为1661—1685年。——译者注

[3] 见科瓦利斯基（M. Kowalesky）：《革命前夕的法国经济和社会》，第1卷，巴黎，1909年版；博纳迈尔（E. Bonnemere）：《从中世纪到现在的农民史》，巴黎，1886年第4版；塞伊（H. sée）：《法国的农民各阶层和公产制度》，巴黎，1901年版。

是，德意志诸邦在解放战争以后采用了成文宪法制，任何用上奴役字眼的关系均难以与一个立宪国家相容。因此，不受限制的劳役、赋税以及任何有人身依附特征的服役在所有地方均被废除了。

在巴伐利亚，蒙特格拉斯（Montgelas）[1]完成了这些并得到1818年立法的认可；农民获得了迁徙自由，最终还得到了合适的财产权。二三十年代，这种情况在德国南部与西部非常的常见，几乎所有地方都有，仅巴伐利亚直到1848年才真正实行。那年，被以折合为货币债务的方式取消了农民负担的最后残余。在债务处理过程中，国家信贷机构曾经给过资助。具体而言，在巴伐利亚，人身捐税的废除没有任何补偿；而其他捐税则变成货币支付并得将其赎买；与此同时，无条件地解除了所有封建束缚，从而德国南部和西部农民分到了地主的土地；除了进展缓慢和采取了更为合法的程序之外，改革情况与法国相同。

东部——普鲁士东部诸省、奥地利、俄罗斯和波兰——的发展过程截然不同。这里如若像法国那样采用激进的方式，现存的农业组织必然遭到破坏，而且只能导致混乱。它还有可能如发生在丹麦的那样，引起庄园向农民持有地的演变；不过简单宣告废除封建负担也是不可能的。东部的地主既无家畜也无农具。那里仅有担负个人与集体劳役的小块土地持有者，没有乡村劳动力，地主依靠他们的劳动力耕种土地；换言之，它不能立刻废除。

基于如下事实，另一个难题是：那里不存在担任乡村地区行政职务的官员阶层，政府，履行公共职能只得依靠持有地产的贵族阶层义务进行。因此，由于存在律师这样的官员阶层，法国才有可能采取断然措施，而这里却不可能像那样，就跟英国因为仅有贵族的治安法官而不可能一样。

如若将保护、维持农民阶级视为农业制度的恰当目标，那奥地利庄园的

---

[1] 巴伐利亚公国当时的首相。——译者注

瓦解则是以一种理想的方式发生的。不管怎样，它总要好过普鲁士的方法，因为像查理六世（Charles VI）[1]与玛丽亚·特雷萨（Maria Theresa）这样的奥地利统治者，更清楚自己在做什么，至于弗雷德里克，他父亲曾说他根本不知道如何终止租约与扇佃农巴掌。

在奥地利[2]，除了自由农民占支配地位的蒂罗尔之外，世袭奴役制与土地贵族始终同时存在。在摩拉维亚、波美拉尼亚、西里西亚、下奥地利以及加利西亚把农民当作劳动力使用的地产制度还是很常见；而其他地方则是租佃制度占统治地位，在匈牙利，租佃制度与对奴役劳动的利用是混合在一起的。在加利西亚与匈牙利存在着最大程度的人身奴役。根据土地清册缴纳赋税的"乡农"与定居于领主自营地而没有纳税负担的"自营地农"不一样。在某种程度上，乡农所处的地位更好一些。也和自营地农一样，他们可再分为可替代的与不可替代的两类。可替代的持有地拥有代代相传的权利，而不可替代的持有地可随时撤租。

资本主义发展趋势在17世纪后半期之后开始渗入这种组织。国家在利奥波德（Leopold）[3]一世统治时期最初是以在土地清册上强制登记的形式进行纯财政上的干预。这一政策是为了确定国家到底能从哪一种土地上征税。在这一措施确定并没有任何作用后，当局出于对劳动者的保护，又试图推行"劳动专利"制度（1680—1738），规定了每一个农民的最大工作量。然而，夺佃还是有可能的，因此玛丽亚·特雷萨为减少夺佃的发生，便采用赋税"修正"制度，这样使业主为他所赶走的所有农民的赋税负责。可是这一

---

[1] 哈布斯堡王朝神圣罗马帝国皇帝，在位期间为 1711—1740 年。——译者注

[2] 见格隆伯格（K. Grünberg）：《波希米亚、摩拉维亚和西里西亚的农民解放以及地主农民关系的解除》，总共两册，莱比锡，1894 年版，以及《奥地利农业史研究》，莱比锡，1901 年版；埃米尔·库恩（Emil Kun）：《匈牙利农民社会史的研究》，耶拿，1903 年版。

[3] 神圣罗马帝国皇帝，在位期间为 1658—1705 年。——译者注

措施也没什么作用，因而女皇于1750年直接干涉夺佃行为，但还是没有取得任何关键性的成果。最后，女皇于1771年颁布了全面登记制度，规定土地所有者全部在地籍簿（一种人口与土地调查清册）中登记，每一个农民所持有的土地及其担负的义务都要填好。与此同时，农民被给予折偿义务的权利，于是获得了可以代代相传的占有权。这类权宜之计在匈牙利很快消失了，而在奥地利则获得了胜利，取得了明显的成果。这定然是试图保持农民的现存人数并保护他们免受农业资本主义发展的伤害。它并未导致现有农业组织的瓦解；因为尽管农民受到保护，可是贵族的地位也得到了维护。

在约瑟夫（Joseph）二世[1]的带领之下，立法第一次具备了革命的性质。这主要体现在他把人身奴役关系废除了，而且赐予由此带来的自由，即职业选择自由、迁徙自由、婚姻自由及免服兵役与家庭劳役的自由。原则上，他认可农民在其持有地上的财产权，而且于1789年的赋税与登记法中开创了一条真正的新道路。

先前封建持有地上的强制性劳役与征实制度全部废除，捐税与劳役均变为对国家的定额货币支付。可是试着一步发展成征税制国家的努力失败了。农民不能通过卖出农产品获得足够的货币收入以用来缴纳赋税；而业主的经济计划也被搅得极为混乱，致使当大动荡出现时，这位皇帝被迫在生命垂危之际撤销了大部分的改革措施。一直到1848年革命成功，农民的全部负担才被废除，一部分是以有偿的方式赎买，另一部分则无须任何补偿。从有偿赎买的部分而言，奥地利政府对劳役估定了一个非常低的价格，而且设立了提供清偿手段的信贷机构。这一立法表明玛丽亚·特雷萨与约瑟夫二世的成果达到了顶峰。

---

[1] 神圣罗马帝国皇帝，颇具民主思想，推行了包括废除农奴制在内的激进的改革措施，在位期间为1765—1790年。——译者注

在普鲁士[1]，王室土地上的农民与私人持有土地上的农民始终存在着显著而持续的差别。对于王室土地，弗里德里克自己一直实施彻底的保护性举措。第一，他废除了强制性家庭劳役。他在1777年使农民的持有地变成代代相传的财产。弗雷德里克·威廉（Frederic William）三世[2]在1797年宣布，在原则上废除强制性劳役，要求王室土地的每一个承租者明确宣布废除。从而现代农业制度在王室土地上逐渐确立了下来。另外，还准许农民以比较合适的金额购买全部财产权；官僚阶层之所以同意这些举措，主要是有这两方面的原因，一是国库能收到抵偿金，二是王室土地上的农民对国家的要求权将伴随全部财产权的获得而消失，从而减少行政工作量。

对于私人持有地上的农民而言，任务要困难得多。弗里德里希大帝[3]本打算把奴役制废除了，不料却遭遇了形式上的有作用的反对，反对的理由是普鲁士并不存在奴役制，而存在世袭的依附关系。国王所处的位置使其并不能有效反对贵族，因为他自己的官员阶层就是由贵族构成。耶拿与提尔西特的大灾难最先引发了一场改革。

1807年，世袭的人身依附关系得以废除。问题在于农民以不自由的佃农身份持有的土地到底应变成什么样的土地。普鲁士官方的观点不一样。一种观点是将特定土地上产品的最大产量作为目标，而一种观点则强调让农民人口保持最大限度。对于第一种观点，英国的农业制度为其提供了示范，因为它是当时最高程度的集约式耕种的代表，不过这种制度也是有弊端的，牺牲了土地上的人口。但这种观点被大总裁冯·舒恩（von Schoen）及其所在阶层的人士支持。另一种观点意味着对英国范例的背离，背离集约式耕种。历经

---

[1] 科纳普（G. F. Knapp）：《普鲁士原领地中的农民解放和农民的起源》，共两册，莱比锡，1897年版，以及《农奴和自由》，莱比锡，1909年第2版。

[2] 普鲁士国王，在位期间为1797—1840年。——译者注

[3] 普罗士国王，杰出的军事家，使普鲁士成为德意志的霸主，并在农业、军事、教育、法律方面推行了一系列改革，在位期间为1740—1786年。——译者注

长期谈判之后，1816年的限制令得以产生。该法令代表着行政政策与保护农民之间的一种折中办法。

首先，任何拥有一组一起拉车的牛或马等牲畜的农民都必须遵循"规章"，而小型耕种者则实际上不包括在内，因为地产业主说他们不能没有帮手。即使是有牲畜的农民，也仅当所占有的土地已经登记在赋税名册上，并自1763以来始终占有，才被含在其中。选这一年作为分界点是为了仅将最低限度的农民持有地包含在方案里。规章在申请时生效。农民获得持有地的财产权后，就不再提供劳役或支付捐税，不过与此同时地产上的权利也没有了。换言之，他放弃了如下权利：修葺房屋时请求援助、从业主那儿获得紧急帮助、使用公共牧场与林地、从地产那儿预支款项以缴纳赋税。特别是农民不得不将他所持有的全部世袭土地的三分之一以及非世袭土地的一半给业主。这种形式的章程对业主极为有利。的确，他必须自己准备好农具与家畜，可是他却可留下小屋农作帮工，还从农民的放牧权中解脱出来，而且由于夺佃禁令的立即停止实行而将他的持有地合在一起。现在可以果断驱逐仅负责帮工而不受规章管制的农民了。在西里西亚，势力尤为强大的贵族还另外获得了突破常例的有利规定；然而，在坡森的波兰籍业主深受影响，因为那儿的整个农民阶级都受规章管制。

在普鲁士，一直到1848年，立法才迈出了最后一步。1850年，农民身上的负担一律被废除。除了按日计酬的零工以外，目前每一个农民都置于规章的管制之下，连同农民持有地的各项义务，不管是产生于规章抑或与规章无关，均可折为现金。这其中包括了世袭地租与其他捐税。的确，在此期间，小型农户的持有地早已被地产业主剥夺了。

在普鲁士，这一发展的最终结果是农民的数量与农民持有地的范围都在减少。从1850年开始，土地价格不断上涨，这导致了劳动人民日益贫穷。早先将土地出租给"长工"的做法已不能再赚得利润；他们从打谷与磨面中分得的收成也改用货币支付。其中特别重要的是引进了甜菜的种植，这使得农业具有非常强的季节性特征，对此，对工人的需求也带有季节性；所谓的"萨克森行帮"负责提供这种流动工人，一开始是来自东部波兰诸省，而后来是从俄属波兰与加利西亚来。对于这些人来说，既不用为其建造房屋，也不用为其分配土地，他们情愿一起住在屯舍里，愿意接受任何日耳曼劳动者所排斥的生活方式。因此，在越来越大的程度上成为一支流动的劳动大军，他们代替了起初束缚于土地上的农民，代替了后来因为与地产业主拥有共同的经济利益而忠心耿耿地依附在土地上的劳动者。

在俄罗斯[1]，亚历山大（Alexander）一世[2]也曾经致力于农民的解放，但他所作的努力是非常少的，与尼古拉（Nicholas）一世[3]一样。俄罗斯在克里米亚战争[4]中的失败使得将其付诸实际行动成为非做不可的事情。亚历山大二世[5]害怕爆发革命，由于这个原因，历经了无休止的商议后，于1861年发布了解放农民的伟大宣言。

土地分配问题的解决采取了以下方式：

帝国的各个省规定了每个人持有土地的最低与最高限额，土地面积从3公顷到7公顷不等。然而，业主能完全避开此项规定，公开给予农民最低限额的四分之一。实际上他用这种方式让乡村无产阶级家庭彻底依靠他地产上的工作。要不然农民分得的那份土地仅够用作赔偿。赔偿金所占比例越高，土地份额越小，立法者以土地质量好、产量高这些理由为自己说话。此外，

---

[1]《国家科学大辞典》，第3版，第2卷，第604页，辛克维茨（G. Simkhovitsch）所写，"农民解放"条以及所列出的参考文献。

[2] 俄罗斯皇帝，在位期间为1801—1825年。——译者注

[3] 俄罗斯沙皇，在位期间为1825—1855年。——译者注

[4] 为争夺巴尔干半岛的控制权，1853—1856年土耳其、英、法等国与俄罗斯之间发生的战争。——译者注

[5] 俄罗斯帝国皇帝，废除了农奴制，创立了国家杜马制度，制定了君主立宪制改革计划，在位期间为1855—1881年。——译者注

在某些过渡期间，农民的强制性劳役仍然存在，业主的意见决定农民赋税的折算。这种制度导致了农民普遍对业主负债。抵偿金设定得相对较高，高达6%，期限为48年；到1905—1907年革命爆发时，债务仍然没有还完。皇室地产与俄皇领地上的农民不仅获得了解放，还取得了全部的土地所有权，可以说是被给予了厚待。

的确，仅仅是在一个面上俄罗斯农民获得了解放；他们仅是从领主那儿解放出来，而不是从对公社的连带责任中解放出来。总之，对农民的人身奴役依然没变。米尔公社能召回任何人，无论是谁，只要他在村中长大，根本没有迁徙的自由可言。由于政府将这种所谓的农业共产主义视为一种保守力量，是专制统治的支柱，可用来抵制自由主义的发展，因此这项权利丝毫未动（参见上文）。

俄罗斯政府由于政治方面的原因，在西部诸省，特别是在波兰[1]走上了不一样的发展道路；在波兰，农奴制已被拿破仑（Code Napoleon）废除，尽管附带一个条件，那就是农民一旦迁走，土地则重归领主所有。这一附带条件造成大量农民被驱逐，为此，在1846年被废除。然后在1863年俄罗斯对波兰农民进行了解放，以此作为反击曾支持1863年革命的波兰贵族的手段，而且使农民依附于俄罗斯的政策。由此，农民与土地的关系是以农民自己的意愿为基础决定的。因此，农民的解放采取了彻底剥夺波兰贵族的形式。这个事实尤其可以解释农民在林地与牧场拥有的广泛特权。

封建土地制度的废除导致了现在农业制度的形成。另一部分和法国一样，农民从领主那儿得到了解放；一部分与英国一样，农民从土地上获得了解放，而土地也从农民那儿解放出来；还有一部分类似于欧洲其他地方的情

---

[1] 见罗斯特沃罗世奇伯爵（Count Rostworvski）：《波兰王国农民境况的发展》，耶拿，1896年版；加兹金斯基（K. V. Gaszazyski）：《波兰王国农民独立的发展》，慕尼黑，1905年版。

况，形成了一种混合制度，东部地区与英国的情况更为接近。

最后的调整方式主要受继承法影响，而英国与法国在继承法上的差异最大。在法国，土地的平等分配是定律，即使在旧制度下也是如此，民法典仅是使之成为强制性的规定。在英国，封建制度的长子继承制普遍通行，无论农民还是地主，长子一人继承所有的土地。在德国，我们发现了最为极端的对比。任何个人继承存在的地方，均并非英国那样的长子继承制，而是先确定一个继承者，然后由他继承土地并负责供养其他继承者。在某些情况下，这一法律是由于纯粹技术上的原因而实施的，例如大规模地产或者黑森林中的大型农场，因自然条件的限制无法分割；或者是由于从封建领主时期流传下来的历史因素。庄园主感兴趣的是土地支持服役的能力，因此不愿意分割土地。在俄罗斯，我们发现农业共产主义一直持续至1907年斯托雷平（Stolypin）改革时；农民不是从父母那儿而是从乡村公社分得土地。

封建束缚已被现代立法彻底废除。这些束缚在一些地区已经被信托制度或者遗产转分所取代。这一制度起始于公元12世纪，最初是以某种特别基金的形式在拜占庭帝国[1]出现的。为保护土地免受国王的侵害，人们将土地捐给教会，因而具有了某种神圣性。

然而，教会土地的用途是十分严格的，有其规则，例如用来供养一些僧侣。剩余部分约占地租总额的十分之九，归设立基金的家族永久拥有。因而在穆斯林社会中形成了瓦库夫制，看起来是为僧侣或者其他一些宗教目的设立的基金，可事实上是为了保住家族的地租收入并防止苏丹[2]抽税。这一转分遗产的方式由阿拉伯人带到西班牙，然后又在英国与德国大力推广采用。

---

[1] 是位于欧洲东部的君主制国家，存在期间为公元395—1453年。——译者注
[2] 指根据沙里亚法设立的穆斯林统治者。——译者注

在英国，这种方式遭到了抵制，不过法学家设计出"限嗣继承"制[1]来替代。限嗣继承制的性质可以表述如下：

在传给下一代时，土地持有权的不可分割与不可让与是以契约的方式来保证的，因此在持有者的一生中不可能发生任何变化。通过这种方式，英国的大部分土地始终在少数家族手中操控着，然而在普鲁士，前不久仍有十六分之一的土地以托管的方式冻结起来。结果，大庄园所有制不仅流行于苏格兰、英格兰、爱尔兰、西里西亚的一些地区（在1918年之前）以及先前的奥匈帝国，并且在德意志的某些地方也有很小的程度上通用。

封建组织以及土地制度的发展被代替的办法，不但对乡村状况的改善有很大影响，并且对一般政治关系也影响深远。特别会影响到一个国家是否有土地贵族以及采取何种形式之类的问题。

从社会学意义上讲，贵族是一种这样的人，所处的经济地位使其能够自由参加政治活动并使其能为政治职能而生，而又不用靠此生活；因此，他拥有固定收入（食利者）。那些被束缚于某种职业的阶级，需要工作以养家糊口的阶级，即商人与劳动者，都没有这些条件。具体而言，纯粹的贵族在一个农业国家均以地租为生。英国是欧洲唯一真正拥有这种贵族的国家——先前的奥地利在有限程度上也存在这种贵族。

在法国，情况与之相反，地主阶级的被剥夺造成政治生活的城市化，仅有城市的富豪在经济上才拥有足够的自由将政治当作一种职业，而土地贵族则没有这种可能了。

德国的经济发展仅留下了一个很小的地主阶层拥有参加政治活动的自由，主要分布在普鲁士东部诸省，在那里对农民进行了最大限度的剥削。大多数普鲁士地主没有成为像英国那样的贵族阶层。更准确地说，他们仅是从

---

[1] 1285年颁布的《限嗣遗赠条例》规定，土地只能由直系卑亲属继承，尊亲属或旁系亲属均无权继承。——译者注

过去流传下来的带有封建社会印记的乡村中产阶级，该阶级的成员像农业企业家一样工作，为商业利益进行日常经济争斗。他们的命运随着70年代起谷价的下跌以及生活需求的提高早已被注定了，因为对于一个骑士来说，平均只有四五百英亩的持有地已不算什么了，不能维持其气派的贵族生活。这个现象表明，该阶级之前及现在的经济利益与其在政治生活中所占的地位之间有极为显著的矛盾。

随着早先农业共产主义残留的痕迹通过合并与分立等方式消失以及庄园制度的瓦解，已经完全建立起来了土地私有制。与此同时，家庭共同体逐渐变小，社会组织在此期间也始终往上面所说的方向变化；在财产关系方面，发展到现在，家庭中作为一个单位运行仍然只有夫妻及其儿女。这在以前因为自然的关系是不可能发生的。与此同时，家庭内部也经历了很大的变革，变革主要表现在下面这两个方面：

家庭的职能逐渐限制在消费领域，并且以账面为基础进行管理。继承法的发展取代了原始的完全共产主义，这导致男女财产越来越分离以及账目的独立。这两方面的变革均与工商业的发展密不可分。

第二篇
资本主义发展之前的工矿业

第七章
工业经济组织的基本形式[1]

我们所认为的工业是指原材料的转变;因此这一范畴不包括自然资源产业与采矿业。然而,接下来我们将矿业与工业放在一起论述,因此除农业、商业及交通运输之外的所有经济活动都能称为"工业"。

工业——在原材料的转变这个意义上讲——从经济观点来说,一般是为家庭共同体提供生计的工作形式发展起来的。从这一点来看,它其实是一种副业;当产品超过家庭需要时,我们开始关注工业。这一工作可能是为外部的家庭所做,特别领主家庭,是由自己的依附者所做。在这样的情形下,一户(农民)家庭生产的产品可以来满足另一户家庭的需求。辅助性的工业劳动就像印度那样,也有可能是为一个村庄做的。这里的手工业工人是小户农民,他们无法仅靠份地上的产品维持生活。他们受任何需要工业服务的人的差遣,依附于村子。他们实质上是村庄的农奴,领取一份产品或者一定的现钱。这种劳动我们称之为"造物主式"的劳动。

第二种改变原材料的方式,除了满足家庭的需要之外,为出售而生产,也就是手工业。我们认为手工业是指以一定程度的专业形式进行娴熟劳动,或者是通过技术专业化,或者是通过劳动分工;要么是非自由劳动者,要么

---

[1] 有关工业史的序论,可见阿什利(W. J. Ashley)、布斯(H. Boss)、吉宾斯(H. Gibbons)、施穆勒(G. Schmoller)《国民经济史》第1卷、卡尔·毕歇尔(Karl Bücher)、嘎司(W. S. B. Gars)以及阿什尔(A. P. Usher)的著作。

是自由劳动者；或者为共同体，或者为领主，抑或为自己进行生产。

接下来将看到，最早是在封闭的家庭共同体中出现了满足工人自身所需的工业劳动。一般而言，最古老的专业化形式是两性之间严格的劳动分工。女人专门从事田间耕种；她们是最初的农民。她们绝没有获得像塔西佗（Tacitus）所想象的日耳曼人那样高尚的地位。

在古代的英格兰，诱奸别人的妻子可用钱来解决掉，因为这只被视为一种财产损害。女人要做的是所有的从土地上长出来的农作物的利用、田间耕种、烹调器皿的生产以及各种各样的纺织工作——编织草席、纺纱织布等劳动均落，她们被当成田地上的奴隶。

关于织布，的确存在一些特别地方。在埃及，令希罗多德（Herodotus）[1]印象深刻的是男性（奴隶）坐在织布机旁工作，这种发展通常发生于织布机非常沉重难以操作或者男人解除了武装的地区。在另一方面，男人承担了与打猎、战争、金属加工、家畜饲养、皮革修整以及肉类加工等有关的所有职责。肉类加工被视为一种礼仪上的行为，最初仅仅在与狂欢节有关的活动中才有肉吃，通常只许男人参加，而女人仅能得到些许剩饭。

仅在临时性的工作中才能找到集体形式的工业劳动，特别是在房屋修建工作中。这项工作十分繁重，不是单单一个家庭、一个男人所能完成的。所以它就像波兰至今仍然存在的做法一样，是被当作一种帮忙性质的劳动来完成的，它以村庄互助为基础，而且会饮酒助兴。另一种例子是很早以前为酋长从事的劳动，以及由自愿组成的公共群体所从事的造船劳动，这种群体还可能见机从事海盗活动。最终，也可能发生这种情况：若干自由人组合在一起，从事金属加工工作，虽然铁制品生产出现得相对较晚。最初建造房屋无法用金属钉，尽管存在积雪负担，阿尔卑斯山地区的房子也均是平顶，因为

---

[1] 公元前古希腊历史学家，著有史学名著《历史》一书，在古罗马时期便被称为"历史之父"。——译者注

没有钉子建造坡顶。

从帮忙劳动的流行中，可以获知最早的专业化并不包含技术行业。后者在原始地区与巫术相关，觉得事情仅能由个人用巫法完成的信念肯定是最早获得了发展。特别是在医疗行业，"巫医"是最早的职业。总的来说，每一个高度技能化的职业最初均被视为巫术，特别是铁匠，每一个地方的铁匠均被视为是拥有神奇能力的人，因为他们有些技能看起来很神奇，并且他们自己也有意使自己神秘化。这类技能型职业一般出现在酋长或者地主的大家庭里，仅有他们才可能训练其依附者术业专攻，也仅有他们才会产生对技能性工作的需求。技能型职业的演变也可能与交换机会有关。

就这一点而言，关键性的问题是工业是否与市场存在联系以及由谁来出售历经各生产者之手的最终产品。这些问题对于行会的斗争以及其瓦解也极为重要。一个具备专业技能的手工业者可以自由地为库存或为市场而生产，可以做一个小企业主销售产品。我们称这类极端事例为"计件劳动"，它的前提条件是控制原材料与劳动工具。其中一种可能的情况是，某一团体提供原材料，以及在某些情况下连同劳动工具。因此，中世纪的行会是作为采购和分配像铁、羊毛之类的原材料的团体而存在的，其目的在于保证成员之间的平等。

因为手工业者没有原材料与劳动工具，仅能向市场提供他的劳动力，而不是他的劳动产品。造成了一个与之相反的极端：手工业者作为雇佣工人为另一个人服务。在这两个极端之间存在着为订购而工作的手工业者。他们可能拥有原材料与劳动工具，不过又存在两种可能。一种可能是将产品卖给消费者——可能是一个从他那儿订货的商人；我们把这种这种情况称为面向顾客的自由生产，或者是为垄断其劳动力的企业主生产。后一种关系就像中世纪时期的出口工业一样，一般情况下出现在对企业主的负债，或者由于自然条件的限制而无法进入市场时。这被确切地称为来料加工制或者代理商制，也被称为"家庭工业"制；这种情况下的手工业者是为别人工作的雇佣劳动者。

第二种可能是原材料和劳动工具，或其中之一，或两者都是，由订货的消费者提供。在这里，我们将论及为顾客生产的雇佣劳动。

最后一种情况是订货人是为赢利而进行生产的企业主；这种情况就是家庭工业，即来料加工工业。这里包含两个方面，一方面是发货商人，他们一般是——并非总是——购买原材料，而且在某些情况下也提供劳动工具；另一方面是在家中接受订货的雇佣劳动者，由于必要的手工业组织的缺失，他们无法把产品拿到市场上出售。

关于工人与工作场所的关系，接下来将会论述其中的差异：

工人在住所内进行工作。在这种情况下，手工业者可能是独立制定产品价格的雇佣工人，或者也可能是面向顾客生产的挣工资的家庭工人，根据消费者的订货进行生产。

在另一方面，在工人的住所之外进行工作。这可能是流动工作，就像至今仍然常见的女裁缝与女装裁缝一样，在消费者的家里完成工作；这类工作最初是由"流动"劳工来做的。另一种可能是，可由工人带回家中的工作，不过也可能存在一些就像粉刷业的情况一样无法由工人带回自己家中的工作。最后，工作场所可能是"工作间"或者作坊，以及诸如此类与工人的住所分开的工作场所。工作间并非必然是工厂，它可能是将工作地点与销售地点合为一体的作坊。否则，它可能是由若干工人合伙租用的；最后，它或者可能归某位领主所有，领主将他的奴隶安排在这里工作，他可能自己销售，或者以支付规定数额的款项为条件允许奴隶售出产品。这种工作间的特征可从现代作坊式企业中最为清楚地观察到，向工人支付工资的企业主规定这种企业的工作条件。

固定投资的拨付也可能以各种不同的方式进行，而固定投资则涵盖了劳动场所以及未列入工具项下的工作手段等内容。在纯粹手工劳动的情况下，正如中世纪的行会经济一样，有可能不需要任何固定投资。行会经济的特征之一就是不需要固定资本，然而只要固定资本出现，行会经济则面临着瓦解的危险。如若存在固定投资，它可能是由某种团体——村庄、城市或者工人组织——提供并维持的。这种情况很普遍，特别是在中世纪时期经常见到，资本总是行会自己提供。另外，我们还发现就像寺院制造出缩绒机后出租给自由工人那样，工人获准可以租入领主设备的情况。领主的设备不仅可能租给自由工人使用，并且也可能租给完全受业主控制的工人用于生产过程，而则由业主自己销售产品。我们称这种工业为"oikes"，也就是庄宅手工业。虽然由法老开创这种工业，可是我们在地主、王公以及中世纪寺院的产业中发现各种不一样的形式。不过在庄宅手工业中，家庭和企业之间没有区别，后者仅仅是企业主的附加利益。

所有这些在企业主的资本主义公司里都发生了变化。在这种情况下，劳动是靠企业主所提供的办法进行，并且纪律也是不可或缺的。企业主的作坊作为固定资本，在企业主的账目上形成专门的一项；而这类由个人掌握的资本则是导致行会制度瓦解的原因所在。

第八章
工矿业的发展阶段

　　为满足小户或者大户家庭的需求，进行的一种家庭工业生产是工业发展的初始点。工业由这一点开始可能发展到部落工业，这是由于某一部落对一定原材料或者产品的垄断而形成的。最初作为很不错的辅助性收入来源而出现了部落工业，不过后来越来越发展成为一种正式的职业。

　　在这两个阶段中的任一个阶段都意味着使用由家庭共同体提供的劳动工具与原材料而生产出的家庭活动的产品，是要带到市场上去销售的，从而在自给自足的家庭经济中打开了一扇天窗，使其可以眺望到市场。某些原材料——例如石头、金属制品或者纤维以及最普通的盐、黏土、金属的蕴藏——仅产于某一部落的领土，从而形成了对原材料的垄断。对于垄断权的利用可能导致流动商业的出现。商业与许多巴西部落或者俄罗斯"手工业者"的情况一样，可能是由从事工业的人经营的；在一年中，他们用一部分时间进行农业生产，而用另一部分时间将这些产品卖出。再者，它可能正如以工艺闻名的羊毛产品常有的情况一样，工人掌握了不易相传的技术秘密或者专门技能，是一种独门手艺。这种情况涉及一种特殊形式的雇佣劳动，这门手艺是通过占有土地而实现垄断的，并且由于祖传的特殊技艺而依附于某一部落或氏族。专门化生产在不同的种族集团之间产生了。它可能就像在非洲那样，局限于地理上相毗邻的不同地区之间的产品交换，抑或可能存在更为广阔的发展。

第一种可能是正如在印度一样[1]，导致了等级制度的产生。最初平行并排的部落工业变成纵向分层排列了，这是因为经由受同一领主管辖的各部落群体之间的合并；而此时在同一领主管辖的居民之间可以看出种族之间的劳动分工。最初相互视为异类的部落之间的关系体现于等级制度之中，不同等级的成员既不相互通婚，也不在一起吃饭，彼此之间仅仅接受规定的服务。它对印度整个社会组织该等级制度一直都具有巨大的影响，因为它属于礼仪制度，因而也属于宗教制度。它将一切工艺劳动都模式化了，因此使新发明的利用或者任何以资本为基础的工业的引入变得不可能。任何时候对任何技术改进的采用均必须以一个新等级的建立为前提，而这个新等级处于先前存在的全部旧等级序列之下。

《共产党宣言》提到无产阶级时说："在这个革命中，无产者的损失只是自己脖子上的锁链。而他们收获的是整个世界。"这句话来说印度人[2]颇为适合，只有此生履行完等级义务的最后一项，他们才能在死后解掉锁链。在印度，每一个等级均有其规定的传统生产方法；任何放弃传统生产方法的人都会丧失其等级，之后，不仅会被逐出去做被社会遗弃的贱民，而且丧失了来世的机会，也就是丧失了转世于一个更高等级的机会。因此，这一制度成了可能存在的社会秩序中最保守的一种。它在英国的影响下已经逐渐解体，即使如此，这里的资本主义依然在缓慢发展。

第二种可能性是往专业化市场方向的演变，在不同种族之间存在交换活动的阶段出现。最早的职业的地区性划分可能是"造物主式的"——换言之，尽管没有与已不再是种族之间的市场发生联系，而村庄或者地主则已在

---

[1] 见巴登·鲍威尔（B. H. Baden—Powell）：《英属印度的土地制度》，总共3卷，牛津，1892年版，以及《印度帝国》，总共4卷，牛津，1908—1909年版；另见马克斯·韦伯：《宗教社会学论文集》，第2卷，第1页，第91页，并见于各页。

[2] 马克斯·韦伯：《宗教社会学论文集》，第2卷，第121页。

力争获得手工业工人,并迫使他们为村庄或者地产工作。例如,印度的村庄工业就可以归为此类;在德意志,一直到公元14世纪,领主还被认为有义务提供一队村庄手艺人。在这里,我们发现自给自足式生产的地方专业化,而工作地点的世袭所有权则往往与之存在联系。

地方专业化从这一阶段再往后发展则最终形成了面向市场的专业化。村庄与庄园工业的专业化是它的上一个阶段。在村庄中,一方面是农民,另一方面是地主,地主使手工业工人定居下来,根据地主的需要进行生产,并以收益分成或其他方式支付报酬。由于没有交换发生,这种专业化不同于面向市场的专业化。此外,它仍带有种族之间专业化的特征,因为手艺人都是异族人;不过也包括一些因他们的所持土地不足以维持生存而失去其社会地位的农民。

对手工业工人的庄园式利用采取的另一种方法,那就是大户家庭或者地产式的专业化,这一专业化是王公或领主出于私人或政治目的而进行的。在未发生交换的情况下产生了这里的专业化。个体手工业者或者整个手工业者阶层担负起了根据领主的调配提供特定服务的职责。在古代,这种方法流行甚广。管事——例如大户家庭中负责财务之职的人员,这一职位往往由奴隶担任,还出现了工匠。他们主要由奴隶组成,不过也包括某些类别的为大地产生产所需物品的农家手艺人。这些农家手艺人包括生产五金器具的工人、铁制品制造工人、建筑工人、车轮修造工人和纺织工人——特别是家庭作坊或者女馆的纺织女工——磨坊主、糕点师以及厨师等。在上层城市贵族家庭中也可以找到这类手艺人,这些家庭拥有大批奴隶以供差遣。奥古斯都(Augustus)[1]妻子利维亚(Livia)皇后的奴隶包括为公主缝制衣物以及满足公主其他个人需要的手艺人,他们的奴隶名单也是众所周知的;其中。在中

---

[1] 古罗马帝国开国皇帝,在位期间为公元前27—公元14年。——译者注

国与印度的名门望族中也发现了类似情形，而且在领主与寺院的中世纪庄园里的情况也大体如此。

除了满足领主个人需要的手艺人以外，为其政治需要服务的工人也存在。希克索斯王朝[1]被赶出去后新帝国法老们的施政就是一个大规模的范例。在这里我们发现一种由依附阶级所缴纳的实物补充仓库的货栈制度，还有用以满足国王的家庭与政治需要的手工业的广泛专业化与其相伴。官员的俸禄是就像现在国家发行的纸币一样，按规定的清单用仓库的实物支付的，用以提货的书面单据可在商业活动中使用。这些产品由农民的劳动获得一部分，而专业化的地产工业生产出另一部分。

奢侈品工艺在近东的大规模地产上也获得发展与鼓舞。埃及与美索不达米亚的历任国王使在他们的作坊中接受训练并依附于他们的工人创造了古代东方艺术的奇迹，因而赋予地产一种文化史上的使命。为了实现从这种状况到为顾客与市场而生产的过渡，就必然得存在一个拥有购买力的消费者群体以吸纳产出；换言之，必须发展一定程度的交换经济。在这里我们发现了与农民的发展过程相类似的情况。是把工人的技能仅当作劳动力使用而自行组织面向市场的生产，还是把他们当成一种租税源泉来剥削，领主或者奴隶主必须二选其一。在第一种情况下，领主变为使用非自由人口为其工作的企业主；不管是在古代还是在中世纪均可见到这种制度，领主雇佣一些人来进行市场销售。这些人便是商人，即依附于王公或者其他类型家庭的代理人。

在这种情况下，领主把人民当成劳动力使用的方式可能各种各样。他可能把他们雇佣为非自由的家庭工人；他们被迫交付一定数量的货物，仍然留在自己的住处；原材料可能是工人自己的，也许是领主供应的。在古代，这类关系普遍存在。以这种方式女馆里生产出来的纺织产品与陶器被带到市

---

[1] 埃及历史上第一个异族政权，统治期间为公元前 1650—公元前 1542 年。——译者注

场上去。在中世纪时期，西里亚与波美拉尼亚的麻布工业便是如此发展起来的；领主即是手工业工人的商人资本家雇主或者"代理商"。若不然，领主可能走向作坊工业。我们在古代大地主的辅助性工业中发现了使用女奴纺纱和织布的大型家庭作坊。我们还发现了赤土陶器场、采砂坑以及石矿场。在加洛林王朝时期也存在这样的家庭作坊。作坊工业在中世纪的寺院经济中得到了特别发展，这其中包括啤酒酿造业、矸布业、酿酒蒸馏业以及圣本笃修会与卡尔特教团的其他工业。

除了乡村的辅助工业以外，我们还发现了使用非自由劳动力的城市工业。在乡村工业中，领主想要销售产品，就要通过非自由劳动力的代理机构，而在城市则往往通过由商人使用其商业资本创立的使用非自由工人的商业机构来销售产品。这种关系在古代甚为常见。举例而言，传说从父亲那儿狄摩西尼（Demosthenes）[1]继承了两个作坊，一个是制造武器的五金作坊，另一个作坊用来生产床架——床架在当时是奢侈品而非必需品。而两业兼营的原因则可用如下事实解释：他的父亲最初是一个象牙进口商，而象牙不仅可用来镶嵌剑柄，而且可用来镶嵌床架，后来他父亲由于债务人无力偿债便将作坊连同奴隶接管过来以抵偿债务。一个拥有一百个奴隶的"工厂"也被利西阿斯（Lysias）[2]提及过。在这两种情况下，我们发现生产活动一方面是为了少数上层阶级，另一方面是为了战争。然而，无论哪种情况均与我们现代意义上的工厂无关，而仅仅是一种作坊。

至于一个作坊的经营是使用非自由结合的劳工还是使用自由结合的劳工，这需要视具体情况而定。如果一个大型机构使用奴隶劳动为市场生产产品，那么它是一个有关劳动积累，而并非有关专业化与相互合作的案例。很多人在一起工作，每个人都独立生产出一种类别的产品。在所有这些人上面

---

[1] 古希腊杰出的民主派政治家、演说家。——译者注
[2] 公元前4世纪左右的雅典演说家。——译者注

设立一个工头，工头必须向领主支付双倍的人头费，而且产品在一定程度上的一致性是他唯一关注的事。在这种关系下，进行现代意义上的大规模生产是不可能的，尽管有时是这样，因为作坊没有固定资本，一般情况下并不属于领主。

此外，这样一种机构不可能发展成为现代工厂原因之一就是奴隶持有制的独特特征。在市场萎靡的非常时期人力资本消耗巨大，并且人力资本的保养与投资于机器的固定资本截然不同。奴隶特别容易发生变故，也极易暴露于风险之下。奴隶如果死了，就给自己带来了损失，与现在将风险转嫁给自由工人的情况形成对比。特别是在战争时期，奴隶逃跑的可能性很大，而且在军事失利时特别常见。

在伯罗奔尼撒战争[1]中，最终，雅典惨遭失败，工业上的奴隶资本全部消失殆尽。再者，由于战争的原因，奴隶价格的波动起伏异常惊人，而在古代战争又会经常发生。

希腊城邦战事连年不断，他们认为缔结永久和平条约是一种犯罪；和约仅仅是暂时的，就像现在缔结贸易协定一样。

在罗马，战争也是极为平常的事。奴隶的价格在和平时期则极为昂贵，而在战争期间低廉。领主对待此项通常以高价获得的资本，并各有自己的办法，或者是把奴隶养在屯舍里，或者连同他的家人一起供养。在第二种情况下，还必须为女人找到一种不同的职业；如果领主还没有让自己的机构实现专业化经营，而不得不在自己地产上同时经营几种业务。如若进行专业化经营，那么奴隶的死亡将是灾难性的。奴隶对工作没有任何兴趣是另一个原因，因此为了迫使他们完成现在契约制度下自由工人的工作量，只能用十分残暴的纪律。因此，使用奴隶从事大规模经营是十分少见的；在所有的历史

---

[1]　公元前431—公元前421年雅典为首的提洛同盟与斯巴达为首的伯罗奔尼撒同盟间的战争。——译者注

中，垄断权只有在相关生产部门手中，才能在相当程度上形成大规模经营。俄罗斯的事例显示出，这种垄断地位的维持是使用奴隶工人的工厂的支柱；如果垄断地位被打破，它们就会在自由劳动的竞争中崩溃。

诚然，古代组织常常呈现出有些不同的特点。领主不是作为一个企业主出现，而是以收入领受人的身份出现，奴隶的劳动力被他们当作租税来源利用。他们让奴隶学会一些手艺；然后如若不把奴隶出租给第三方，则允许其独立为市场生产产品，或者让其自己寻找雇主，或者让其经营自己的业务，不过均需征收捐税。在这儿我们发现了已获得经济自由而尚未获得人身自由的手艺人。在这种情况下，奴隶自己拥有一定的资本，或者领主借给他资本去从事商业活动或者经营小规模的手工艺业。因而激起了奴隶的利己之心，根据普林尼（Pliny）[1]的观点，之后领主甚至给予奴隶立遗嘱的自由。大批奴隶就是以这种方式被利用的。类似的情况可以在中世纪找到，也可以在俄罗斯找到；并且我们随处可见的像捐税、代役租之类的有关赋税的专业术语，均足以证明我们所论及的并不是异乎寻常的例外，而是完全正常的关系。

领主在这种奴隶利用方式之下是不是独立经营，要看当地市场是否存在。这类市场与奴隶可以出售其产品或劳动力的一般市场不一样。若是古代劳动组织与中世纪劳动组织从相同的起点出发，而且早期发展阶段也甚为相似，只是后来才走上了完全不同的发展道路，这是因为这两种文明的市场有着截然不同的性质。在古代，奴隶受领主支配，而在中世纪，他们开始变得自由了。在中世纪，存在广泛的自由手工艺者阶层，而这在古代则是从未有过的。其中缘由如下：

（1）西方的消费性需求不同于世界上其他所有国家。我们要清楚的了解一个日本家庭或者雅典家庭的全部生活所需。日本人居住在用木头与纸建造

---

[1] 古罗马百科全书式的作家，著有《博物志》一书。——译者注

的房屋里，几张草席、一张木制炕桌，合在一起成为卧榻，连同一些杯碟、陶器，即为全部家庭设施。我们有一份从一个希腊犯人（有可能是阿尔西拜提（Alcibiades））审判案中得到的拍卖清单。这个家庭有着令人不可思议的有限设施，并且主要是艺术品。与之形成对比的是，中世纪贵族的家庭设施数量要多得多，也很实用。这种差异源于气候的不同。火炉在意大利是必需品，即使是现在还依然如此；在古代，床被视为一种奢侈品，睡觉时仅需披上一件斗篷，躺在地上即可；而在北欧，火炉与床均是必需品。科隆被套织工行会的文献便是我们拥有的最古老的行会资料。尽管不能说希腊人是赤裸的；身体的一部分确实遮盖起来了，不过他们对服装的要求是无法与中欧比较的。最后，再次由于气候的关系，日耳曼人的饭量要比南方人大。但丁（Dante）[1]曾称"德意志是饕餮之地"。一旦这些需要得以满足，依照边际效用递减规律，日耳曼人的工业生产必然比古代广泛得多。公元10世纪到12世纪出现了这种发展。

（2）市场规模与古代不一样。公元10世纪到12世纪的北欧与古代的国家相比，对于具有购买力的买主而言，工业产品在更大的范围内触手可及。古代文明是沿海文明，没有一座闻名的城市距离沿海超过一天的行程。的确，其市场范围也包括狭窄的沿海地带后面的腹地，不过由于它仍旧处在自然经济阶段，因此几乎没有什么购买力。此外，古代文化以奴隶制为基础。随着文明从沿海地区向内地传播并开始具有了内地的特征，奴隶供给停止了。所以领主试图通过使用自己的劳动力提供生活所需使自己独立于市场。

地产的自治曾被洛贝图斯（Rodbertus）[2]认为是整个古代社会的特征，而实际上则是古代社会末期的现象，并在加洛林王朝时期达到发展顶峰。使

---

[1] 意大利中世纪诗人，其著作《神曲》是中世纪文学的巅峰之作。——译者注
[2] 马克斯·韦伯：《在国家法与私法方面具有重大意义的罗马农业史》，斯图加特，1891年版。

市场范围变窄是它的第一个影响，而此后的财政措施则发挥了与之相同的作用。整个过程意味着向自然经济的加速退化。在另一方面，随着农民在中世纪购买力的增长，从公元10世纪起市场规模开始扩大，领主的控制正在失去效力，这是由于集约式耕种的进步；而领主束缚于其军事职责之上，无法分享这种进步，不得不听任增加的全部收益均归于农民；因此农民的依附地位开始变得不那么难以忍受。手工业由于这个事实有了第一次大发展的可能。从市场特许权和城市建立的时期发展开始，并于公元12世纪和13世纪又往东发展。从经济观点来看，王公投机冒险之地是城市；他们想获得能向其征收捐税的依附者，因此需要买卖人口的定居地，所以建立了城市与市场专门进行这种买卖。这种投机活动并非总能结局圆满。犹太人由于反犹太主义浪潮的发展被驱赶至东方，当贵族则打算利用这一浪潮来建立城市时，波兰贵族的投机活动大多数以失败而告终。

（3）第三个缘由是把奴隶制当成劳动制度赚不到钱。只有当奴隶能以低廉的价格来蓄养时，蓄养奴隶才可能赚到钱。然而在北方无法实现奴隶的廉价蓄养，因此宁愿把奴隶当作交租者剥削。

（4）北方奴隶关系不稳定的重要事实。在北方的土地上，逃亡的奴隶随处可见。由于不存在刑事侦查机构，领主在关于奴隶方面又相互凯觑，所以逃亡的奴隶风险并不大，因为他能够在另一位领主或者另一座城市寻得庇护。

（5）城市的阻碍。皇帝特别赐予城市特权，产生了"城市的空气使人自由"的原则。他宣布，任何人，不管来自何处抑或哪个阶级，只要定居在城市，便属于这座城市。有一部分城市的公民权便是如此取得的；市民中一部分由商人组成，一部分是贵族，另有一部分是独立的熟练手工艺者。

皇权的逐渐削弱及其引起的城市独立化有利于这种发展；城市拥有了权力，可以当面嘲弄当地领主了。然而，"城市的空气使人自由"的原则并不总是通行无阻。一方面，皇帝被迫向王公许诺反对城市夺取新特权；可是另一方面，因为贫困，他们不得不继续赋予城市新特权。这是一场实力的较量，最终证明与城市有利益关系的王公的政治实力胜过其兴趣在于保留依附者的当地领主的经济实力。

以这些特权为基础，让很多手艺人定居了下来，他们有着不一样的出身与法律地位。他们之中仅有极少数是持有免役土地的正式市民；一部分人承受着封建人头税，束缚于对城内或城外领主的租税义务上。第三种人是处于被保护地位的虽拥有人身自由，可是要托庇于一位自由民，在需要出席法庭的时候，这位自由民可以代表他们去；作为回报，他们向这位自由民承担特定的服务。

另外，城市里有一部分庄园拥有自己的手艺人以及专门的工艺规则。然而，我们不能因而认为从领主的工艺规则发展而来了城市的手工艺制度。一般而言，手艺人属于不一样的人身领主；另外，城市领主管制着他们。因此，能开创出一套工艺规则的也只有城市自身，而且城市领主有时不希望他们获得城市自由手艺人的阶级地位，不准其依附者拥有他赋予城市的合法权利；自由手艺人虽拥有自己的工具，但没有固定资本，并且他们不是以成本会计为基础经营业务。他们差不多一直是雇佣劳动者，将自己的劳动力而并非自己的产品拿到市场上去。然而，他们均是为顾客而进行生产，而且最初是为订单而生产；至于他们是挣工资的雇佣劳动者，还是开始变为计价劳动者，则取决于市场状况。

那些为富裕阶层所做的工作，主要是以雇佣劳动；而为广大民众所做的工作，则主要是计件劳动。民众可购买单件制成品；因此，就像后来是资本主义出现的基础一样，民众购买力的增长是计件劳动出现的基础。然而，两者的区别无法清楚地描述。雇佣劳动者与计件劳动者一直同时存在，不过在中世纪早期——就像印度和中国的情况与德国的古代一样，通常是雇佣劳动者居于主导地位。雇佣劳动者有可能是外出工人（在雇主家里工作），或者是家庭工人，主要是原材料的价格决定用什么样的人。为防止偷窃与掺假，以及金、银、丝绸以及昂贵的纺织品不会让手艺人带回自己家中加工，而是让手艺人移步以就地加工。由此外出劳动在上层家庭的消费品领域尤为常见。相反，那些因其工具昂贵或者沉重而不便搬运的手艺人必然是家庭工人，比如，织布工、糕点师、磨坊主以及榨酒师；在这些职业中，固定资本崭露头角。在雇佣劳动与计件劳动这两类职业之间，还存在因机缘巧合或者传统规定而形成的中间类型。然而一般而言，雇佣劳动的专业术语还是稳占支配地位；出佣、包工、工资，所有这些措辞均与工资相关，而并非与价格相关。戴克里先（Diocletian）敕令中的条款也均倾向于工资税而非价格税。

第九章
手工业行会

行会[1]通过对内实施工作规章,对外实施垄断这两项职责而起作用。它是与职业类型相一致的专业化的手艺工人的组织。行会要想实现它的目标,只有本地每一个从事这行的手艺人都参加了行会。

非自由组织的行会可以在古代社会的晚期找到,也可以在埃及、印度与中国找到。这些组织均是为了监督上缴国家的强制性捐税而设立的。它们的出现与如下事实有关:满足一位王公或者一个团体政治需要的职责加诸各种各样的工业集团的目的,将生产按行业组织起来。有人认为,从这样的行会发展起来了印度的种姓制度,而实际上它们却是从不同种族集团之间的关系发展来的。国家利用了这种已经存在的种姓制度,国家要求工业向它供给产品,为其提供实物融资。在古代社会的早期,已经出现了经理制的行会,特别是在军需物资方面。百工长或者手工业者与百夫长在罗马共和国的军队里同时存在。此后罗马政府运入粮食,这是为满足城市人口的需要而进行的。出于这一目的,设立了船长组织,由其负责造船事宜。出于财政上的考虑,

---

[1] 有关行会的历史,见赫沃斯托夫(M. Chwostoff):《希腊人和罗马人的埃及的工商业组织概况》,喀山,1914年版;瓦伊青(I. P. Waitzing):《罗马行会史研究》,布鲁塞尔,1895—1900年;冯·勋伯(G. von schönberg)《中世纪德国行会经济史》,载于《国民经济和统计年鉴》,第9卷(1868年);冯·殷那玛—斯特纳格(K. Th. Von Inama Sternegg):《德国经济史》,第3卷,莱比锡,1901年版;另见关于英国工业史的文献资料。

在帝国的最后几百年，差不多所有的经济生活均是以这种"经理制"方式组织起来的。

我们还能看到有一些行会作为礼仪团体而存在的。并非所有的印度种姓都是行会，其中有许多是礼仪行会。任何存在种姓的地方，在种姓以外都不存在任何行会；而且也不需要行会了，因为将每一种类别的劳役指派给某一特定种姓便是种姓制度的特征。

自由组织的团体是第三种形式的行会的形式，这是中世纪时期的特点。它的发端可能是在古代社会末期；向这种具有行会特征的组织发展的趋势至少在罗马化的晚期希腊文明中显现出来。在纪元初始，先是很多地方有流动的手艺人出现。如果没有他们，基督教是不可能得到传播的；从一开始，基督教便是流浪手艺人的宗教，基督使徒保罗（Paul）[1]那句"不劳动者不得食"的名言恰好表达了他们的伦理观，也证明他也属于这类人。然而，自由行会在古代仅仅显露了一点儿点儿苗头。一般而言，古代的手工艺，就我们所了解的来说，氏族工业的特征之一是具有以代代相传的秘籍为基础，那时并不依附于地产。

在镇守伊瑞克提翁神庙（Erechtheion）[2]的廊柱的凿刻工作中，雅典市民、自由侨民与奴隶在一起劳动；在与行会民主制度完全相反的古典民主制中，完全不存在行会的观念。之所以没有行会的观念，在一定程度上是由于政治上的原因，不过主要还是由于经济上的原因。奴隶不能与自由民参加相同的宗教仪式。此外，行会在任何存在等级组织的地方显得十分多余，所以行会没有必要存在；正如中国的情况一样，行会在任何氏族经济占支配地位的地方也显得没有任何意义。在中国，城市的手艺人均归属于某一村庄，民

---

[1] 基督教最伟大的传教士，基督教首位神学家。——译者注

[2] 雅典卫城主要建筑之一，传说为争做雅典保护神，女神雅典娜曾与海神波塞冬在这里斗智。——译者注

权问题不管在北京或者任何其他城市都是不存在的,因而行会并没有成为城市组织的一部分。相比之下,行会就像布哈拉那样在伊斯兰教的国家内则存在,甚至还出现过行会革命,但次数极少。

西方中世纪行会的理念在"行会政策就是生活政策"这一主张中得到了最为显而易见的表达。换言之,虽然竞争渐趋激烈,生活机会越来越少,它意味着行会会员殷实的生活能维持着;使每个会员必须均能实现传统生活标准,并一直保持下去。传统生活标准的概念相当于现在"能维持基本生活的工资"。行会用以实现目的的手段引人深思。

关于对内政策,行会想尽一切办法让所有行会会员有平等机会,农民将土地分成长条地的原因也是这样。为实现机会平等,必须对资本主义势力的发展加以反对,特别是避免资本在单个工艺师父手中的不平等增长以及随之产生的分化;一位工艺师父不准跨越至另一位的前面。出于这一目的,对劳动过程进行了规定,没有哪位工艺师父敢采用规定之外的任何方法打破传统进行工作。行会控制产品质量,并规定学徒与工人的数量。它还尽可能控制原材料的供给——只要那时计件劳动仍然通行,这相当于是一种集体的方式。

另外,行会或者城市负责采购原材料并分配给各个工艺师父。一发生向计件劳动的转变,作为小资本家的手艺人即拥有了自行购买原材料的足够财力,行会便要求会员提供财富证明。这一惯例从公元14世纪起始终得以保持。没有财产的人可能会被别人招为雇佣劳动者。活动范围一受到限制,行会便实施封闭政策了,工艺师父的数量因而也固定下来,尽管这一结果仅发生于某些地方。

最后,行会对个体手艺人之间的关系也进行了规定。行会坚持如下立场:原在单个作坊内,材料的全部加工过程必须尽可能完成,每个工匠必须尽可能独立完成对劳动对象的加工。所以,劳动分工不是建立在不同工序的专业技术上，而是建立在最终产品的基础之上。

以服装工业为例，从亚麻到成衣的生产过程没有横向分为纺纱、织布、染色、修整等单独的工序；但是行会却尽可能坚持最终产品的专业化；一个人生产齐膝短裤，而另一个人则生产背心等。因此，我们从中世纪的行会目录找到的两百个行会，根据我们的思维方式，若按所需技术计算，需要有两三千个。然而行会唯恐生产流程的横向划分可能使离市场最近的工人处于一种主导其他工人的地位，因而将他们压低为雇佣工人。

工人在操作珍妮纺纱机

至此，行会在生活上遵行一种政策。然而，它也尽力使成员获得平等的机会并得以保持。为了实现这一目的，必须对自由竞争加以限制，因而行会制定了如下规章：

（1）工业技术。规定了每个成员能雇佣的工人数量，尤其是学徒的数量；特别是在可能把学徒逐渐当成廉价劳动力来雇佣的地方，每位师父只能招一两个学徒。

（2）原材料的种类。特别是必须使用合金的工业，例如钟铃铸造工业，则需要严格的控制，以保证产品质量并排除不公平竞争。

（3）工业技术与生产流程，因而对麦芽生产、皮革制造、布料修整以及染色等工艺不得不加以规定。

（4）对所使用工具的种类进行控制。每个行会一般都拥有对某种工具的垄断权，只能本行会使用这种工具；工具的样式遵循传统的规定。

（5）在销往市场之前，产品的质量必须得到行会的检验，检验合格才行。

行会还对工业的经济关系进行了规定：

（1）限制资本数量，没有一个雇佣工人的企业主在行会内能发展到这种程度，即超过其他工艺师父并强迫他们服务于自己。出于这一目的，禁止与行会之外手艺人的所有联系，尽管此项禁令罕见实施。

（2）任何参加行会的人都被禁止为别的工艺师父工作，以防止他们沦为雇佣工；也禁止为商人工作，这一定会立即导致发料加工制。最终产品必须是由面向顾客的雇佣劳动生产出来的，这种雇佣劳动是由行会中为薪酬而劳动的手艺人提供的；对于那些计件劳动的人，产品以自由买卖的方式售出去更好。

（3）采购机会被行会控制了。行会禁止抢先采购，换言之，行会任何会员都不敢在其他同伴之前自行购买原材料。他们往往确立平等分配权；如遇缺货，任何会员均可要求兄弟会员以成本价格为其提供原材料。

（4）行会还反对个体会员在其他会员之前销售产品。为实现这一目的，他们常常推行强制性销售，而且以禁止减价与招引顾客的方式强化控制；因而限制了价格竞争。

（5）禁止销售外人的产品。如果违反此规定，会员则被当成商人并赶出行会。

（6）为维持传统生活标准，对价目单进行控制销售。

在对外方面，行会政策具有纯粹的垄断性质。

（1）行会力求实现这样的目标，那就是，在许多情况下，将本行业工艺技术的管理权牢牢掌握在自己手里，这样他们就维持了一个工业法庭。要不然，他们将无法控制工艺技术与生产流程，也无法维护会员的机会平等。

（2）力求实现强制入会的目标，起码字面上是这样，尽管实际上往往被规避。

（3）在许多情况下，它们在每个地方都力争成功设立了行会区。不过仅有德意志这一个地方完全成功；在法国与意大利获得部分成功，而在英格兰则一事无成。行会区是指对某些区域的垄断。在行会权力完全控制的地区，在行会的工业以外，不准再有任何工业。这项措施是为了对付在很大程度上受压制的流动工人以及乡村工业而采取的。行会在城市一旦得势，他们首先想到的便是尽力压制来自乡村的竞争。

（4）在产品从一个行会转到另一个行会时，行会设立了价格税；为了应对外面的价格垄断实行最低价。

（5）为有效实施行会规章，劳动分工必须尽可能根据行业而非根据横向工序进行。换言之，正如上文所述，一个工人必须按生产工序从始至终生产出最终产品，而且始终保存在自己手中。在行会控制的工业范围内，行会用尽所有办法抵制大型企业的发展。来料加工业的发展是他们无法阻止的，还有其中暗含的手艺人对商人的依赖也是他们没办法组织的。

另外，还必须加上一些行会制度晚期所出现的规章。这些规章假设行会已经到达其活动范围的极限，所以设想只有进行资本主义经营、劳动的地区分工和市场范围的扩展，才能产生新的工业机会。首先，行会使工艺师父身份的获得变得越发困难。起初是通过"名作"制度实现这个目标的。而此后的发展结果则是，名作从公元15世纪以来又加上了严格的经济条件。从价值的观点出发，名作常常没什么重要性，甚或所附带的条件也颇为荒谬；因此，这种规定只不过意味着通过一段时间的强制性义务劳动而把没有财产的人排除在外。除了名作这项规定以外，已经处于计件劳动者地位的工艺师父还通过为以后的工艺师父规定最低限额的资本来争夺垄断地位。

学徒与帮工的组织在这一阶段出现了，特别是欧洲大陆。

首先，定下了学徒的期限，并且逐渐变长——在英格兰长达7年，其他地方5年，德国是3年。学徒出师以后，便成为帮工。此后还规定了一段义务劳动时间。这一情况在德国引发了流动期制度的形成。帮工在获准以工艺师父的身份定居于某地之前必须流动一段时间，这种安排在法国或者英国从未听闻过。

其次，行会通常接着把工艺师父的数量限制在绝对的最大数字内。这项措施并非总是为了维护作为垄断者的行会的利益而采用的，而是城市（其领主或者地方议会）规定的，特别是后者唯恐因工艺师父的数量太多，致使没有足够的生产能力用于军需物资以及具备政治重要性的生活资料的生产。

随着行会的逐渐解体，工艺师父的身份出现了世代相传的趋势。中世纪所有国家出现过一种现象，工艺师父的儿子，甚或女婿，享有加入行会的优先权，尽管从未成为普遍适用的规则，但这一现象一直存在。伴随着这种发展，中世纪手工业必然会有某些部分出现资本主义的特征，永久性的帮工阶级的出现与这一特征相对应。这种发展不但发生于这样的地方：手工艺劳动作为一种计件劳动而存在，有采购原材料与组织生产所必需的一定数额的资本，此外，还普遍发生于已对工艺师父的数量有限制的地方。

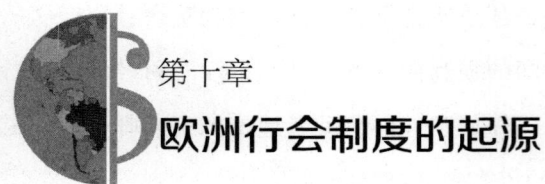

第十章
欧洲行会制度的起源

正如我们在前文所论述的，为满足经济与政治需要，手艺人与管事同时存在于封建领主或王公的大家庭里。行会是否恰如庄园法理论[1]所断言的那样，由这些地产上的组织发展而来？这一理论来源于这样一种观点：庄园，作为庄园法体系组成部分的领主的组织，包括满足它自身所需要的工人，这是很明显的事实。货币经济时代起始于市场特许权的赋予。地主发现在他们的土地上建立市场符合自己的利益，因为他们能对商人征收赋税。因而产生了手艺人的市场机会，他们先前仅是提供强制性服役，以满足领主需要。下一个发展阶段是城市。城市依旧是以皇帝授予王公或者领主的特权为基础建立起来的，而王公或者领主则利用城市将受庄园法约束的手艺人当作租税的源泉来雇佣。由此，这一理论认为，他将行会组织强加给手艺人，这是为了实现具有军事性质的政治意图或者他的家庭目的。因此行会最初是城市领主（地方行政官）的官方组织。从而第三个阶段——行会合并时期开始了。加入这种庄园法组织内的手艺人联合在一起，而且在经济上通过为市场生产而在手中积累了货币以后开始变得独立了。然后展开了争取市场与自治的斗争，行会在斗争中慢慢获得成功。因货币经济的引入，领主被剥夺了所有权。

---

[1] 施穆勒（Schmoller）是这个理论的主要提出者，见其著作《斯特拉斯堡的纺织行会》，斯特拉斯堡，1878—1881年版。

这一理论从整体来看是不堪一击的。它忽略了这个事实：城市领主——即司法领主——是区别于土地领主的官员，而城市的建立依旧在某种程度上与司法权向城市特权接受者的转移有关。凭借其作为公共法官所拥有的权力，可以将各种负担强加在受他管辖的那些人身上，就像土地领主或者人身领主把负担强加给其依附者一样。

从他必须尽可能降低租税以力争吸引定居者而言，司法领主的确受到某些限制。因为，就像以前仅论及人身领主时所发现的那样，我们往往发现这种司法权持有者拥有要求其依附者强制性服役的权利。因此，租地继承税与领主的分享遗产并不一定总是人身依附的象征；城市领主也向未受奴役或者未承担强制性土地服役的人收取这些谢礼。因此，承受这些负担的手艺人的发展没有必要追溯至上文论及的司法领主的人身宗主权。

更为缺乏确切依据的是这一设想：行会法是从庄园法发展而来的。实际上，我们在同一座城市不仅能发现独立的庄园，还能发现朝后来发展成为行会的排他性单位演变的趋势。认为庄园习惯法是这种单位的基础的断言是毫无可能的。依附于土地领主的手艺人加入行会甚至常常受到土地领主的阻止。因为我们不能证实在行会出现之前发现的团体发展成了行会，比如兄弟会。兄弟会是宗教社团的一种，然而行会却起源于世俗。的确，我们知道有许多宗教团体后来演变成为世俗团体，可是最初出现的是非宗教性质的行会，宣称负有宗教职责仅是在中世纪晚期，特别是在基督圣体圣血节[1]游行出现以后。最后，从总体上看，庄园法理论过高地评估了土地领主的权力。在没有与司法权相结合的地方，他们的权力是相对较小的。

在工业发展与行会起源中，领土管辖权的实际贡献并不是在庄园法理论所臆想的那个方面。市场特许权出现以后，熟练工匠的古老传统从家庭与氏

---

[1] 这是由原来耶稣圣体和耶稣宝血两个瞻礼合并而成的一个瞻礼。——译者注

族中脱离了出来，这些都促进了家庭与氏族集团之外的熟练工匠的出现。这是西方朝着中国与印度那样的家庭、氏族及部落工业方向发展的制约因素之一。古代文化从沿海地区向内地的转移导致了这一结果。

内陆城市出现了，而且在这里手工业团体实现了地方专业化，而且面向当地市场安排生产，从而取代了种族部落之间的交换。在地产经济的发展中，出现了训练有素的工匠；这些人开始瞄准市场，市场需要什么他们就生产什么，这使得承受人头税负担的劳动者涌进城市，把面向市场需求的生产当作一种类型来发展。行会推动了这种趋势的发展，并使之成为主要力量。在行会没有获胜或者根本没有出现的地方，家庭工业与部落工业正如俄罗斯的情况一样，一直存在下去。

在西方，对于自由工匠与非自由工匠谁先出现的问题，是无法一言以蔽之的。诚然，在文献资料中，非自由工匠先于自由工匠被提及。此外，最初仅存在少数几种工匠；在《萨利克法典》[1]中，只发现了工匠一词，它可能是指铁匠、木匠或者任何其他种类的工匠。在欧洲南部地区，自由工匠早在公元6世纪就被提到过；而欧洲北部则在公元8世纪，而且自加洛林王朝时期起变得更为常见了。

然而与之形成对比的是，城市中最早出现了行会。若想清楚描述行会的起源，我们必须反复思考如下事实：中世纪的城市居民是混合组成的，而且也并非只有自由出身的阶层才拥有城市特权。另一方面，向城市领主提供的强制性服役，看起来类似于土地领主或者人身领主，可是无法证实奴役关系的存在。不管怎样，肯定有相当一部分的城市工匠，也可能是大多数，的确出身于非自由阶层；劳动者只有为市场生产产品，并且作为计件劳动者在市场上销售产品，其商人身份才被承认，这是一种严格说来与市民身份相称的

---

[1] 是法兰克国王克洛维一世于公元6世纪初颁布的萨利克人的习惯法汇编。——译者注

工作。大部分工匠最初的确处于受保护的关系之中，而且最后，只要工匠处于不自由的状态，那他必然服从于领主司法权的管制，尽管这仅限于需要领主法庭准许的事情上。所以，只要他仍在庄园内持有一块田产并有义务承担封建土地劳役，他就得接受这种管制；领主法庭管辖范围不包括市场事务，而由市长或者城市法庭处理，这是由于他是商人并以商人身份参加城市事务，并非由于他是自由人或者非自由人。

在意大利，从罗马帝国末期起，行会好像始终存在。相比之下，在北部，行会则从未被提出过，北部的法律并非以司法领主的准许为基础，可是想要行使维系行会生活所必要的强制权力，只有司法领主才能做到。各种私人团体在行会以前明显出现过；不过实际上对于行业的起源我们所知道的只有这么多。

最初一些抵制行会的权力被城市领主保留了下来，特别是为了城市，坚持任命行会的首领，要求行会供给一定军事或经济性质的服务当作课税；而且常常进一步控制行会的经济事务，这是出于生活政策、治安以及军事上的考虑。城市领主所拥有的所有这些特权后来都被行会通过革命或购买产权的方式取得了。一般而言，行会从一开始就展开了斗争。它们先是对选择自己首领以及自行制定规章的权力进行争夺，要不然无法执行垄断政策。至于强制会员入会，因为这也符合城市领主自身的利益，它们通常没费多大周折便实现了目的。它们还为自己能从各种负担中解脱出来而斗争，这些负担包括应交给城市领主或者城市议会的捐税、强制性服役、人身与土地上的免役税，以及加诸他们的各种租费。行会一般在这样的情况下将这些负担转变为固定的货币支付，以此让斗争结束，行会作为一个整体来担负这一义务。为从封建捐税中摆脱出来，美因兹[1]的纺织工早于1099年便展开了斗争并最终获

---

[1] 位于莱茵河和美因河的交汇处，现为德国莱茵兰—普法尔茨州的城市。——译者注

胜。最后，行会也进行了反对保护关系的斗争，特别是反对保护人代表被保护人出庭，而且还为了获得与上层家庭在政治上的平等而展开斗争。

在取得这些斗争的胜利以后，行会垄断地位的趋势开始出现在行会的具体生活政策中。最早反对这种趋势的是消费者。尽管他们一直是无组织的，就像现在的情况一样，然而城市或者王公有可能成为他们的支持者。这两者形成了对行会垄断强有力的抵制。城市常常保留不考虑行会的决定而自由任命工艺师父的权利，这是因为要改善对消费者的供给。此外，城市还建造肉类市场、屠宰场、磨粉厂和烤炉，从而广泛控制了食品工业，并且常常强迫工匠使用这些设备。因为行会在刚成立时是在毫无固定资本的情况下运行的，所以这一规定实施起来较为容易。再者，为了与行会争夺权力，城市还通过主管价格制定的行政机构与行会斗争，设定最高工资或价格以抵制行会的最低工资或价格。

此外，在另外很多方面，行会也面临着竞争。竞争对象包括地产上的工匠，特别是城市和乡村寺院中的工匠。寺院因其合理的经济方法，能够创建种类繁多的工业机构，而且积聚了可观的财富，这和有军事顾虑的世俗领主不一样。它们是行会强有力的竞争者，都面向市场而生产，因此竞争不可避免地出现在行会与寺院之间。即使在宗教改革期间，市民支持路德（Luther）[1]的理由之一就是寺院工业产品的竞争。另外，全体乡村工匠也是斗争的目标之一，无论他们是自由的或是不自由的，定居的或是流动的。尽管结果仍是家庭工业与部落工业的广泛崩解，在斗争中，商人还是与乡村工匠一起反对行会。

行会的第三类斗争是针对劳工的，这些人还尚未成为工艺师父；行会一旦以任何形式进行人数限制，或者关上行会的大门，或者为成为工艺师父

---

[1] 宗教改革运动的主要发动者，坚决抗议罗马天主教会。——译者注

加大难度，斗争便开始了。在这方面，应提及以下内容：禁止工艺师父的劳动被独立经营的劳动替代，禁止在自己住处工作——因为无法对帮工进行控制或者用家庭工业的纪律予以约束，最后不允许帮工在成为工艺师父之前结婚；不过最后一项禁令无法执行，这是因为已婚帮工很常见。

斗争曾早在行会与商人，特别是与零售商之间展开，零售商不仅能从价格最低廉的地方进货，还能满足城市市场的需要。和与偏僻地区做生意相比，零售生意不仅风险小，而且盈利也更加牢靠。在零售商之中，商人裁缝师成了一个典型阶层；他们是乡村工匠的朋友，却是城市工匠的对头，在中世纪，他们与行会的斗争是最激烈的了。

在与零售商进行斗争的同时，各行会内部以及不同行会之间也发生了斗争。这种斗争最早发生在同一行会内一些工人有资本而另一些工人没资本的情况下，而这又为没有财产的人带来了去富裕会员那儿做家庭工人的机会。同一个生产工序中富裕行会与资本短缺行会之间也存在类似情形。在德意志、佛兰德斯以及意大利，这种斗争还导致了行会革命中的流血冲突，这在法国仅发生过一次行会暴动；在英格兰则一次都没有过，便和平实现了向资本主义家庭工业制度的转变。这种斗争非以产品为基础划分的情况下发生，而是在生产过程是横向划分发生的。

在纺织工业中尤为如此，在这个工业中同时存在织布工、漂布工、染色工以及裁缝师等，这就出现了这样的问题：一个生产过程被划分为这些不同的单位或者工序，控制市场的到底是哪个单位或者工序，他们能拥有赚取更多利润的机会，并迫使其他会员变成其家庭工人。漂布工常常获胜，于是采购原材料，加工以及销售最终产品都被他们强迫其他工序同意让他们做了。在其他情况下则是修整工与织布工获胜，在伦敦是裁缝师，前几道工序被他们强迫服务于他们。

1835年的走锭纺纱

在英国，行会中富裕的工艺师父与手工业劳动不再有任何关系。斗争常常以妥协结束，然后重新开始，一直持续至某一工序夺得了市场。佐林根的事情发展过程颇为典型。经过长期斗争之后，铁匠、刀剑磨洗工以及磨光工在1487年达成协议，约定这三个行会均可以自由进入市场。然而，磨洗工最终处于支配地位。这些矛盾冲突最常见的结果是生产的最后工序争得了市场，因为这一工序处于最易获得所需市场知识的有利位置。当某种产品最终特别畅销时，情况通常是这样。因此在战争时期，制造马具的工人便有了绝佳的机会将皮革工置于自己的控制之下。要不然，最后的获胜者有很大可能是拥有最多资本的工序，而使用贵重生产设备的那些人则会强迫他人服务于自己。

第十一章
行会的解体与家庭工业制度的发展[1]

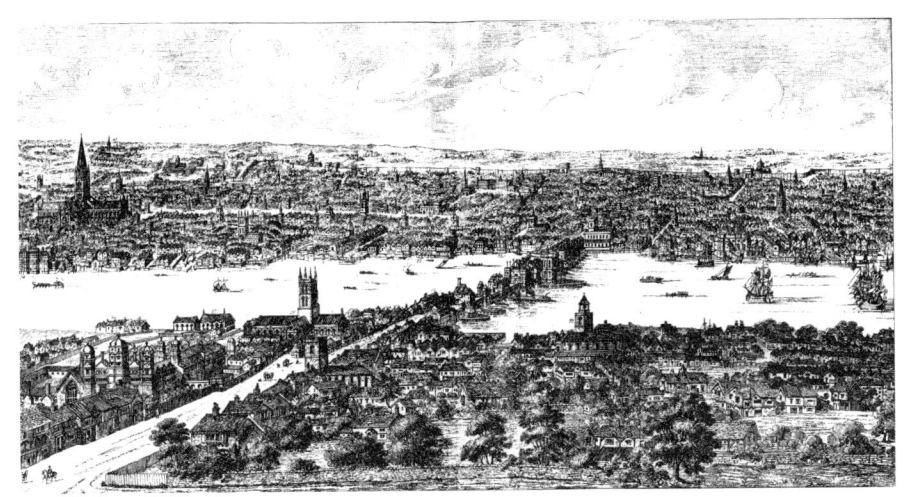

1546年伦敦图景。16世纪,伦敦是当时英国的文化中心,城市里居住着众多的商人和工匠,此外还有许多上层人士,比如法学家、外国语专家、医生。但是当时的总人口数量较少,不超过20万人

行会的解体发生于在中世纪结束之后,顺着如下几条路径进行:

(1)行会中某些工匠晋升为了商人与雇佣家庭工人的资本家,即"代

---

[1] 一般参考文献——施穆勒(Schmoller),见第十章注释中列出的参考文献;埃布拉姆(A. Abram):《十五世纪的英国社会》,伦敦,1909年版,第1~21、117~130页;冯温(G. von win):《16、17世纪的工业组织》,伦敦,1904年版;马丁·圣·莱昂(E. Martin—Saint—Léon):《手工业组织的历史》,第2版,巴黎,1909年;豪瑟(H. Hauser):《过去的工人》,第2版,巴黎,1906年。

理商"。投入大量资金采购原材料的是工艺师父，然后再让为他们加工的同行去加工，而自己销售产成品。尽管行会组织为抵制这种趋势进行了斗争，特别是在伦敦，可是它依然是英国行会发展的典型过程。虽然对于"前辈"行会民主制进行了竭尽全力的抵制，可最终还是让其变成为"同业公会"，也就是商人的行会，能成为正式成员的只能是为市场生产的那些人；而已然降至雇佣工人或者为他人工作的家庭工人地位的那些人，则失去了在行会中的投票权和参与管理的权利。技术上的进步通过这次变革成了可能，然而行会民主制的统治地位代表着技术进步的停滞。这一发展过程，我们在德国却未曾发现；在这里，一名工匠若是变为雇主或者代理商，他就会换到别的行会，加入店主、商人裁缝师或者上层进出口商的行会。

（2）一个行会的上升可能以牺牲另一个行会为代价。就像我们在很多行会中所发现的从事商业活动的工艺师父那样，而另一些行会则强迫其他行会的会员听他们差遣，彻底变成了商人行会。在生产过程被横向划分的情况下，这是有可能的。在英国——如商人裁缝师——或其他地方均可找到这类实例。公元14世纪很多行会想要从其所依附的行会独立出来，因而发生了斗争。有些工艺师父在个别行会中晋升为商人，与此同时还有很多行会变成了商人的组织，这两个过程往往同时发生。出现这类情形的征兆是行会的合并，这种征兆曾发生于英国和法国，而在德国却没有发生。与之相反的趋势以行会的分裂及商人的联合为代表，这种趋势在15、16世纪尤为常见。在漂布工、织布工以及染色等工行会中的商人成立了一个组织，共同控制整个行业。各种不同性质的生产工序以小型工场手工业为基础联合在一起。

（3）在原材料很贵重，进口又需要大量资本的情况下，进口商被行会所依赖。丝绸工业在意大利给这种发展带来了机会，比如在佩鲁贾，而且北部，琥珀的情形也与之类似。新原材料也可能引发这类情形。棉花便发挥了这样的作用；它一旦变为大众需求品，正如德国的情形一样，富格尔

（Fugger）家族[1]在这种发展中发挥了突出作用，来料加工制企业则与行会一起或者经由行会的改革兴旺起来。

（4）出口商也可能是行会所依附的。家庭或者部落只有在工业发展初期才能自行销售产品。另一方面，如果某种工业完全或牢固建立在出口的基础之上，代理商式的企业家则不可或缺，因为出口的需求个体工匠不能完全满足。然而，商人不只是应有必需的资本，他们还应掌握必要的市场运作知识——而且将其视为商业秘密。

纺织业成为实行家庭工业制度的主要工业，这要从中世纪初期的创业开始说起。羊毛业与麻布业自公元11世纪起就展开了斗争，而且麻布业与棉布业在17、18世纪也进行了斗争，麻布业与棉布业先后成为斗争的胜利者。查理曼（Charlemagne）只穿亚麻服装，不过增加了对毛织品的需求，这是因为后来逐渐解除了武装；与此同时，森林的开垦导致毛皮工业消失，毛皮制品也日益昂贵。中世纪市场上的主要商品之一就有毛纺制品，它们在法国、英国和意大利的每个地方均发挥着主导作用。羊毛一部分加工一直在农村完成的，然而却变成中世纪城市兴旺发达与经济繁荣的根基；在佛罗伦萨的革命运动中，羊毛工人的行会走在了最前面。我们在这里再次发现了来料加工制的早期痕迹。独立的羊毛代理商早于公元13世纪便在巴黎展开工作，力求在香槟集市[2]建立常设一部分加工市场。一般而言，我们在佛兰德[3]最早发现这种制度，此后才在英国看到，佛兰德的羊毛工业引起了英国的大规模羊毛生产。

---

[1] 德意志商业与银行业王朝，在15、16世纪控制着欧洲工商业。——译者注

[2] 12～13世纪欧洲最大的国际贸易集市，在法国香槟伯爵领地的4个城市轮流举行。——译者注

[3] 中欧历史地名，在13～14世纪是欧洲最发达的毛纺织中心之一，现分属比利时、法国和荷兰。——译者注

手工编织机

实际上,英国工业历史的发展过程由羊毛工业以原毛、半成品以及成品的形式决定。英国早在公元13、14世纪便出口羊毛及羊毛半成品。英国毛纺工业在染色工与成衣行业的倡议下最后变成以出口产成品为基础。它通过农村织布工与城市商人推动了家庭工业的兴起是这种发展的独特之处。英国行会在中世纪末期,吸纳乡村工匠加入,而且普遍变为了商业行会。此时成衣工与染色工在城市定居,而织布工则在农村定居。城市商业行会内部最终发生了斗争,一方是染色工与成衣匠,另一方则是出口商。商人雇主资本与出口商资本逐渐相互分离,而且在17世纪伊丽莎白统治时期,在毛纺工业内部以战斗解决了他们之间的利益之争,然而在另一方面,雇主资本也必须与手工业行会作斗争,这是工业资本与商业资本的首次斗争。这种情况使得英国行会对生产发展未曾施加任何影响,也变成英国一切大型工业的特点。

因为资本与手工业行会之间关系的差异,英国和法国的进一步发展所遵循的路线与德国不同。向家庭工业制度的转变在英国,特别是在法国,非常常见。对这种转变的抵制在没有引发上面干预的情况下自动停止了。因此，英国工人阶级自公元14世纪之后被人数较少的工艺师父阶级代替了。而德国的情况正好与之相反。刚才所描述的这种发展在英国表明了行会精神的涣散。我们所发现的不同行会的合并与融和一直都是由不受行会约束的商业阶级倡导的。他们联合起来把没有资本的工艺师父排挤出去。因而行会在形式上长时间得以维持，而行会的残余之一就是完全成为富豪组织的伦敦城的选举权。

德国的发展情况与之相反。行会日益成为自我封闭的集团，这是因为生活政策的范围逐渐变窄，再加上政治方面的原因也起了一定作用。英国不存在城市割据，而这种割据却主导了德国全部的经济历史。即使是在被诸侯纳入其领土之后，只要有可能，德国城市便力求实行独立的行会政策。与之相反，在英国和法国，城市独立的经济政策早就因其自治权的取消而不复存在。由于国会中有代表，英国的城市找到了发展的康庄大道，并且在公元14、15世纪——与后来形成对比——城市的代表占绝大多数。

在英法百年战争[1]时期，国会决定英国的政策，而在国会中联合起来的各有关方面则实施合理、统一的工业政策。在16世纪，它制定了统一的工资方案，并把工资方案的修订权从地方执法官手中交给中央当局，简化了行会的入会手续，却也成为这一事实的征兆：资本主义商业阶级控制了形势，他们不仅主导了行会，而且在国会中派有代表。另一方面，已被纳入诸侯领土的城市控制了德国的行会政策。的确，诸侯是出于维护和平与治安的考虑而管理行会的，但他们的管理方法大部分是保守的，而且是根据行会原先的政策执行的。因此，在16、17世纪时的危急时刻，行会依然能继续存在；它们能自我封闭，获得解放的资本主义力量在英国与荷兰猛烈发展，并以稍微减弱

---

[1] 英国与法国之间1337—1453年的战争，是世界上持续时间最长的战争。——译者注

的势头冲击法国之时，德国仍居于幕后。在中世纪末期和现代初期的早期资本主义运动中，德国俨然就是一个领导者，就像数几世纪前封建主义的发展那样。

另一个特征上的差异在于社会压力方面。从中世纪结束开始，我们在德国便发现帮工之中存在工会，而且发生过罢工和革命。在英国和法国，对于经营小型家庭工业的工艺师父而言，表面上的独立性在吸引着他们，并且他们可以直接为代理商工作，所以德国发生的那些情况在这里却很少见。然而在德国，由于不存在家庭工业，从而缺少可以利用的那种表面上的独立性，所以行会一关闭，工艺师父与帮工之间的相互敌对便开始了。

在西方，资本主义以前的家庭工业并非都是一样的，甚或不是从工艺组织发展而来；在德国，家庭工业仅在极小的范围内出现，而在英国却颇为常见。由于城市工匠被乡村工匠取代了，或者由于新型原材料，特别是棉花的使用所带来的新兴工业部门的崛起，家庭工业反而通常与工艺劳动同时存在。手工业始终在与来料加工制作斗争，而斗争持续的时间与英、法两国相比，德国更长。

一般而言，家庭工业制度的发展阶段可以表述如下：

（1）代理商在实际上对工匠有采购垄断权。依旧是因债务关系而确立这种垄断地位；凭借其作为商人掌握的市场知识，代理商强迫劳动者把产品全部交给他。因此采购垄断与销售垄断和代理商对市场的占有有联系；因为仅有他知道产品最后销往何处。

（2）向劳动者分发原材料的是代理商。这是甚为常见的，不过从一开始便与代理商的采购垄断没什么关系。这个阶段一般发生于欧洲，而在别的地方则很少发生。

（3）对生产过程的控制。因为要对产品质量的达标负责，代理商与生产过程存在利益关系。因此，就像19世纪威斯特伐利亚亚麻编制工必须加工指定的经纱与纬纱一样，代理商把原材料分发给劳动者往往是与半成品的分发结合在一起。

（4）由代理商提供工具，这种做法不少见，却也并不常见；从16世纪开始便在英国流行，但在欧洲大陆却传播较慢。一般而言，这种关系仅局限在纺织工业，布商大规模订购织布机，然后出租织布工使用。织布工因而与生产工具彻底分离了，与此同时，企业家力争获得产品销售的垄断权。

（5）代理商也间或采取措施，将生产过程的若干工序合并在一起；不过这并不十分常见，要发生也就发生在纺织工业。他们采购原材料并分发给单个工人，在完工之前，产品一直留在劳动者手中。当产品完工时，工匠与地产上的手艺人十分相似，又有了一个主人，只不过他得到货币工资，而且贵族家庭被一个为市场生产的企业主所取代。

因为固定资本没有那么重要，所以来料加工制得以维持这么长时间。在纺织方面，固定资本仅由织布机构成；在纺纱方面，在机械纺纱机发明以前，更是无足轻重。独立工人继续掌握资本，并且其并非如现代工厂一样集中在一起，而是分散在很多人的手里，因而不是特别的重要。尽管家庭工业制度在全世界普遍存在，然而其最后阶段，即代理商提供工具并在各道工序具体指导生产的阶段，在西方世界以外的其他地方则不多见。就所了解的而言，这一制度未从古代留下丝毫痕迹，不过在中国和印度则仍然存在。工匠在这种制度处于支配地位的地方可能在形式上依旧继续存在。虽然帮工与学徒加入的行会没有那么重要了，但也可能继续存在。它或者变成家庭工人的行会——不是现代工人组织，最多是这种组织的前驱，或者在行会内部产生了雇佣工人与工艺师父之间的分化。

在以资本主义形式对非自由劳动力进行控制的情况下，我们发现遍及家庭工业世界各地，正如庄园和寺院工业那样。作为一种自由制度，家庭工业与农民的工业劳动相关；耕种者逐渐变为面向市场生产的家庭工人。特别是在俄罗斯，工业发展走上了这样一条道路。"手工业者"最初仅是将农民家里的剩余产品拿到市场上销售，或由第三方沿街贩卖。在这里我们发现了发展成为家庭工业制度的乡村工业，而并未走上部落工业发展道路。甚为相似的情形也见之于东方和亚洲，在受市集制度影响极深的东方，工匠的劳动场所与其住处是相互分开的，然而为了不形成对商人的依赖，工匠劳动还是与一个集中的市场有紧密联系；从另外一个角度来看，这也说明了中世纪行会制度的强化。

我们很容易就发现城乡劳动者依赖雇主（代理商或"发料者"）的情况。这种情况，在中国有实例，尽管氏族负责销售成员的产品，然而家庭工业发展却受到它与氏族工业关系的影响，阻碍了自身的发展。在印度，阻碍手艺人与商人之间形成依存关系的则是复杂又严苛的种姓制度。在种姓制度中，生产方法是代代相传的，所以直至近代，印度商人持有生产方法的程度依旧无法与别的地方相比。尽管这样，原始形式的家庭工业制度依然获得了发展。与欧洲相比，这些国家之所以发展缓慢，最根本的原因是非自由劳动者的存在以及中国和印度那种固执的因循守旧的习惯。

第十二章
工场生产、工厂及其先驱 [1]

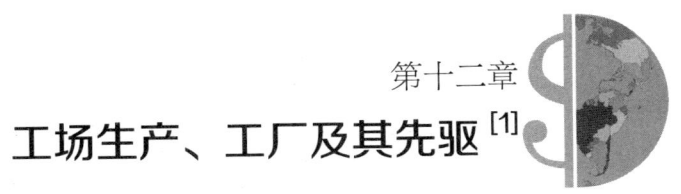

工场生产与家庭劳动形成对比,也表明了家庭与工业的分离,它是以最多样化的形式出现在历史进程中的。其形式有如下几种:

(1)小型独立作坊。这无论在什么时候什么地方总是可以找到,特别是为便于一起劳动而把若干作坊集合在一起的市集制度,就是以家庭与工业的分离为基础建立起来的。

(2)工作间。这一形式也是很常见;在中世纪它被称为制作间,这一用语的含义十分含混不清,它可能指要求劳动者使用专利权从事雇佣劳动的庄园机构,还可能指由一群劳动者租下来当作坊使用的地窖。

(3)非自由的大规模工场工业。一般而言,这在经济史上经常出现,好像在古埃及末期尤其得到了发展。这肯定是从法老的庞大地产中发展起来的,使用雇佣劳动的独立工场好像就是从这种工业发展而来。在古希腊末期,上埃及[2]的某些织布工场或许便是这类机构的最初形式,不过在拜占庭与

---

[1] 一般参考文献——勒瓦瑟(E. Levasseur):《法国工人阶级的历史》,第2版,共两卷,巴黎,1900—1901年版〔英文简译本,艾格尼丝·卜季兰(Agnes Bergeland):《法国工人阶级史》,芝加哥1918年版〕;泰勒(R. C. Taylor):《工厂制度史导论》,伦敦,1886年版;托罗尔德·罗杰斯(Thorold Rogers):《六个世纪以来的劳动和工资》,第2版,伦敦,1912年;桑巴特(W. Somebart):《现代资本主义》,第4版,总共两卷,慕尼黑和莱比锡,1921年版。

[2] 是指埃及的南部地区,主要是指农业区。——译者注

伊斯兰的原始资料弄清楚之前，我们还无法最终得出这样的结论。很可能这种工场在中国和印度也曾出现过，而在俄罗斯则最具特点，尽管它们是作为效仿西欧工厂的成果出现的。

小型独立作坊

包括卡尔·马克思（Karl Marx）的早期学者中，往往对工厂与手工工场进行区分。手工工场被描述为作坊工业，不使用任何机械，从事自由劳动，把劳动者聚在一起并使之受纪律管束。这种区分的意义令人怀疑，区分具有偶然性。

工厂其实是一种作坊工业，通常有两个特征，一是自由劳动力，二是固定资本。固定资本的组成是无关紧要的；可能由非常昂贵的马力构成，或者是使用水车的磨坊。企业主使用固定资本从事经营的事实是关键，而相应的资本会计制度则是不可或缺的。因此，从这个角度讲，工厂是指在生产过程中产生的资本主义组织，也就是一种在作坊内既有专业分工也有相互合作，使用固定资本并进行资本主义核算的组织。

大规模的稳定需求是这种工厂出现与存在的经济前提，这就是，某种市场组织的产生。一个不正规的市场对企业家而言是致命的，因为他要承担由此产生的风险。举例而言，如果织布机归属于他，那么当出现不利情况时，他就必须在遣散织布工之前把织布机考虑进去。他所依赖的市场必须要足够宽广和稳定；所以一定规模具有货币购买力的民众是必要条件，而且货币经济必须发展到一定的阶段，才能形成一定规模的可供依赖的需求。生产技术的低成本是另一个必不可少的条件。固定资本影响这个条件，因为固定资本致使企业家即使在经济形势不利时，也得维持企业运营；如果他只使用雇佣劳动力，举例而言，织布机一旦闲置，风险便被转移给工人。所以他的生产成本必须比在使用传统的家庭工业生产技术以及来料加工制的情况下更低，主要是为了再次找到稳定的市场。

曼彻斯特的棉花工厂

最后，有无充足的自由劳动者供应是决定工厂发展的特殊社会前提；工厂不可能以奴隶劳动为基础。自由劳动力对于经营现代工厂而言是必不可少的，而只有在西方才有足够的数量可供使用，因此也只有在这里，工厂制度才能得到发展。在英国，工厂资本主义在这里兴起的地方，是通过剥夺农民的土地而产生大批劳工。因为是岛国,英国并不依赖大量的国家军队,而仅需少量训练有素的职业军队以及应急的部队。因此英国成为了剥夺农民的做法兴起的地方,而保护农民的政策在英国是从闻所未闻的。这样的失业大军早在16世纪便出现了,使得英国不得不处理贫困救济问题。

因此,英国的工场工业算得上是自发形成的,而在欧洲大陆则不得不由国家有意培养——这个事实在一定程度上解释了关于工厂起源的资料,与欧洲大陆相比,为什么英国的记载如此之少。随着15世纪的结束,在德国,生活政策的范围因工业机会的垄断变得越来越窄,贫困问题变得日渐紧迫。因此第一批工厂成为了贫困救济机构以及提供工作机会的机构。在当时,工场工业的兴起是经济体系要保持人口供养能力的一种方式。当行会不能满足人们谋生的需求时,就有可能向工厂工业过渡。

哈利法克斯工厂

手工业行会(西方工厂制度的先驱)是在无固定资本的情况下从事经营

的，所以不需要大规模的初始投资。不过即便在中世纪，也存在某些需要投资的生产部门，所需资本或者由行会集体出资，或者由城市出资，或者由领主以封建方式出资，从而将工业生产组织起来。中世纪之前，欧洲之外的地方附属于地产经济。与行会中的工艺劳动组织同时存在的作坊类机构，包括以下几种形式：

（1）各种不同种类的生产特定类型材料的制造厂。最初由领主建造面粉厂，这里所说的领主是司法领主或者是土地领主；特别是水磨坊，领主凭借其对河川的权利控制了水磨坊。这些工厂是强制他人付税使用的权利所指向的典型对象，如果这种权利消失了，那么它们就不会存在。地方统治者拥有大多数制造厂；1337年在诺伊马克，勃兰登堡（Brandenburg）侯爵拥有56个以上的制造厂。尽管制造厂规模小，但它们的建造仍然超出了个体磨粉者的经济能力。城市获得一部分制造厂。它们依旧是由领主或者城市往外出租，租约一般情况下也是可以世代相传的；总是以零售为基础从事经营。榨油厂、制材厂、缩绒厂以及磨谷厂等都是这样。城市家庭有时可以从土地领主或者城市那里租到制造厂，从而出现了经营制造厂的贵族。科隆一些持有13家制造厂的贵族家庭在公元13世纪末期组成了一个根据固定份额分配收益的协会；不过这种组织和股份公司是有区别的，因为制造厂是出租给他人使用的，换言之，它是租税源泉。

（2）锅炉。在这一点上，也仅有那些封建地主、城市、寺院、王公的锅炉能产生充足的收益以改进技术。最初建造锅炉是为了满足所有者的家庭需求，然而后来却为获得租税而将其出租，从而又产生了一种强迫他人付税使用的权利。

（3）酿造厂。最初均是封建领主建造酿造厂，而且拥有强迫他人付税使用的权利，尽管原先是打算用以满足地主自身需求。后来王公把酿造厂当作采邑来建造，一般把这类机构的经营权当作特许权所指向的对象来转让。啤酒一开始大规模销售，酿造业的发展便紧随其后，使得附近地区由于酿造厂数量太多、生意不好而产生税收下滑的局面。一种酿造专利权（家庭饮料的酿造除外）在城市中产生了，从一开始，这种专利便试图当作一种世代流传的工业，它是应运市场而出现的。强制他人付税使用酿造厂成了贵族的一项重要权利。随着蛇麻子[1]的添加，加料酿造"浓啤酒"，改进啤酒酿造技术，酿造权开始变得专业化了，不同的贵族市民控制着不同类型啤酒的酿造权。因此只有已发展出最先进工艺方法的个别贵族家庭拥有酿造权。另一方面，每一个拥有这种权利的市民均可在酿造厂自由酿造，这是一种自由酿造权。因此，在公共基础上运营的没有固定资本的企业，我们在酿造工业中也能找到。

面粉厂的磨面机

（4）铸铁厂。铸铁厂在引入火炮以后变成了至关重要的制造厂。意大利的炮工厂早于其他西方国家之前建造。因为城市首先使用火炮，所以一开始铸铁厂是一种市办机构，据我们所知，其中佛罗伦萨是第一个。地方王公的

---

[1] 大麻科，啤酒中的苦味剂，又称啤酒花。——译者注

军队从城市取得火炮，于是出现了国家铸铁厂。然而，不管市办铸铁厂还是国家铸铁厂，均非资本主义企业，而是直接为满足所有者的军事政治需要而设立的没有固定资本的机构。

苏格兰威士忌酿酒厂

（5）锤炼厂。这随着铁制品加工的合理化而出现。用于采矿、熔炼以及制盐等方面的设施是所有此类设施中至关重要的。

以上论述的所有工业均非以资本主义方式运转，而是以公有方式运转。与资本主义初级阶段相对应的具有私人经济特征的机构——换言之，均是一个所有者拥有工作场所、生产工具与原材料，除了未使用大型机器与机械动力，已经具有现代工厂的模样；在16世纪可见这样的企业，甚至在15世纪也可见到，不过显然在14世纪一个这样的企业都没有。最早产生的企业便是许多工人集中在一间房子里，或者不存在专门化生产，或者仅存在有限的专门化生产。这种与工作间颇为类似的工业始终存在。这里所论及的企业与工作间不同，它使用"自由"劳工进行工作，尽管从来没有缺少过贫穷的逼迫。被束缚于这些企业的工人是别无选择的，因为他们绝没有可能为自己找到工作与生产工具，后来，与贫困救济措施一起，还使用了逼迫人们在里面工作的强制手段。

孩子们在矿工劳动

女人在矿工劳动

对于这样一个工场组织,特别是在纺织工业的工场,一首16世纪的英国诗歌为我们描绘出这样一幅图景:在一个车间里,分布着两百台织布机,它们均是这个工厂的企业家的，产品是他的，原材料也是他的。织布工工作是为了薪水，儿童也被雇为工人或帮手。这是最早出现的联合劳动。

为向工人供给食物，企业家把采购人员、屠夫以及面包师等食堂员工均配备齐全。人们对这种企业惊讶不已，视其为世界奇迹，甚至国王都去参观。可是1555年在行会的迫切要求下，国王禁止这类集中。之所以发布这个禁令，是考虑到当时经济形势的特征。早在18世纪，这查禁大规模工业企业就不会再被想起了，单单是因为工业政策与财政状况的原因。不过在较早时期，还是有可能的，因为上述工业与家庭工业制度全部差别在于织布机被集中放置在所有者的房屋内。这个事实对企业家意味着一个相当有利的条件：使得对产品一致性和数量的控制成为可能，这是因为有纪律约束的劳动出现了，并且是第一次出现。

对工人而言，存在一个不利条件，他得在外部条件的强制下工作，这是至今仍旧构成工厂工作令人憎恶的特征。这对控制工作的企业家而言是有风险增加的一面，可也是有利条件。如果一个布商将织布机分散开来，因某种自然灾害或者人的暴力活动的一次打击而损失殆尽的可能性要比集中在一个房间内小得多；此外想要对付他，也不能轻易使用怠工或者暴动的方式。总而言之，这种安排整体看来仅仅意味着把小型工业单位集中在一个工场里；因此，1543年英国颁布不准持有两台以上织布机的禁令是如此容易；因为毁坏的并非进行专业化生产的相互合作的自由工人的组织，最多是工作间而已。

新的发展趋势最早出现于劳动组织、工艺专业化以及同时使用非人力的动力源这三个方面。16世纪，在内部专业化与合作的企业依旧是例外的；而在17、18世纪，创建这类企业的努力已然具备代表性。被用作非人力动力源首先想到的是畜力，然后则是自然力；先是水力，接着是空气动力；最初荷兰风车是用以抽出稻田中的积水。工场内部的工作纪律一旦与工艺专业化、劳动合作以及非人力动力源的使用结合在一起，现代工厂便产生了。这种发展的推动力来自于采矿业，这一行业最早把水当作动力源使用，也正是采矿业推动了资本主义发展进程。

正如我们已经论述过的，从工厂工业过渡到使用固定资本的劳动分工与合作，出现了最低限度的稳定的市场需求是其前提条件。这便解释了为什么我们最早发现的存在内部劳动分工并使用固定资本的这种进行专门化生产的工业是为了满足政治需要而建立的。中世纪王公的制币厂是最早出现的先导，这类厂子也不得不以封闭的方式经营，这是为了方便控制。

我们在这里能找到后来工厂的个别实例。这是因为尽管被称为"家庭合伙人"的造币者使用的是非常简单的工具，然而这类厂子却属于对劳动进行精深的内部专业化的作坊工业。这类机构随着技术的改进以及组织规模的扩展在武器制造领域被大规模建造起来，政治统治者为军队提供军服这一做法一旦逐渐成为惯例，武器制造就包含了制服的生产。制服的引入是以对军服的大规模需求为前提的，相反，这种工厂工业只有战争创造出对军需物资的大量需求时才能出现。最后，在同一类别内往往被归为最重要工业的，还存在为满足战争需要而生产的其他工业，特别是火药厂。

从稳定的市场需求来说，奢侈品的需求与军需物资可以相提并论。这就需要生产地毯与绣帷的工厂，在十字军战争之后，模仿东方的习惯，用绣帷与地毯装饰最初光秃秃的墙壁与地面，在诸侯的王宫内已开始习以为常。还有窗户玻璃、镜子、丝绸、天鹅绒以及上好布料甚为普遍；黄金器皿与瓷制器皿——西方诸侯的这些工厂都是模仿中国皇帝的御用作坊而建造的；肥皂——出现较晚，古代拿油作清洁之用——和糖，这些全部都是社会的最上层使用的东西。

这种工业的另一类别，使奢侈品得以普及并满足更多民众的奢侈品需求，这是通过模仿为富人定制的产品实现的。没有经济能力购买挂毯或者工艺品的人可用纸装饰墙壁，因此很早便出现了生产壁纸的工厂。蓝色染料、糨糊以及菊苣的生产也属此类。因此上流社会奢侈品的替代品普通民众是可以得到的。除最后提到的那种以外，所有这些产品最初的市场需求都很有限，仅限于拥有城堡或者拥有城堡式宅邸的贵族。因此这些工业除垄断与政府的特许权之外，没有其他能够赖以生存的基础。

与行会相比，新兴工业的法律地位并不牢固。它们与行会精神相抵触，因而受到行会的怀疑。尽管它们并非由国家负担或补贴，但至少他们在国家那里得到了特别的优待和特许权。国家这样做是基于以下诸多原因：为无法在行会中讨生活的人提供生计，确保贵族家庭需求的供给，最后出于财政目的，提高国民纳税能力。

因此在法国，圣艾蒂安军火工厂以及丰坦布洛挂毯厂被法兰西斯一世[1]建造了起来。他还创建了一系列拥有特权的皇家工厂，以满足民众需要以及上流社会对奢侈品的需求。在科尔伯特（Colbert）时期，由此开始的法国工业发展采取了另一种形式。由于行会的特权并不总能扩展到其所在地的整个城市，国家的程序因准免加入行会而被简化了，就像在英国那样。举例来说，巴黎相当一部分地区处于行会管辖范围之外，从而在这个特权的中间地带现代工厂的先导可以建立起来，而不会引发行会的反对。

英国的行会法在城市之外没有效力，行会完全是市办团体。因此工厂工业可以建立在城市之外的地方，这是因为其要与家庭工业制度及作坊工业的生产过程相互协调，从而一直到1832年改革法案发布时，新兴工业仍不能在国会中派有代表。一般而言，在17世纪末之前，没有关于这种工厂的任何记载，可是这种工厂不可能完全不存在。之所以这么说，是因为在英国，行会权力已然崩溃，制造业可以在没有国家扶持的情况下发展起来，也不再拥有任何可以阻挡新兴工业发展的特权。另外，可以肯定地说，若是存在德国那

---

[1] 法国国王，颇具人文主义思想，在位期间为 1515—1547 年。——译者注

样的条件,并且没有在小工艺师父制度下组织生产的可能性,作坊式生产将会更加迅猛发展。

在荷兰,有关政府授予特权之类的事情,我们也几乎没有听说过。尽管这样,胡格诺派教徒很早便在哈勒姆、阿姆斯特丹和乌德勒支创建了许多工厂,生产丝绸、镜子以及天鹅绒。

在奥地利,国家在17世纪便试图通过授予特权使其免受行会伤害的方式将工厂引入国内。另一方面,我们还能发现大封建领主建造的工厂,其中之一可能便是辛岑多夫(Sinzendorff)伯爵在波希米亚创办的丝绸纺织厂。

在德国,最早一批工厂在城市创办,特别是在16世纪的苏黎世,那时胡格诺派[1]被流放的教徒在这儿开办了丝绸与织锦工业。然后这种工厂迅速遍及德国各个城市。我们发现,奥格斯堡1573年已有糖厂,1592年有织锦厂,纽伦堡1593年有肥皂厂,安纳贝格1649年有染料厂,萨克森1676年有细布厂,哈勒及马格德堡1686年有布厂,奥格斯堡1698年有金丝制造业,最后还有18世纪末期广泛分布的瓷器厂,这些工厂一部分由诸侯管理,一部分由其提供补助。

总而言之,目前可以肯定,首先,工厂是与手工业同时存在或者在手工业之外发展起来的,并非从手工业,或者以牺牲手工业为代价发展而来。新生产工艺或者新产品被它掌握了,比如棉花、彩色织锦、瓷器、替代品或者手工艺行会所无法生产的产品,工厂依靠这些与手工艺行会展开了竞争。实际上在19世纪,工厂开始大举入侵行会的生产领域,就像在18世纪,特别是英国的纺织业,发展起来的代价是牺牲家庭工业制度。尽管这样,以坚持原则为由,行会与工厂展开斗争,而且把从工厂发展而来的作坊关闭,它们已感觉到来自新生产方式的压力。

工厂既非从家庭工业制度发展而来,也非从手工业发展而来,而是与家庭

---

[1] 兴起于16世纪欧洲宗教改革运动的法国加尔文派新教徒,反对君主专制,曾长期遭受迫害。——译者注

工业制度同时存在一起发展的。在家庭工业制度与工厂之间，关键性的是固定资本的规模。在无需固定资本的领域，家庭工业制度延续至今；尽管工厂并非从家庭工业制度发展而来，工厂在需要固定资本的领域兴起；一个最初的封建机构或者公共机构，被一位企业主接管并由其自主安排面向市场的生产活动。

最后，应该注意到，现代工厂最初并非因使用机器而产生，不过二者之间存在着关联。机器起初使用畜力驱动，在1768年，甚至阿克莱特（Arkwright）[1]的首批纺纱机也用马来驱动。然而，工厂内部作业的劳动纪律和专业化扩大了机器使用范围，甚至起了一种推动作用。新式发动机的建造为企业带来了额外红利。它们的原理——用火提水——产生于采矿业，取决于蒸汽动力的应用。机器在经济上的重要性在于有系统的计算的引入。

不管是对企业家还是对工人而言，现代工厂的出现都产生了极为深远的影响。甚至工厂工业在机器应用以前就代表着把工人雇佣于一个既非消费者住处也非工人自己住处的地方。一直都存在这样或那样形式的集中劳动。在古代，法老或土地领主为满足自身政治需要或者大户家庭所需而组织生产。然而现在作坊的所有者成了为市场生产的企业主，变成了工匠的雇主。

在现代社会初期，将工人集中于工厂之内具有一些强制性；进入工厂的人是被逼无奈的穷人、无家可归的人以及罪犯；在纽卡斯尔的矿山，一直到18世纪劳工脖子上还带着铁颈圈。不过在18世纪，在每个地方劳动合约都代替了非自由劳动。这意味着节省了一笔资本，因为购买奴隶的花费没有了；而且还把资本风险转移到了工人身上，因为过去工人的死亡对雇主而言相当于损失了一笔资金。再者，它也让雇主不再负有对工人阶级劳动力再生产之责，而使用奴隶的工业则恰好是因为奴隶的繁育问题与家庭生活而触礁的。它使完全建立在技术效率基础之上的合理的劳动分工成为可能，尽管不乏先

---

[1] 水力纺机的发明者，创办了近代最早的机器纺纱厂，被称为"近代工厂之父"。——译者注

例，最早使将劳工集中于工厂内工作的做法成为惯例的还是契约自由。最后，它产生了精确计算的可能性，仅限于车间与自由工人相结合的情况下，这种可能性才出现。

虽然存在所有这些有助于发展的条件，车间工业在早期仍旧持续不稳定；在一些地方就像在意大利，特别是在西班牙它复又消失，委拉斯奎兹（Velasquez）[1]的一幅名画为我们把作坊工业描绘了出来，尽管最后它又消失了。直到进入18世纪上半期，它依然尚未成为不可取代的必需的和不可或缺的满足大众需求的部分。不过有一件事始终可以确定：在机器时代到来之前，使用自由劳工的工厂工业没有哪一个地方能发展到像西方在现代社会初期那样的规模。别的地方没有走上相同的发展道路的原因将在下文阐述。

印度不同种姓彼此之间被视为"不洁"，它曾经拥有高度发达的工业技术，然而这里的种姓制度[2]却阻碍了西方式作坊的发展。的确印度的种姓仪式并未发展到禁止不同种姓的成员在同一作坊内工作的地步；并且存在"作坊没有不洁"这样的谚语。然而，如果作坊制度在这儿没能发展成工厂，种姓制度的排外性确实负有部分责任。这样的作坊看起来肯定特别不成样子，有点不伦不类。引入工厂组织的所有努力均遇到了巨大困难，甚至在黄麻工业中也是如此。即便在种姓法废除以后，人们在劳动中还是缺乏纪律，这依然是种障碍。每个种姓仪式及安息日都有所不同。

在中国，在村庄中氏族的凝聚力非常强。这里的作坊工业是氏族集体经济。另外，中国仅发展了家庭工业制度。仅有皇帝与封建大地主开办了集中经营的企业，特别是在瓷器制造方面，受奴役的手工劳动者通常在一个不

---

[1]　17世纪巴洛克时期西班牙画家。——译者注

[2]　种姓是以婆罗门为中心，基于职业划分出的内婚制群体；种姓制度是传统印度普遍存在的社会体系，核心观念是洁与不洁。虽然种姓制度现已被废除，但仍对印度社会有着重要影响。——译者注

变的生产规模上生产瓷器以满足制作者的需求，供给市场却仅在有限的范围内。

在古代，奴隶资本的特点通常是政治上的不确定性。奴隶工作间是众所周知的，然而却是一项风险与挑战并举的事业。领主宁可把奴隶当成一种租税来源使用，也不愿把他们当成劳动力使用。当仔细观察古代奴隶财产时，我们会注意到各种不同类型的奴隶混合到了如此程度，以致现代工厂工业如果用他们便生产不出任何东西。然而，这并非那么难以理解；现在一个人把他的财富分散投资于各种证券，而在古代，奴隶主为了分散风险，被迫取得最多种类的手工劳动者。可最终的结果却是对奴隶的占有成了创建大规模工业企业的一大阻碍。

非自由劳工在中世纪早期明显变得更加稀少且日渐匮乏；尽管确实有新的供给带到市场，但数量非常有限。另外，货币财富无法转变为资本，资本也极度缺乏，最后，对于农民以及在工业方面训练有素的自由工人而言，因其处在与古代情况相反的位置，故而有着广泛的独立机会；换言之，欧洲在东方持续不断地进行殖民活动，这让自由工人拥有了获得地位以及免受从前雇主侵害的机会。因此在中世纪初期是不可能创建大规模的作坊工业的。另一个影响则是工业法，特别是行会法成为日渐增强的束缚社会发展的力量。可即使不存在这些阻碍，足够广泛的产品销售市场也并非唾手可得。我们即使在大型企业最初存在的地方也能发现它们正如加洛林王朝时期的乡村大规模工业一样处于退化状态。在皇家庄园与寺院内也出现了工业作坊劳动的萌芽，可都已经衰败了。与至多只能作为以皇室特权或者皇室机构为基础获得充分发展的现代社会初期相比，各地的作坊工业都还比较分散。在每一种情况下，都没有专门的作坊技术；在16、17世纪，这类技术才逐渐出现，随着生产过程的机械化，一系列的技术发明与改进才得以产生。然而采矿业是这种机械化的推动力。

第十三章
现代资本主义发展之前的采矿业[1]

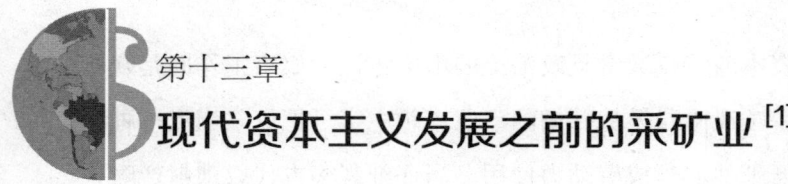

采矿最初是一种地表工作。比如说,埃及的砂金可能是原始时代最重要的矿产,非洲内陆的沼泽铁矿和泥煤也是如此。一旦进行地下开采,就必须开掘矿井与巷道,从而必然要投入大量的劳动力与材料。没有人能说得准一座矿脉究竟挖多远才能获得大量产出,或者才能覆盖采矿所需的各种支出,因此这些都需要冒极大风险。如果财力不济,采矿便会失败,矿井也有被淹没的危险。因此,地下开采均合作进行。在采用合作方式的地方,合伙人不仅对企业拥有权利,而且承担义务;个人从企业中退出势必会威胁整个企业的利益。经营单位一开始很小,在中世纪早期,仅有二到五人在同一矿井内工作。

与采矿有关的法律问题当中,首要便是谁拥有权利在特定地点开采。对于这一问题可能有多种多样的回答。首先可能是由马尔克组织来处置这一权利,尽管尚未在文献资料找到这样的实际事例。此外,可以设想,与部落日常事务形成对比,这种地下矿藏的权利可能属于部落首领,至少这一点在欧洲还无法确定。

在那些并非仅凭推测的时代,法律规定无非存在两种可能性。不是将矿藏的产权看作土地的一部分,换言之,土地的所有者也是矿藏的所有者(尽管这只是就领主的土地所有权而并非农民的土地权利而言),就是把所

---

[1] 一般参考文献——米斯普莱(I. B. Mispoulet):《罗马时期和中世纪的采矿业制度》,巴黎,1908年版;于艾(O. Hué):《矿工》,斯图加特,1910年版。

有的矿藏均看作"王权",只有政治统治者,即司法领主、诸侯或者国王自己才有权处置,在没有获得政治当局特别许可的情况下,即使土地持有者自己也无权开采。政治统治者的这项王权起初建立在一种利益基础之上,即因占有与货币铸造相关的贵重金属而获得的利益。另一种可能性出现于地主或者拥有王权的领主重视勘探者的情况之下。现在占主导地位的原则是开采自由。在符合正式规定的情况下,任何人都有勘探权,获得许可证并发现矿脉的人,只要赔付所造成的损失,便可以开采,甚至无需土地持有者的同意。与以封建土地法律为基础相比,现代的自由开采制度以王权为基础更容易建立。若是地主享有这一权利,那他会排斥任何人勘探矿藏,而拥有王权的领主在某些条件下则会关注于怎样将劳动力吸引到采矿上来。具体而言,采矿工业的历史与采矿法的发展遵循了下述路径。

露天开采煤矿

对于在西方之外的地方最早出现的工业,我们几乎没掌握什么资料——不管在埃及还是在印度均是如此,例如,法老在西奈山[1]经营的最早的矿山。

---

[1] 位于埃及西奈半岛中部,是上帝亲授摩西"十诫"的地方,是基督教的圣山。——译者注

而对古希腊罗马的采矿组织则有较多的了解。雅典政府拥有劳里昂地区的银矿，雅典政府把开采权出租出去并把收益与市民分享。在萨拉米斯战役[1]中获胜的雅典海军便是使用市民放弃数年的银矿收益而创建起来的。到底矿山是怎样经营的，我们已无从得知。不过可以从一些非常富有的人拥有采矿奴隶这个事实中得到一些线索，伯罗奔尼撒战争中的指挥官尼西阿斯（Nicias）拥有数千奴隶，他把这些奴隶都出租给矿山的承租者。

露天铜矿山

有关罗马情况的原始资料是含混不清的。一方面，罗马法典提及了罚作矿工的刑罚，由此看来，用罪犯奴隶或者买来的奴隶当矿工好像是平常之事。另一方面，也定然存在某些选择；起码有迹象显示，矿山中获罪的奴隶是遭抽打后赶出矿山的。不管怎样，有一点可以确定，发现于葡萄牙的自哈德良（Hadrian）[2]时期起实行的维普森矿山法（lex metalli Vipascensis）说明已雇用了自由劳工。

---

[1] 公元前480年特米斯托克利斯指挥下的希腊海军与波斯王薛西斯率领的波斯海军之间发生的战争。——译者注

[2] 罗马帝国五贤帝之一，对官僚制度与法律进行了改革，在位期间为117—138年。——译者注

矿山开采是帝国的特权,可无法由此推断出矿业王权的存在;皇帝在辖区内可以做任何想做的事,而夺取矿山正是他们所喜欢的一种权力行使方式。维普森矿山法所记载的技术与其他古代资料中的记载不一致。举例来说,在普林尼(Pliny)的著作中,我们发现奴隶被排成一行,通过接力传递的方式将水从矿井底部提到地面。然而,在维普森(Vipascensis),在外部矿井的旁边修建了坑道则是出于同样目的。根据传说,中世纪坑道的修建可追溯至古代,而在其他方面,维普森矿山法则在很大程度上似乎反映了中世纪后期的关系。采矿业处于帝国监察官的管辖之下,他相当于中世纪政治领主的矿主。采矿的义务也同样存在。一个人有权利开掘五口矿井,就像在中世纪五口矿井是最大限度那样。我们得假定他负有持续开采这五口矿井的义务。若是他在规定时间内——短于中世纪——没有行使他的权利,权利即被收回,然后把权利给予任何有能力进行开采的人。我们还发现如果在一开始规定了某些强制性支付义务,若是未履行义务,开采权将被再次开放。采矿场的一部分就像以后在中世纪初期那样留给了国库,一部分产品必须上缴给国库;上缴比例起初设定为一半,而在中世纪逐渐降为七分之一甚至更少。由任何自愿加入的合伙人负责经营。这一合伙组织向合伙人加征一笔强制性收费,以筹得开掘坑道与矿井所需款项;如果未能筹足款项,则会失去开采权。

在中世纪,与其他国家相比,德国在贵金属方面遥遥领先,尽管在英格兰采掘锡。在这里皇家矿场最早被发现,然而却是因为土地归属于国王,并不是建立在王权的基础之上;公元10世纪时哥斯拿(Goslar)附近的拉梅尔斯贝格(Rammelsberg)便属此例。普拉塞尔(Placer)金矿也由皇室一脉经营,经营权被国王以收费的方式授予,而且是以对航道的控制权为基础,并非建立在于王权的基础之上。亨利(Henry)二世[1]统治时期可以看出最早国

---

[1] 神圣罗马帝国皇帝,在位期间为1002—1024年(1014年加冕)。——译者注

王对开采权的出租,这里是基于对寺院的土地出租,也并非基于王权。一般而言,出租给寺院的土地,仅仅是国王凭借帝国对土地的控制权而拥有法定权利。国王最初对所有矿产品均拥有征收什一税的权利,不过这一权利通常均出租给了个人;然而在寺院的情况下,公元11世纪这项权利是被当作帝国财产出租的。

金矿采金作业

政治当局与采矿业的关系在霍亨斯陶芬(Hohenstaufens)王朝[1]统治之下又向前发展了一步。即使是构成了康拉德(Conrad)三世[2]执政措施的基础的王权概念也被弗里德里希·巴巴罗萨(Frederick Barbarossa)[3]做了明确规定;他宣布,如果不获得国王的特许,按规定缴费,任何人都不能得到采矿权;即使是封建地主也必须取得这一特许权。这一做法很快便成为了通行的规则,公元13世纪这种皇室矿业权被德意志地方法汇编,已将视为一项制度

---

[1] 神圣罗马帝国的一个王室,统治德意志的时间为1138—1254年。——译者注
[2] 霍亨斯陶芬王朝的第一位国王,在位期间为1138—1152年。——译者注
[3] 霍亨斯陶芬王朝罗马人民国王,在位期间为1152—1190年,1155年加冕为神圣罗马皇帝。——译者注

了。然而，国王这一理论上的权利立刻便与王公贵族产生了矛盾，而最早王公贵族所拥有的王权则在黄金诏书获得了正式承认。

国王与封建地主对矿场的争夺也可见之于其他国家。在西西里，罗吉尔（Roger）一世尽管承认地下宝藏归地主所有，而在公元12世纪后半期王国却又巩固了王权。在匈牙利，国王输给了权贵，即便是国王想开采矿山，也不得不完全买下那块地。在法国，直至大约1400年，贵族依然认为矿业权是土地权利的一部分。然后国王获胜，而且这种绝对的王权一直持续到革命时期，而革命使矿藏成为国有财产。在英国，约翰王（King John）[1]主张普遍的王权，特别是重要的锡矿，然而在1305年，英王不得不承认国王无权授予采矿特许权。在伊丽莎白（Elizabeth）[2]统治之下，新兴的煤矿工业未曾受王权的限制，这是因为16世纪时的王权被限制在贵重金属的范围内，其他所有矿藏均被看作土地的一部分。形势在查理（Charles）一世[3]统治之下再次出现摇摆，而最终国王彻底失败，全部地下宝藏均变为土地所有者或"地主"的财产。

在德国，采矿自由，即勘察自由，起源于"自由山林"，并非起源于马尔克共同体。"自由山林"是指土地所有者可以将其出租给任何人的蕴藏了矿产资源的区域。拉梅尔斯贝格在公元10世纪依旧是一个皇室机构。可国王在公元11世纪却将其出租给了沃尔坎瑞德（Walkenried）以及哥斯拉尔城的寺院。而寺院又将采矿权转租给了所有申请者，这是以建立在自由竞争基础上的支付为条件。在1185年，特伦特（Trent）主教以类似的方式把开采银矿的特许权授予了由自由工人组成的矿业共同体的每一位成员。市场及城市特权的授予这一步是建立在自由劳工从公元11～14世纪所获得的非常强有力的地

---

[1] 英格兰国王，在位期间为1199—1216年。——译者注
[2] 英格兰和爱尔兰女王，在位期间为1558—1603年。——译者注
[3] 英格兰、苏格兰和爱尔兰国王，在位期间为1625—1649年。——译者注

位基础上的。熟练矿工稀少，从而具备垄断价值，因此各政府当局争着许以好处，甚至给予其采掘自由，也就是某种规定范围内的开采权。

中世纪的德国以这种发展为基础可分为如下几个时期：

第一个时期，尽管农民所缴纳的与采矿有关的封建捐税也间或被论及，发展好像是由最强有力的政治当局以集中采掘的方式推进的。第二个，也是最重要的时期，此时矿工处于强有力的地位。这使得开采工作日渐转移给矿工，而领主遭受剥夺，沦为纯粹的收税者，从而仅能把地下宝藏当作租税源泉。此时矿山的所有者便是工人的合作联盟。他们分配收入的方式与农民分配保有地的方式相同，换言之，极为严格地遵循平等原则。"矿业共同体"应运而生，包括了与采矿有关的各种利益关系，即所有在矿场工作的人——此后又将所有曾经在矿场工作的人均包括在内——而唯独领主被排除在外。这个组织对外代表其成员并确保对领主的租税支付。因此矿业共同体的个体成员负责支付矿场生产费用。具体运营完全是小规模的；单个矿工最多只能获得七口矿井，而矿井也仅仅是一个原始的坑洞。只要矿工在经营矿井，他便就是所有者；如果停止经营，即使是最短的时间，他也会丧失经营权。自矿业共同体联合保证租税支付开始，领主便彻底放弃了独立经营。他收取租税的权利，即他的份额，最初是产品的一半，而后稳步而又快速地降至七分之一，最终降至九分之一。

在第二个时期，工人内部开始出现分化。出现了一个不参与实际工作的矿工阶层，与之同时出现的是另一个矿工阶层，他们自己劳动，但却要依附于不劳动阶层；因此这种发展类似于家庭工业制度的发展。很多地方早于公元13世纪就出现了这种情况，尽管仍未占据支配地位，然而，股份的限制继续存在，大规模的资本主义不能得到发展，而仅能出现小食利阶层的占有权，尽管短期内便能取得可观收益。

在第三个时期，由于坑道的规模越来越大，因而对资本的需求也日渐增加。为了通风和抽水，必然需要开掘越来越深的巷道，可这笔支出仅能在比较遥远的将来才会收回，从而需要预付大量的资本，所以资本家加入了采矿队伍。

在第四个时期，矿产贸易出现了集中。最初每位矿主各分得一份产品，可随意处置。面对这项安排，对产出的实际控制就被矿产品贸易商控制了。他的势力扩大了，特别是在16世纪，矿产品批发商的出现是这种发展的典型特点。

迫于形势的压力，作为一个团体存在的矿工联盟逐渐拥有矿产品的掌控权，为免受贸易商势力的伤害，矿工试图以这种方式寻求保护。这便产生了另一个结果，那就是矿工联盟变为矿山运营的指导者，而最初个体矿工则是独立经营的。矿工联盟逐渐被组织成为一个资本主义机构，它设置了资本账户，矿工享有的产品份额仅能通过矿工联盟的库房来提取。这样就有了周期性的会计记录，根据每个工人的业绩分别计入借方或者贷方。

具体而言，在现代资本主义出现之前，这种组织的发展遵循下述路径。迫于矿工联盟的压力，领主放弃了对经营活动的干预；矿工禁止自己的员工下井，而且仅有矿工联盟的成员才有权相互控制。采矿的义务保持不变，尽管不再服务于领主的利益，而是服务于负责免役租的矿工联盟。这种情形显然类似于俄罗斯农村，在那里，尽管农奴制已经废除，而个人却依然依附于土地之上。再往前发展便出现了矿工的明确持股。至于股份到底怎样安排，到底是不是最初的实物股票——后来的Kuxe或者抽象股便由此发展而来，这是一个存在争议的问题。所有雇佣劳动者均属于矿业共同体，而矿工的组织则仅包含股份的持有者，现在，已经无法知晓矿工联盟到底是什么时候出现的，不过可以确定的是，矿业共同体与矿工联盟的成员已不复相同了。

在矿工不仅拥有了生产办法，并且还拥有了原材料以后，采矿业工人阶级的内部开始了分化，也引起资本主义的分离。所需矿工的日益增加导致了加入这一阶级的人数逐渐增加。然而，新来者加入矿工联盟不被原有矿工接受。他们成了非会员，成了处于学徒地位的雇佣劳动者，服务于个体工艺师父，而工艺师父则从自己账上付给他们工资。因而便出现了合伙的或者依附的矿工，而且与外部分化相对应的内部分化也开始了。在矿场的生产过程中，个体工人在地位上的差异引起了其工作权利的不同。举例而言，对专业化需要的提高带来了对采矿业锻工需求的日渐增长。这些人早就变成了雇佣劳动者，只不过在货币工资以外还获得了一份固定份额的产品。不同矿井之间产量的差异也对分化起了推动作用。行会原则最初是适用的，按照这一原则，作为一个整体，工人的组织有权分得产量特别高的矿井的产品，并将其收益在所有矿工中分配。可是这一做法渐趋停止，不同矿工所面临的风险出现了越来越大的差异。矿工有时要忍饥耐饿，有时能获得巨额利润。股份转让的自由越来越大，同样也加速了分化，因为股份买卖成了不参加工作的成员的机会了。

这样纯粹的资本主义股份便能够进入矿业共同体这一群体了。随着作业的深度逐渐增加以及由此引致的资本需求的日益增长，整个过程渐趋完善。供水用矿井的修建和对昂贵设施的各种需求已经变得越来越紧迫。资本需求的增加带来了以下结果：

首先，拥有全部采矿权利的矿工只是那些有财产的合伙人；其次，新授予的采矿权越来越集中于能证明自身资本掌控能力的人。另外，联盟自己也开始积累财产。最初它什么都没有：个体矿工必须自己配置矿井设备并预付支出，只有在他没有履行经营矿井的义务时，联盟才出面干预。然而，因为除用以采掘矿层的矿井之外，排水矿井的修建越来越成为主流，现在联盟却不得不在资本需求方面提供帮助了；起先巷道与矿井的开掘由不同的团体负责，确保各获得一份矿产品。这些被分走的产品份额对矿工而言犹如芒刺在背。他们越来越想将挖掘工作控制在自己手中。此时联盟已经变成了资本所有者，可从前的情况仍旧存在，个体矿工必须自己负担矿井支出。他不得不预付所有支出，在他不复参加实际工作以后，垫付资金便被视为其最重要的职责。正如从前那样，他也必须装备个体矿工，与他们订立契约并付给他们薪水，这是一种渐趋合理化的情况。不同矿井所花费的成本相差极大。真正的工人要团结在一起对付"矿工"了。因此，最后联盟自行承担工人的雇佣、工资的发放、资金的垫付以及矿井费用的负担等职责，而且以联盟为一个整体建立了会计账目，最初是一些小事，以一周为基础，后来则是以年为周期计算。个体矿工仅须自己预付资金，并有权领取一份产品，一开始是分得实物。最后，这种发展结束时，联盟作为一个整体来销售产品，并将所得收益以股份为基础分配给个体成员。

伴随着这种发展，早期的一些措施被废除了，矿工曾用这些措施来限制他们之间不平等的发展。其中一个措施便是禁止积累矿场股份。这项及所有类似限制都不得不废除，随着矿区有系统地扩展到越来越大的范围，随着联盟自己控制工业的整体经营，并且随着扩展后的矿区更为频繁地出租给单个股东，这些限制就更得废除了。在以往情况下，自由工人在加入采矿队伍时未经仔细挑选，造成了矿井的不合理挖掘以及不合理的采矿技术，新办法就完全不是这种情况了。此外，联盟为了进行系统化的经营以及关闭没有收益的矿井而有了进一步合并，早在15世纪末这种现象便可在弗赖贝克矿场见到。

这种现象对行会的历史在许多方面都有所影响。发展已经达到了这个阶段，自16世纪起，拥有王权的领主便开始干预，而且出于这一目的和矿工联起手来。正如单个矿工那样，依附于小资本家"矿主"的矿工深受采矿业的无计划性及冒险性之苦，然而与此同时，王权持有者的收入也在下降。为使租赁有利可图，也为了维护工人的利益，持有王权的领主进行了干预，统一的开采权得以确立，矿产品贸易也从此发展起来。这些权利是资本主义大规模发展的直接征兆，一般而言，它们建立在采矿业对技术与经济的合理管理的基础之上。

作为初期发展的萌芽，矿业共同体在与行会相似的工人组织中依旧处于特殊地位。另一方面，拥有王权的领主创建了合理的联盟，作为拥有虚拟股份的资本主义经营机构而存在，规定了垫付资金的义务与开采权（最初虚拟股份的数量是128）。联盟作为一个整体来雇佣工人以及与矿产品的购买者做买卖。

与矿场同时存在的冶炼厂却未依附于它们。与矿场相同，它们是在较早时期便具有大规模特征的那种工业。木炭对于冶炼厂的正常运转来说是不可或缺的；由此封建领主与寺院作为大片森林的所有者是早期冶炼厂的典型业主。偶尔，尽管并不是在大多数情况下，冶炼厂的所有权与矿场混合在一起。小规模经营占据统治地位的情况一直持续到14世纪；因此，举例而言，英国一家寺院便拥有不少于40个小熔炉。不过首批大型熔炉的建造也与寺院相关。当由不同的人掌握冶炼权与采矿权时，矿石买主便在两者中间出现了，而且从一开始便成立了一个行会，它时常与矿工联盟发生冲突。它们的政策以最为肆无忌惮而著称，然而不管怎样，我们得在它们的结合之中分辨清出现于15世纪末16世纪初的首批庞大垄断机构的萌芽。

最后，必须注意到，所有产品中，煤炭对西方最具价值，也最关键。甚至早在中世纪它的重要性就已经在慢慢增长了。我们发现寺院创办了首批煤矿；林堡的煤矿在公元12世纪便被提及过，早于14世纪，纽卡斯尔的煤矿便开始以市场为导向生产，而萨尔区在15世纪便已经开始产煤。不过所有这些企业均并非为满足生产者需求而进行生产的，而是为满足消费者需求。在14世纪，伦敦禁止烧煤，因为会污染空气，不过禁令无甚效果；英国煤炭出口增长得这样快，致使不得不专门建立船舶测量部门。

在14世纪，用煤替代炭来冶炼铁才开始有了代表性，因而确立了铁与煤的重要结合。一个必然的结果便是矿井的快速加深，采矿技术遇到的新问题是，怎样才能用火烧来发挥水激的作用呢。矿坑的挖掘就是现代蒸汽机的想法的起源。

第三篇
前资本主义时代的商业与交换

世界经济简史

第十四章
商业发展的开端

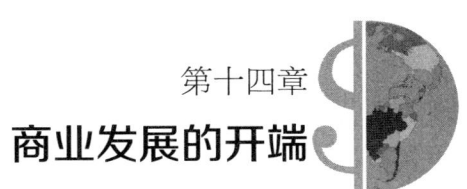

商业[1]在一开始是不同种族之间的事情,它是最古老的社会团体的外部现象,仅指向于外族,而在同一部落或者同一团体内部各成员之间并未发生。然而,它可能开始于不同团体之间生产的专门化。在这种情况下,要么是兜售外族产品的贸易,要么是部落之间的贸易。不管怎样,不同部落之间的交换关系是最古老的商业表现。

一个部落自己生产的产品可能以各种不同的形式进行贸易。它的发展通常从农民以及从事家庭工业的人们的副业开始,而且一般是作为一种季节性职业而存在。在这个阶段,沿街叫卖者和小商贩发展成为了一种独立职业;专门从事贸易的部落很快便发展起来。不过专门从事于某些工业的部落也可能会被找到。商业种姓的产生是另一个可能,在印度可找到其典型形式。贸易在印度完全由某些种姓控制,并在仪式上排斥别的种姓,特别是商人种姓。同时存在的是这种按照种族界限进行的贸易,还可发现在仪式上限制于某些宗派的贸易,由于巫术仪式上的限制,该宗派的成员不得从事除此之外的所有其他职业。印度的耆那教便是这样。耆那教禁止杀害任何生物,特别

---

[1] 一般参考文献——勒图尔诺(Ch. Letourneau):《不同人种间的商业发展史》,巴黎,1897年版;勒瓦瑟(E. Levasseur):《法国商业史》,总共两卷,巴黎,1911—1912年版;皮雷纳(H. Prienne):《中世纪的城市、集市和商人》,载于《历史评论》,第67卷(1898年);《美国国内和对外贸易史》,共两卷,华盛顿,1915年版(附美国经济史的详细参考文献)。

是弱小动物。因此，他不能成为士兵，不能从事很多职业——举例来说，不能在雨中行走，因为可能踩死蚯蚓；使用火的职业，因为火能杀死昆虫等。因此，耆那教徒没有什么职业可以从事，除了在固定场所做生意之外，从而与商人种姓的高贵一样职业的高贵便确立下来。

犹太人作为最底层的经商民族发展没有什么本质上的不同。犹太民族一直到流亡时内部依然存在各种阶级，如骑士、工匠和农民，也存在有限意义上的商人。流放以及预言所造成的后果，使得原本有固定领土犹太民族变为流浪民族；从那时以后，便禁止他们的仪式在某地固定下来。农民不能严格信奉犹太教仪式。因此犹太人成了城市中的底层居民，在福音书中仍旧能够找到虚伪的"圣人"与不受法律约束的本地人之间的差别。因为在商业中允许一个人全身心地投入到法律研究之中，因此，钱币业或为首选。所以，仪式上的原因，使犹太人不得不从事商业，特别是钱币业，使得他们的生意成为在仪式上受限制的民族商业或者部落商业。

领主贸易的确立是商业发展的另一种可能性，从而出现了一个支持贸易的领主阶层。销售他们地产上的剩余产品是土地领主最早想到的（实际上每个人都想到了）。他们出于这一目的使职业商人以职员的身份依附于他们。属此类的还有以领主的名义开展业务的古代推销员，中世纪的售货员也是这样；后者以款项支付作为酬报，将销售其寺院领主的产品视为一种权利；这种人的存在尽管在其他所有地方却都可见到，然而在德国却无法得到清楚证实。推销员与售货员是其他人的代理人，并非现代意义上的商人。

另一种领主贸易来自于外国商人不受法律管辖的地位，在每个地方外国商人都需要保护；想要得到这种保护，只有利用政治权力，而贵族则将这种保护当成一种有偿给予来提供。中世纪的王公给予商人这种保护并从商人那儿收取款项作为回报。王公或者领主往往从这种保护措施中发展出了自己独立经营的贸易，特别是像非洲所有沿海地区那样，族长垄断了过境贸易，而且自己也从事贸易活动。在这种贸易垄断之上,他们构筑了自己的权力;他们的地位在垄断被打破后也就不复存在。

礼品贸易是王公所从事的另一种形式的贸易。在古代东方,政治当局在彼此未处于交战状态时候,便以相互赠送保持来往。从特莱耳-阿尔玛纳的石板中(特别是公元前1400年以后),可以看出活跃在法老与东方诸国统治者之间的礼品贸易。用黄金与战车换得马匹与奴隶是常见的物品交换。在这里自由赠送原本就是惯例。在这方面发生了很多不讲信义的事,逐渐使得相互间越发重视赠送行为的你来我往,因此以准确数字为基础的真正贸易便从礼品贸易中产生了。

最后,王公独立经营的贸易可见之于许多地区的经济历史。一些大规模贸易的非常古老的例子可由埃及法老提供,他们作为船舶的所有者开展进出口贸易。威尼斯最早的总督是较晚的例子,最后是亚洲与欧洲很多世袭制国家的王室,18世纪后期的哈布斯堡王室[1]也包含在内。这类贸易要么通过授予特许权或者出租此项特权的方式利用他的垄断权,要么是在王公本人的指导下开展的。当采用后一种方法时,他便推动了独立的职业商人阶层的发展。

---

[1] 欧洲历史上统治区域最广的王室,其家族成员曾于1273—1291年和1298—1806年任神圣罗马帝国皇帝。——译者注

第十五章
商品运输的技术条件[1]

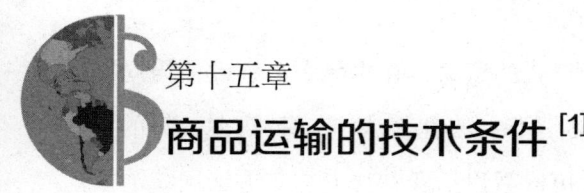

对于作为一种独立职业而存在的商业而言，特定的技术条件是不可或缺的。首先得经常有十分可靠的运输机会。当然，我们必须回到很久以前从可能最原始的条件思考这些问题。人们用膨胀起来的山羊皮渡过河流不仅是在亚述时代与巴比伦时代，甚至在穆罕默德时期，皮袋船在河运中长期占据统治地位。

早在中世纪，在陆地上的商人便已经使用原始交通手段了。起初是用自己的脊背，用脊背搬运货物一直持续到公元13世纪；然后是驮畜，或者是由一匹、最多两匹马拉动的二轮运货车，商人被局限于经商路线上，在那时是无法想象我们所谓的公路的。只有在东方以及非洲内陆，好像很早便出现了用奴隶作脚力的商队。一般而言，甚至那里对驮畜的使用已经成为惯例。驴或骡是南方的有代表性的驮畜；在埃及的历史遗迹中，骆驼出现得很晚，而马更晚；马匹最初是用来作战的，用来运输货物是在更晚的时候。

海运不得不使用同样原始的交通手段。在古代和中世纪初期，到处都是用桨划动的船。我们能够想象得出它的制作非常粗陋；我们发现历史资料中还提到过木板船，这种船必须用绳子绑紧，要不然便会散架。的确，船帆可

---

[1] 一般参考文献——《国家科学大辞典》，"交通工具和交通路线"条和"德国中世纪的交通制度"条；梅森（O. T. Mason）：《原始旅行和运输工具》，纽约，1897年版；林塞（W. L. Lindsay）：《商船和古代商业的历史》，共四卷，伦敦，1874—1876年版。

追溯到这么远，使得无法判断它的发明时间，但是现在这个词所承载的意义却是不一样的。最初它只是使船只在顺风时不用划桨也能获得动力，而在中世纪早期则好像仍是未曾听说过逆风行船。在古冰岛两文学集中也仅是含糊地提及而已，而对于逆风航行方法的使用，是否正如中世纪所传说的那样，安德鲁·多利亚（Andrea Doria）[1]是第一人，则尚存疑问。我们从《荷马史诗》[2]以及更晚的原始资料中了解到船只并非很大，每次登陆时均可拖上岸。锚从古代笨重的石头发展到现在常见形式的工具，这一过程非常缓慢。当然，海运起先完全是沿海贸易；深海航行是亚历山大（Alexandrian）时期的革新，而且它的基础是季风观测。阿拉伯人最早冒险尝试让季风帮他们漂洋过海，到达印度。希腊人辨别方位的航海仪器是可想象的最原始的工具。这个工具由一个里程表以及一个测定深度的"火球"构成，里程表以沙漏的方式让球掉下去，掉落的球数代表航行的里程数。星盘[3]是亚历山大时期的发明，直到那时才得以建造了首批灯塔。

中世纪时的海运，与阿拉伯人的海运一样，在技术上依然远比中国人落后。中国早于公元三四世纪便已经使用磁针及航海罗盘，而欧洲人直到一千年以后才知晓。在罗盘传入地中海与波罗的海以后，海运确实开始有了快速发展。然而直至公元13世纪，船后端的固定方向舵才普及。航行规则是商业秘密。直至在这方面处于领先地位的汉撒商人的时期，它们仍是买卖的对象。关键性的进步是航海天文学的发展，由阿拉伯人取得并被犹太人带入西班牙；在公元13世纪，西班牙的阿方索（Alfonso）十世[4]便让人绘制了以

---

[1]　16世纪初中期热那亚海军司令。——译者注

[2]　古希腊长篇史诗，相传由盲诗人荷马所作，是公元前11世纪～公元前9世纪唯一文字史料，包括《伊利亚特》和《奥德赛》。——译者注

[3]　古代天文测量的重要仪器，用于定位、确定本地时间和经纬度等。——译者注

[4]　卡斯蒂利亚王国国王，1252—1284年在位；西班牙王国是在卡斯蒂利亚王国的基础上形成的。——译者注

其名字命名的航海图表。人们首次知道航海地图是在公元14世纪。那时，西方在开始海洋航行时遇到一些难题，这些难题的解决暂时仅能靠十分原始的手段。

1825年的"火箭"机车

为观测天文现象，在南方，可用十字星座来准确定位，在北方，北极星提供了一个颇为稳定的方位。阿美里戈·韦斯普奇（Amerigo Vespucci）[1]根据月亮的位置确定经度。用时钟测定经度的方法16世纪早期就已经引入，而且已经发展到如此完善的程度，使得有可能通过测算钟表时间与当地正午时刻的时间差异，来大致测定经度。测量地球纬度的象限仪似乎是在1594年被

---

[1] 意大利商人、航海家和探险家，美洲便是以其名字命名的。——译者注

首度使用的。船只行驶的速度与所有这些条件相适应。在使用帆船以后,其与用浆划动的小船相比,已经发生了非常大的变化。可是在古代,从美塞尼亚[1]到亚历山大[2]大概要航行八到十天,从直布罗陀到奥斯蒂亚(Ostia)[3]也要航行八到十天。英国人在16、17世纪发展了有效的航海技术以后,比中速轮船落后不太多的帆船出现了,尽管它的航行速度始终仍依赖于风速。

---

[1] 位于斯巴达西面,在公元前5世纪被斯巴达占领。——译者注
[2] 埃及最重要的海港,位于地中海沿岸,是古代欧洲与东方贸易的中心。——译者注
[3] 罗马港口,位于台伯河口。——译者注

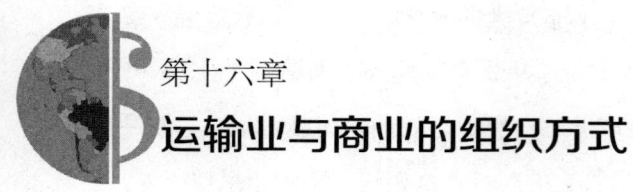

第十六章
运输业与商业的组织方式

一、外国商人

最初海上贸易到处都与海盗行为结合在一起；起初海盗船、战船与商船没什么差别。并非是因为相反的情况，而是因为战船的发展与商船渐行渐远出现了分化；战船在技术上的发展，带来了桨手座位的增加以及其他各项革新；考虑到其剩下的用于装载货物的空间有限以及巨额的制造成本，所以已不再适合作为商船使用。在古代，第一批船只所有者是法老与埃及寺院，因而我们在埃及找不到任何私人拥有的船只。另一方面，私人船只是荷马时期的希腊人与腓尼基人[1]的特点。在希腊人中间，城邦的君主最初不仅拥有商船，还拥有海盗船。不过他阻止不了豪门巨室的发展，这些家族不仅也拥有船只，而且最后还只容忍他做老大。

使城市在最早的罗马人中间处于重要地位的一个主要原因是海外贸易。尽管我们不能确切知道它拥有多大规模或者多少吨位的出口贸易；然而，很显然，罗马人在这方面的确无法与迦太基人相比。他们随后转做纯粹的借方贸易或者进口贸易。私人船只在布匿战争[2]以后方始在罗马出现。然而罗马的

---

[1] 历史上的古老民族，古代最著名的航海家和商人，而且26个英文字母来源于腓尼基人的22个字母。——译者注

[2] 公元前264—前146年古罗马共和国与迦太基间的三次战争，以迦太基灭亡而告终。——译者注

政策具有强烈的大陆特征，使得对船只的占有最初被视为与元老院议员身份不相符；在古罗马共和时期，在销售个人剩余产品所必要的船舶以外，还禁止拥有更多的船只，在进入帝国时期后也还是如此。

1827年的运河和工厂

古代海运是出于怎样的经济观点而组织运作的，我们并不了解。唯一可以确定的是，越来越多的奴隶被用作推动船只前进的手段。船员均是有技能的手艺人。我们发现在罗马人与希腊人的船上有舵手、船长以及给桨手以划船节奏的吹长笛者。此外，对船只所有者与商人之间的关系，我们也不甚了解，最初前者便是商人自己，然而与对外贸易相关的特殊的海上贸易商阶层很快便出现了，比如希腊城邦的海上贸易。这种对外贸易规模一定很小，至于大众需求的货物其供给一定是建立在集体自给自足的基础之上，特别是古代大城市的粮食需求。在雅典，船只所有者有义务将粮食作为返程货物带回城邦；而在罗马，由国家负责船只与粮食的供给，而且对船只与粮食的控制一直持续到帝国时期。这一措施尽管确保了海运的和平与安全，而且十分有利于对外贸易的发展，然而却无法长久。

在边境驻军的需要使君王的财政需求大为增加，从而强行将一个经理制国家或强制性徭役的国家的组织职能加诸船只所有者身上。这种需求在越来越大的程度上不是以征税的方式，而是以经理制的方式来解决的；国库通过行会将各种行业组织在一起，从而将国家的劳役负担加诸它们身上。它们获得了各自工业部门的垄断权是对承担这一职责的回报。这一制度也导致了经理制海运组织的产生，因此出现了倒退。私人船队在公元3世纪时消失了，与此同时海军舰队也消失了，从而使海盗获得了大发展。

在古代，对贸易方面的法律规定的需求导致了各种做法的产生，而我们对这些做法知之甚少。与海难有关的罗德岛[1]的抛物法便是其中之一。它表明若干商人通常共同经营一条船。若是在遇险时不得不把货物扔进海里，那么损失应由各方均摊。另一项制度是海上贸易承担极高风险的结果，它是从古代流传下来的中世纪的海运借款契约制度。如果贷款是针对运往海外的货物发放的，那么倘若船只遭受损失，不管放款人还是借款人都不指望偿还。双方共同承担的风险是以这种方式来分配的：债权人得到极高的利息——大概是30%——作为交换，他得担负全部风险，还给他的款项在遭受部分损失的情况下也随之减少。从阿提卡的原告狄摩西尼（Demosthenes）及其他人的法庭辩护词中，我们可以发现海运借款致使海上贸易在很大程度上被放款人控制。他们规定了船只所有者的航行时间、航线和货物销售地点。海商对资本家广泛的依赖性从上述做法中可见一斑，从而，我们做出这样的推断：前者资本薄弱，没有雄厚资金，为分散风险，通常由若干放款人参加对同一条船的贷款。此外，债务人往往派一个奴隶随货物一起出海，这是贸易对资本依赖关系的另一种表现。查士丁尼（Justinian）将其视为高利贷而进行取缔，在整个古代。海运借款都占统治地位。这个禁令并未产生持久的效果，但却引

---

[1] 是希腊第四大岛，位于爱琴海最东部。——译者注

起了海运借贷形式的一次变革。

中世纪的情况已模糊不清。船坞归城市所有，并出租给船舶制造行会，与前资本主义制度相符。与古代相比，海上贸易越发没有资本主义特征。常见的经营形式是将有关各方联合在同一贸易企业中。在整个中世纪，由于风险的原因，船舶始终是为若干股东而修建的，几乎从未有哪条船是为了一个人而出海的；换言之，占统治地位的是合伙人所有制。另一方面，不同合伙人却同时与几条船的所有权相关。这与船只修建一样，每次出航通常均是一次联合经营。这类联合将船员、船主、水手以及商人都包括在内。所有这些人组合在一起，形成一个小团队，带货品出海，而商人并非亲自去，经常是派一个代表或代理人，也就是职员。风险共同承担，损益按章程分配。

与这种风险共担团体同时存在的是资本家的海运放款。因为用贷款购进货物对他们有利，而且可以把风险转移给放贷者，所以中世纪的商旅宁可选择后一种做法。根据比萨的海商法，利率围绕35%这一水平上下波动，却因风险程度的差异而不同。最初风险共担团体中的所有商人都自己带货品出海，参加者是沿街叫卖自己货物的小商贩。这个习俗逐渐衰落，委托制代替了它，明显同时出现的是这种海上合伙。

卡孟达（commenda）制可见之于阿拉伯、巴比伦以及意大利的法律，而且可以在汉撒同盟[1]法律中找到其修正形式。这种合作方式的本质是：在同一组织内部存在一种留在国内港口，另一种带货品出航的两种类型的合伙人。这种关系最初仅是为了个人的方便，从若干商人中依次选出一些人去销售他人的商品。后来成为一种资本投资方法。一部分职业商人是那些提供资金的人，而另一部分，特别是在南方，则是货币资本家，就像想用他们的剩余财富在贸易中赚取利润的贵族一样。组织根据这一计划进行，也就是将资金或

---

[1] 形成于13世纪的北欧诸城市的商业、政治联盟，主要由德意志北部城市组成。——译者注

者以货币估价的商品交给出航的合伙人；这类投资形成了商业资本，卡孟达是其专业术语称呼。商品在海外销售，用所收货款购进其他商品，待回到本国港口时再行估值和销售。

收益分配方式如下：如果全部资金由留在国内的合伙人提供，便可分得3/4；然而若是这项投资是由他与行商共同提供的———一般以2/3对1/3的比例——各自分得一半。此项业务的特征是第一次应用了资本主义会计制度，将终止经营时的资本与开始经营时的资本进行比较，得出盈余，进而将其作为收益进行分配。然而，在形式上，却不存在任何持续经营的资本主义企业，只存在跑单帮行为，每次跑完一次，账目便随即结清。在中世纪，这种做法始终在海上贸易中占统治地位，在开始了向持续经营的资本主义企业的过渡以后，它仍旧保留了跑单帮的结算形式。

以现代的标准来衡量，中世纪的贸易额是极小的。只不过是小商小贩在经营少量商品。1277年，英国出口的羊毛总计60 000英担。250名商人共同完成这个出口量，因此一年一人240英担。在公元12世纪，热那亚每份卡孟达的平均投资额大概是250美元，或50英镑。在公元14世纪，在汉撒同盟的范围内，禁止占有一份以上的卡孟达，数量亦不得超出以上给出的数据。英国与汉撒同盟的贸易总额，即使在最兴盛的时期，也仍然少于4 000美元或800英镑。可以在海关登记簿中找到关于累发尔的情况；1369年，有178名商人与离开港口的12条船存在关联，平均每人大约400美元。在威尼斯，所装载货物能达到1 500美元的船舶颇具代表性，而在14世纪，汉撒同盟的典型船只运载的货物可达1 250美元。在15世纪，每年有32条船驶入累发尔港；吕贝克是汉撒同盟最重要的港口，1368年有430条船驶入吕贝克港——同时有870条船驶离港口。这是一群自己出航或者请人代其出航的小资本家商人，这个事实解释了商人结伴同行的原因。

因为海盗横行，出海时间单独一条船是无法自行决定的。船只自发组成商队，由武装船护送或自行武装。在热那亚，每年仅有一个船队前往东方，威尼斯有两支。地中海的船队平均每次的航行时间从半年至一年不等。船队的航程致使资金周转极为缓慢。

即便这样，商业作为收入源泉的重要性仍不可小觑。1368年，波罗的海所有港口的贸易额，以白银计算，加在一起将近400万美元，相当于英国税收总额的三倍。

在陆路贸易中，由于危险仅来自于劫匪，而不受自然灾害的影响，所以风险相对较小；但需承担巨额开支。与风险有限相对应的是合伙组织的缺失，也没有与海运信贷相似的任何陆路贷款。曾有人试图建立这类制度，然而却被古罗马元老院视为恶名远播的高利贷而插手干预。

在陆路贸易中，商人自带货物出发已成通例。直至公元13世纪，运输条件才足够安全，使商人从自带货物的惯例中解放出来，由买办代其负责，这是货主与代销人之间的既定关系的前提。陆路贸易的发展遇到了技术难题，这是因为道路状况的缘故。曾经人们大谈特谈的对象是罗马的道路，然而道路状况却远非理想。由于道路附近的客栈都对旅行者漫天要价，因此老加图（Cato）与瓦罗（Varro）提醒大家不要前往任何一家客栈投宿；并且由于贱民时常出现，亦有歹徒，因此劝告大家切勿通行。在罗马军队征服的外族地区，罗马道路也可能用于商业用途，不过它们主要不是出于商业目的而修建的，道路平直的路线并未考虑到商业需要。另外，在古罗马时期，仅当对首都的供给或者在军事和政治上颇具重要性时，才会对道路进行保护。政府让农民担负道路的养护的职责，作为回报，这些农民会被免除纳税义务。

在中世纪，从财政角度看，封建领主在经商路线的养护上有利益关系。他们用养路工——担负路桥维修义务的农民，这是我们知道的封建组织里最沉重的负担——来维护，而且以收取过路（桥）费作为回报。就道路的合理规划，领主之间并未达成任何协议；他们在进行道路勘察时只考虑怎样确保以课征赋税以及收取过路费的方式收回成本。最早出现系统性的修路计划是在伦巴第联盟（Lombard League）[1]时期的伦巴第亚（Lombardy）。

船运贸易

在中世纪，陆路贸易量甚至远小于海运贸易量，这是因为上述事实的缘故。一直到16世纪，某商业大家族的代理人曾为购进16包棉花从奥格斯堡赶往威尼斯。曾有人计算过，在中世纪晚期，每年经过圣哥达隘口的货物仅可装满一列到一列半运货火车。考虑到贸易量稀少，若要覆盖捐税支出以及

---

[1] 意大利北部的城市联盟，形成于12世纪。——译者注

旅途中的生活开支，利润必须相当得高。鉴于道路状况，途中花费的时间也很长。即使在陆地上，出行时间商人也无法自由决定。道路的不安全使得商人有必要找护卫队同行，而护卫队得等到相当数量的旅行商聚到一起才会出发。

所以，正如海运贸易那样，陆路贸易也得受商队制度的约束。这是一种原始现象，可见之于古代，也可见之于中世纪。在古代的东方，存在政府指派的商队头领。这些人在中世纪是城市派出的。直至14、15世纪的和平时期，在出行安全有了一定的保障之后，人们才开始独自上路。在技术上，这是通过驮队形式的陆地运输组织实现的。这种驮队制度从封建做法中发展而来，还是寺院领头。领主的驮畜、马匹以及运货车等任由民众租用。运货车由担负这一责任的某些农民保有地的所有者依次供应。一个职业阶级逐渐代替封建组织，不过有系统的行业只是在城市承接了这类生意以后才得以发展的。在城市，驮队工人自己组织了一个行会，并由选出的转运者用严格的纪律约束工人，转运者与商人进行交涉，并将车辆在行会会员中间分配。驮队头领的职责获得普遍承认。

在内河航运方面，出现了各种不同的组织形式。对采邑或寺院的木排与船舶的使用，常常建立在领主强制他人使用的独占权的基础之上，因而领主实际上垄断了货物运输。然而，一般而言，他们并非自己利用垄断权，而是转给运输工人联盟。所以这垄断权归于这一高度专业化的联盟，而领主则丧失了此项权利。此外，早些时候，在城市发展之后，便出现了正式自由河运行会，这种行会往往实行轮流工作制度。它们用自己的小船运输商品，并按照行会的严格规定分配获利机会。此外，也出现了城市团体控制河运组织的情况。在伊泽尔河，密腾瓦德（Mittenwald）的市民便垄断了木排运输，市民拥有依次运送货物的权利。从处于地势较高地区的农业机构那儿将沉重的物品放在木排上使之沿河顺流而下，而将贵重物品拖回地势较高的地区。最后，产生了从事河运的排外性团体，这是从采邑或行会组织发展而来——举例而言，从前者发展而来了萨尔察赫河与因河上的河运团体。最初萨尔茨堡（Salzburg）的大主教将其视为一种封地权利而掌握了河运垄断权，接着出现了一个自发组成的河运商队的船只经营者联盟。这一团体拥有船只并雇佣了运输工人，还从大主教那里接管了对河运的垄断权。在15世纪，他又购回了这一垄断权，而且将其当作一种封地的权利而出租。在穆尔格河（Murg），河运同样要依靠一个由森林河运工人组成的行业团体，这种团体产生于对木材的垄断，因此归林地所有者拥有。黑林山[1]木材的大量供给致使穆尔格河上的河运组织得以将其经营区域扩大至莱茵河，于是开始分为莱茵河组织和森林组织。最后，这个组织开始从事外国商品的运输，这是出于增加货运收入的考虑。上莱茵河的内河运输组织与奥地利多瑙河的内河运输组织都是从行会发展而来，因此河运经由落入工人团体手中，这类似于采矿业团体状况的路径。

这些关系在商人当中引起了需求，寻求个人的保护便是第一个。这种保护的提供偶尔呈现出祭司制的特征，使外国商旅受神灵或族长的保护。另一种形式就像中世纪的上意大利那样——与地方政治势力签订安全经营协议。意大利的居民后来使得威胁贸易的骑士搬进城内，这是通过占领骑士的防御地点完成的，而且在某种程度上，他们自己也接管了对商旅的保护之责。经商税曾经是住在路边的那些人的主要收入来源，例如瑞士。

寻求法律保护是商业活动的第二大需求。商人是外来者，无法拥有与民族或部落成员相同的法律机会，因此需要特殊的法律安排。实现这一目的的制度是报复。例如，若是比萨或热那亚的债务人无力或不想偿还在佛罗伦萨或法兰克福的负债，便会使他的同胞承受压力。这是不公平的，从长远来看

---

[1] 德国名山，因山上森林茂密而得名黑森林，位于巴登—符腾堡州的西边。——译者注

也是不能忍受的，因而最古老的贸易协定便是为了防止发生这类报复而签订的。因商人对法律保护的需要而出现的各种制度便起始于这类原始的报复规则。由于商旅无法作为外国人出现在法庭上，他得有一个代他出席法庭的保护人；因此古代产生了由本国公民充当外国商旅保护人的现象，这显示了彼此的友谊以及对利益的维护。中世纪的抵押法与之类似，外国商旅获准并且必须处于某位公民的保护之下，他不得不将货物寄存在保护人那儿，而保护人则有义务代表社会保管这些财物。

当商人公会因商人数量的增加而得以成立时，与这些做法形成对比它已经是重大的进步。商人公会最初是在遥远的城市从事贸易活动的外国商旅的行会，是为了相互保护而组织起来的。不用说，该组织的成立的前提是以获得城市统治者的准许。在国外成立的商人组织经常是与专门的商人定居点的建立联系在一起的，这使得商人不再需要立刻销售其商品了。为实现这一目的，世界各地都建了陆路贸易的商队旅店和中世纪的海运贸易代理处——商栈、仓库以及门市部。在这方面存在两种方法可以选择。首先，门市部可能是外国商人为了自己的利益设立的，因为他们的经商活动使其无法离开定居地。在这种情况下，他们变成了独立经营的主体，并选出自己的管理者，举例而言，就像设在伦敦的德国商人公会的商人。另一方面，这类机构也可能是国内商人为外国人设立的，控制市场的准入并管束他们的行为。设在威尼斯的德国商栈便是这样的例子。

最后，固定交易时间的确立变得不可避免了；买方与卖方必须能找到彼此。固定市场满足了这种需要，而且导致了市场特许权的出现。凭借从王公那儿获得的特许权，四处建立外国商人的市场——在印度、埃及以及古代与中世纪的欧洲。这类特许权一方面是为实现财政目标，另一方面是为了满足授予特许权的当局的需要；而王公则想从市场的贸易活动中获得利润。因此运输规定就像设立市场法庭那样，往往与市场特许权相联系，一部分是为了保护无法出现于国内正式法庭的外国商人的利益，另一部分是为了王公从诉讼费中提成。此外，也规定称重、测量、铸币以及贸易的时间与方式。作为对这类服务的回报，王公可以征收市场管理费。

最初授予特许权的当局与参加市场的商人之间的关系中，还发展出了其他一些制度。商人需要大片场地以检验、称重以及存放自己的货物。强制商人使用王公的起重机的独占权便是一个早期发展，它以课税的方式强加给商人。而财政利益主要通过强制性的租金来实现。此外，也必须对交易量进行稽查，因为它是商人缴纳税费的依据。于是西方从东方借鉴来的一种经纪人（或者叫中间人）制度。除了这些规定以外，还存在强制性经商路线的规定。由于王公必须确保商人的安全，因此商人必须取道王公的道路。最后，也存在必须进入市场的强制性规定，为便于管理，要求外国商人的贸易活动必须在市场或栈房公开进行。

二、坐商

只要外国商人占主导地位，上述情况便不仅适用于中世纪初期，还适用于阿拉伯和世界一般贸易。在坐商阶层发展起来以后，情况便大为不同了。

坐商现象作为典型而言是城市发展的产物，尽管从前在城堡附近的市场上肯定也出现了坐商。坐商的专门称呼是mercator。在中世纪，这个专门名词被认为是指在城市里获得了定居特权的商人，无论他是销售外国人的产品还是销售自己的产品。在一些法律资料中，这个专门名词与现代商法中的商人是同义词，mercator是指为获利而从事买卖行为的人。不过不能视这种专门出现于莱茵河流域的文献的用法为中世纪的普遍用法。mercator在中世纪城市的人口结构中是指拿一些物品到市场上去卖的人，包括工匠与职业商人，并非指批发商。

城市的职业商人阶层以如下方式发展而来。坐商一开始是行商。他定期去外地销售或者购进商品，是已有固定住处的沿街贩卖者。下一个阶段是让佣人、雇工或合伙人代他去外地；从一种做法演变为另一种做法。在第三个阶段，形成了代理处制度。商人资金实力的增长使其在外地有了独立的定居地，在那儿最少雇了几个员工，因此确立了地区间往来的制度。最后，坐商在居住地只用信件处理外地业务，完全固定了下来。直至中世纪晚期，这才成为可能，这是由于从前地区之间没有足够的法律保障。

贸易在中世纪的重心是零售。即便从外地（比如从东方采购货物的商人，也都是将注意力集中于直接出售给消费者上面。与批发业相比，零售风险更低，通常收益更高，收益更为稳定可靠，因此在一定程度上，这种生意具有垄断特征。就连汉撒商人也主要强调对外国零售业的控制，力图在瑞典、俄国、挪威以及英国的零售业排除竞争，并非现在意义上的商人。在英国，就连伊丽莎白（Elizabeth）女王于16世纪授予特权的商业冒险家也实行这种政策。在中世纪初期，严格意义上的批发商人可能根本不存在，一直到中世纪晚期，在欧洲南部的大型商业中心，人数才有了少量的、缓慢的增加；而在欧洲北部，这种商人仍旧是特例[1]。

坐商阶层不得不与其他团体斗争[2]。有一系列的这种斗争都是对外的，例如为维持在城市市场中的垄断地位而进行的斗争。非坐商的部落或氏族贸易，特别是和非坐商的外商贸易，以及部落工业相关的远途贸易都在争夺这

---

[1] 参见贝洛（G. von Below）的论文：《德国中世纪的批发商和零售商》，《关于民族经济发展的理论》，《中世纪城市经济的发展》——载于《经济史问题》，蒂宾根，1917年版。

[2] 关于中世纪英国的商业组织，李普逊参见（E. Lipson）：《英国经济史导论》，第1卷，伦敦，1915年版；另参见格兰斯（N. S. B. Grans）：《自十二至十五世纪英国谷物市场的发展》，坎布里奇（马萨诸塞州），1915年版，以及这些著作的参考文献目。

种垄断权。与犹太人的冲突便产生于打压这类竞争的图谋。在中世纪初期,在德国对犹太人的敌意并未发现。施派耶尔的主教甚至曾在公元11世纪邀请犹太人参观这座井然有序的城市,据他叙述,这是为提高城市的知名度。受信仰之战及犹太人竞争的双重影响,首次遍及欧洲各地的反犹浪潮发生在十字军时期,尽管即使是在古代我们也发现了反犹运动。塔西佗(Tacitus)就像罗马人将所有东方的狂热均讥讽为无聊一样谴责犹太人迷信。民族商业阶层发展的表现就是这种反犹太人及其他外国人(高加索人、伦巴第人以及叙利亚人)的斗争。

坐商同居住在农村的商人也发生了斗争。这场斗争在15世纪以城市商人的彻底胜利而结束;举例而言,巴伐利亚的富翁路易斯(Louis)公爵,因他为方便控制而强迫其境内的乡村商人搬入城市而颇感自豪。他与其他零售商人也发生了斗争,而斗争的形式多种多样。在某种程度上,城市商人规定了这样的必要条件,也就是外国商人只能在某些日期销售其商品。禁止把商品直接卖给消费者,为了方便控制,也禁止彼此之间的所有贸易活动,最后强制性处理他们;也就是说,要求他们在指定时间、地点把当时带到那个地方的所有商品卖给当地商人或消费者。

坐商成功地加强了对外国商人的进一步控制。他们强加给外国商人在住宿上的强制性规定,即外国商人有义务与监视他们活动的指定市民住在一起。他们还设立了公共仓库,强制商人使用,这是因为担心引起主客间发生违禁贸易的危险。这两种做法有时——尽管并非总是——会同时使用,设在威尼斯的德国商栈便是如此。德国商人都必须在商栈居住,所有商品也都得存放在那儿。商栈差不多没有任何自治的权力;那儿的员工均是城市强加给德国商人的,城市自己则通过经纪人控制他们。强制性的经纪人制度是所有这些措施中最有效的,阻止了当地人与外国人间的所有贸易活动。经纪人制度的出现是因为城市力求控制外国人的每笔生意的图谋以及坐商贸易的垄断趋势。经纪人不得以自己的名义加入任何合作关系或者处理任何生意；他的法定收入来自于他所监管的业务的收费。

商人阶层争夺的第二大对象与内部的机会平等有关。受同一个团体保护的成员当中，一名成员不能比其他成员有更好的机会，这一原则特别适用于零售业。这个目的是通过预售禁令和机会均享实现的。这些规定的头一条便是禁止商人在将商品运进城之前销售。另一方面，若是一位商人有雄厚的资本实力，所购进的货物多于别人，那均分机会权便起作用了。根据规定，团体内的任何成员均能要求以实际成本价转让给他一部分商品。这个规定只有在零售的情况下方可接受；至于批发贸易，若是影响到从远处运来的货物，便无须遵循这一规定，以使其发展不受阻碍。因此，在批发业成功获得更大自由时，一场激烈的斗争便开始了。

坐商阶层必须以斗争方式解决的第三种冲突与经营范围有关。这涉及对城市机会最大限度的利用。于是引起了有关街道限制及强制市场的斗争，即强行要求所有商人使用指定地区的指定街道，在指定地方或口岸销售商品的权利。这些规定一开始有利于贸易发展；若是没有因这些规定而产生的与特定地点及街道有关的垄断，就不可能满足技术要求并支付港口与街道发展所必需的支出，因为当时贸易量稀少。然而这并未改变这个事实，也就是，对获得了垄断地位的人，纯粹的财政上的考虑支配着一切，特别是对城市领主及王公而言。各位土地领主为争夺对市场与街道的权利，不惜发动战争。特别是在14、15世纪，发生在德国的斗争非常激烈。斗争的目标和资源都是市场与街道的权利。一旦权利归属于某个地方，这个地方的领主便会以堵塞和封锁街道的方式及政治手段造成严重损害。类似事件充斥着中世纪后期几个世纪的英法关系史。

最后是坐商阶层与消费者的利益相冲突；而且有些商人的利益来自当地市场，而另有一些商人的利益来自远途贸易，于是坐商阶层内部出现了分化。消费者想尽可能直接从外国商人那儿购买商品，可这却与绝大多数当地商人的利益背道而驰；而从零售商的角度来说，则希望管制市场，并同时保持货源充足。最终证明两者不可兼得。随着对上述事实的认知，商业团体内部与此相反的利益和批发业的利益便开始出现了分裂，而零售商的利益却开始与消费者的利益统一起来。

三、集市贸易

外国商人与坐商的日常活动均是针对消费者的。与之相反，商人与商人之间第一种形式的贸易可在集市上找到。集市自中世纪有纯粹地方利益的零售商占主导地位以来，便作为地区间贸易组织的最重要形式发展起来。其特征是：首先，来到集市的不仅有当地人，而且有专程赶来的外地商旅；其次，贸易活动只交易现货。第二点使之与现在的贸易区别开来，在现今的交易活动中，尚未运到，而且常常尚未生产出来的商品均可作为交易对象。

可用香槟集市举例说明典型的集市。在四个主要城市中共有六个香槟集市举行，每个集市持续50天，集市的筹备与开放以及交易款项的支付等均包括在内，因而除节假日外，六个集市贯穿全年。集市是领主组织的，而且有一个集市法庭，法庭由一名市民与一名骑士（考虑到安全经营）构成。这种集市在1174年被首次提及，并于公元13、14世纪发展到顶峰。它们对来到集市的人进行监督并对其拥有财政权，而且以逐出集市为最大处罚。这些措施也被其他权力机构采行，尤其是教会；为将冒犯者逐出集市，往往因政治或财政理由而以逐出教会相威胁，整个群体都遭遇了这种命运。香槟集市的商业重要性来自于这个事实：它处于两者之间，一方是英国羊毛产区以及佛兰德的羊毛加工区，而另一方则是意大利——东方货物的大进口国。因此，在交易的货物中占第一位的是羊毛以及羊毛制品,占据首位的是廉价衣料。为换得这类货物,南方带来了价值高昂的商品,例如精心鞣制的香料、羊皮、白矾、染料、樟脑、用来镶嵌家具的上好木料、藏红花、蜡、树胶以及蕾丝——南方与东方产品的混合物。衣料是所有香槟集市中最重要的,有最大规模的营业额。世界上的各种铸币全都汇集于此。因此香槟集市可以说是货币兑换业的起源地,而且是债务清算,特别是教会债务清算的经典场地。世俗中的位高权重之人,若是不还债,他所在的地方的商人实际上是不能拿他怎么样的。高级教士的情况与之截然不同。若是食言,定会被上级主教逐出教会。教会高级阶层信用的可靠性因而得以确立,体现在如下事实:相当一部分汇票都是开给高级教士的,最晚在总结算开始前的四天内兑付,如若违约,则逐出教会。这个规定是为了确保商人有用于集市生意的现款;不过由教会强制执行的高级教士的义务,相当于增加了对高级教士汇款的安全性,汇款以教会的处罚为担保,因而缓和了对现款的需求。

集市贸易

在此期间的任何其他集市都未曾获得如此重大的意义。德国曾试图在法兰克福设立集市，也确实得以逐渐发展，不过从未达到过香槟集市和里昂集市的规模。在欧洲东部，汉撒商人同俄罗斯的皮货商和农民生产者的交易地点是诺夫哥罗德——后来的下诺夫哥罗德。在英国，尽管存在很多城镇市集，却没有哪个可以比得上香槟集市。

第十七章

商业企业的各种形式

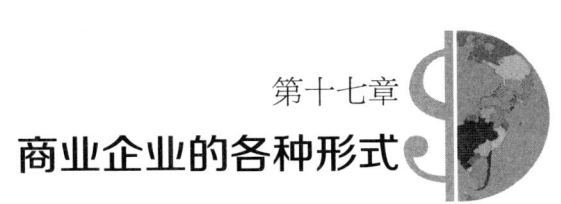

在整个经济生活中,合理的商业最后成了占统治地位的经济领域,在商业领域,数量计算首次出现了。精确计算的必要性最早出现于公司所从事的生意。在一开始,商业周转这样缓慢,而利润却又这样丰厚,使得进行精确计算是无关紧要的。商品的进价依惯例确定,商人将其努力都花在尽可能多购进即将售出的商品上。当由团体从事贸易活动时,为了核算账目,必然得有精确的簿记。

计算的技术方法在接近现代社会早期时仍旧原始。我们的数字系统,还有位值记数法是印度人发明的,后来这种计数法被介绍给了阿拉伯人,此后或许由犹太人传到欧洲。直至十字军时期,它还尚未真正普遍作为计数法使用;然而若没有数字系统,便无法制定合理的计划。所有使用像古代和中国的那种文字记数体系的民族,都不得不另外使用一些机械帮助计算。从古代直至中世纪末期,阿拉伯位值记数法已长时间为人们熟知后,而用于这一目的的计算工具或算盘则仍在使用。当位值记数法传到欧洲时,它最初被视为一种在竞争中获得不道德利益的卑劣手段,因为它有利于对这种计数法不屑一顾的正直商人的竞争者。因此最初是力图通过颁布禁令对其进行排斥,即使当时高度发达的纺织行会也曾一度拒绝使用这种方法。然而很难用算盘计算除法,而且被列为神秘难懂之事;从当时的佛罗伦萨的留传至今的运算,其错误程度高达3/4或4/5。因为厌恶,在计算中已实际使用阿拉伯数字以后,还是用罗马数字登记在账簿上。直至15、16世纪，位值记数法仍然在为获得正式认可而努力。

可供商人使用的第一本计算方面的书籍源自15世纪，尽管更古老的文献可追根溯源至公元13世纪，可却非大众化书籍。西方的簿记建立在通晓位值计数法的基础上；以前从未在世界上出现过与之相似的东西，在古代仅能发现一些端倪。只有西方是使用货币进行计算的，在东方一直通行的却是实物计算。

的确，在古代，银行业（罗马的银行家、希腊的汇兑商）便有了簿记。然而却没有打算将其用作与收入相关的管理手段，登账仅具记录性质。真正的簿记最早在中世纪的意大利产生，最晚到16世纪，德国的职员仍被派往威尼斯学习。

以贸易组合为基础的簿记发展了起来[1]。家庭在每个地方都是赞成连续贸易活动的最古老单位，例如在巴比伦、中国和印度以及中世纪初期。商人家庭的儿子是可信任的职员，后来又变成父亲的合伙人。因此家庭世代都发挥着资本家与放贷者的作用，公元前6世纪巴比伦的伊吉比（Igibi）家便是如此。的确，在这种情况下，买卖对象不像现在这样广泛而复杂，而是十分简单的。应引起注意的是，尽管起码在印度，位值计数法是众所周知的，我们也无法从巴比伦或印度的商人家庭那儿对簿记了解更多。其中原因明显是，贸易团体就像普遍发生于东方和中国的情形那样仍然是封闭家庭的事务，因而没有必要记账。扩展至家庭成员之外的贸易团体最早在西方成为普遍现象。

团体组织的最早形式具有偶发性特征，也就是前文论及的卡孟达。连续参加这类冒险活动便会逐渐走向持续经营的企业。尽管欧洲南部同欧洲北部存在性质上的差异，这种演变实际上还是发生了。卡孟达的承包人在南部往

---

[1] 马克斯·韦伯（Max Weber）：《中世纪贸易公司史》，斯图加特，1889年版。

往是行商，他们无法进行控制，这是由于长时间住在东方。从而他变成了企业家，接受各方委托，多达10或20个委托人，再分别对各委托人结算账目。北部的情况与之形成对比，留在本国的合伙人依旧是企业家，与很多接受委托的行商合伙人发生业务关系。而行商则依旧被禁止接受多于一人的委托，这致使他依赖于定居的合伙人，而定居合伙人又因而演变成了管理人员。其中原因在于南北商业的差异。在南部，由于旅行深入东方，因而明显要冒更大的风险。

永久性工业企业随着卡孟达组织的普及得到了发展。首先，因为每次冒险之后，就得清算一次账目，即使在委托关系只与家中的一个成员有关时，也得这样；从而会计制度因与家庭外部商人的业务联系而渗透进家庭范围内。在意大利，这种发展比在德国更为迅速，南部再次领先于北部。一直到16世纪，富格尔（Fugger）家尽管确实已准许外来资本进入家族事业，可仍不太情愿（而韦尔泽（Welser）家族在这方面则更为豁达些）。与之形成对比，外来者与家族企业的联系在意大利有了快速发展。最初家庭与企业是没有分开的。以中世纪的货币结算为基础，家庭与企业的分离逐渐确立下来，而在印度和中国，正如我们所看到的，它仍然不为人知。佛罗伦萨商业大家族像美第奇家族（Medici）[1]那样，家庭开支与资本交易均不加区别地记入账簿；账目的结清起初仅与外部的卡孟达业务有关，而在家庭内部，则仍旧乱成一锅粥。

在家庭与企业账目的分开核算上，从而在早期资本主义制度的发展中，主要动力是贷款需求。只要是仅以现金进行交易，这种分开核算便仍处于暂时搁置状态；然而交易结算一旦长时间推迟，信用担保问题便产生了。为提供这种担保，人们使用了各种手段。首先便是通过维持家庭团体——甚至是

---

[1] 13～17世纪意大利佛罗伦萨著名家族。——译者注

血统疏远的远房亲族,来维护家族各分支的财富;举例而言,佛罗伦萨商业大家族的豪华住宅便由此而来。与之结合在一起的是,居住在一起的人们的连带责任制;家庭团体的每名成员均对任何其他成员的债务负有责任。

这种连带责任明显起源于传统的刑事责任;若犯叛国罪,全家人都要受株连,甚至全族人都被当作疑犯而处死。民法无疑承袭了连带责任观念。随着外部资本与外来者为经营贸易而渗入家族生意,这种观念又时常得以兴起。这种观念使得有必要对供个人使用由个人处置的资源以及对外事务中代表家族的权力进行协商分配。从事情的性质来说,尽管家长对家庭进行了全方位管束,可没有哪个地方的连带责任制发展到了西方商法那样的程度。在意大利,连带责任制起源于家庭公社,在其各个发展阶段上,人们有共同的住处和共同的作坊,最后还有共同的商号。在北方则不然,大型家庭团体在这里仍不为人知。在这里,信贷条件的满足是通过商业冒险的所有参加者一起签订明确责任的文书来实现的。每位参加者都对集体负责,并通常承担无限责任;尽管反过来,集体并不为个人负责。最后,每位参加者均为集体中的所有其他人负责的原则得以确立,即使并未签订任何文书。在英国,相同的效果是以共同担保或委托权的方式实现的。意大利自公元13世纪起,北方自公元14世纪起,集体的每位成员对集体债务所承担的连带责任完全确立下来。

在发展的最后一个阶段,经商机构的财产与合伙人私人财产的分离被确立为获得信誉的最有效手段,而且该手段比所有其他手段都更持久。这种分离可在14世纪早期的佛罗伦萨找到,同一世纪的北方也能发现。因为非家庭成员越来越多地加入贸易机构,这一步便无法避免了;另外,当家庭屡屡使用外部资本时,这种分离在家庭内部也不可避免了。家庭支出与个人支出均与企业支出——即拨给企业的那笔指定货币资金——分离开来。资本的概念便从我们发现的被称为公司法人的财产中演变而来。

具体而言，发展过程多种多样。在南方，这种分离在大型家族商行得到了发展，不只在意大利，在德国也是这样，就像富格尔（Fugger）家族与韦尔泽（Welser）家族一样。而在北方，则是通过小家庭和小商人协会实现发展的。决定性的事实是，大规模货币交易的中心与政治上的货币势力均位处南方，大多数与东方的生意往来以及矿产品贸易也位处南方，而北方则依旧是小资本主义的所在地。因此，两个地区所发展出的组织形式完全不同。在南方，卡孟达是贸易商号的类型，一个合伙人进行业务经营，并由个人承担责任；而其他合伙人则以提供资金并分享收益的方式参与进来。这种发展产生于以下事实：在南方，典型的承包人是接受委托的行商，一旦他拥有固定住所，这住所便成了以卡孟达形式存在的永久性企业的中心。而在北方，则正好相反。汉撒同盟区域的资料起先给人这样的印象：不存在永久性企业，贸易分为一些交错复杂的个人交易与纯偶然性的冒险活动。实际上，这些个别的冒险活动便是永久性企业，只不过由于意大利的复式记账法当时尚未传入，故而分别核算。

企业组织形式有经理制与委托制。在经理制情况下，出行的合伙人因卖出商品而获得一份销售提成；而在委托制情况下，其所分得的商业利益并非来自对业务的参与，而是来自于他所投入的一份资本。

第十八章
商人行会[1]

商人行会遍布整个世界,并非德国所特有的制度,尽管在古代没有确凿无疑的记录,它在古代也并未发挥政治作用。行会在形式上要么是为免受本地商人的伤害而寻求法律保护的外国商人的组织,或者是本国商人的组织。在后一种情况下,它从部落工商业发展而来,就跟中国的情况一样。此外,两种形式混合在一起的情况也有。

比方说,在西方,最初在某些特定地区,我们仅发现了外国人的行会;比如公元14世纪设在伦敦的德国商业行会,该行会建立了一个被称为"杆秤"的仓库。商人公会具有地区间特征,在德国、英国以及法国都能见到这个称呼,不过其具体发展过程却各有不同。严格说来,只是那些在许多城市都可发现的商人公会伯爵与商人公会存在紧密联系。虽然商人公会伯爵不是政治当局设立的,但由政治当局授予特许权的官员,负责向他所代表的经营地区间贸易的商人提供法律保护,可却从不介入贸易本身。

行会的第二种类型由以垄断某地区的贸易为目标的本地商人组成,例如中国上海的茶商行会。另一个例子是广州的公行,直至1842年签订《南京条

---

[1] 一般参考文献——格罗斯(Chas. Gross):《行会商人》,共两卷,牛津,1890年版;李普逊,见本书第16章第1个注释;莫尔斯(H. B. Morse):《中国的行会》,伦敦,1909年版。——关于印度,参见韦伯:《宗教社会学论文集》,第2卷,第84页,和该书所引用的霍普金斯(W. Hopkins)的著作。——林格尔巴克(W. E. Lingelbach):《英国的商人冒险家》,费城,1912年版。

约》时，作为一种垄断力量，整个对外商业往来被13个商号控制着。中国行会实行价格规范和债务担保，而且握有向其成员征税的权力。它的刑事权力是严峻的，如果行会成员违反规章，便私设公堂进行处置；即使在19世纪，也仍发生过因违反学徒的最大限量而遭受刑罚的情况。在国内商业中，中国有像牛庄的钱业公会一样的银钱业联合会以及商业行会。在中国货币制度的发展中，行会起了重要作用。元朝货币制度的崩溃，这是因为皇帝采取了货币贬值措施。随后的纸币制度引起了银条在批发业中的使用，并由行会负责银条的铸造。行会从而成了货币政策中心，并控制了对重量与成色的测定，还专擅刑事审判权。

在印度，公元前6世纪到4世纪的佛教时期，行会出现，而且自公元3世纪起实现了最大的发展。行会是有世袭管理者的世代相传的商人组织。当行会变成很多王公竞相争夺的放债人时，它们的发展到达了最高峰；在一定程度上被佛教推入幕后的种姓制度的再度兴起导致行会的衰败；印度王公的政策在中世纪之后再次占据统治地位。因此形成了拉马尼种姓，这个种姓出现于16世纪，他们种植庄稼或做食盐生意并向军队提供给养，而且可能是现在的吠舍[1]或商人种姓的来源之一。在印度，我们还能发现因宗教信仰的不同而导致的贸易形式的分化。耆那教[2]只在固定地点经商，这是出于仪式上的考虑；而建立在信用基础之上的批发业与远途贸易则被祆教[3]徒完全控制，祆教徒不受仪式上的管束，而且因诚实负责而著名。最后，吠舍种姓从事零售生意，而且与所有从伦理角度看谋取低俗利益的业务相关。因此它的成员从事放

---

[1] 在印度四大种姓中处于第三等级，指农民、手工业者和商人等普通劳动者。——译者注

[2] 起源于古印度的古老宗教，教徒主要从事商业、工业，而不从事与屠宰有关的职业。——译者注

[3] 基督教出现前中东最具影响的宗教，认为善与恶不断斗争，而善最终胜利。——译者注

款、经营包税等业务。

在西方，政治当局控制着对货币铸造以及度量衡的管理，它要么将其交给政治代理机构，要么自己行使这项权力，可从来没有将其授予行会，这与中国不一样。西方行会的重大权力均以依靠政治特权为基础。应首先注意的是城市行会。这种行会在城市中占举足轻重的地位，它是为工商业政策的经济利益而进行控制的一个集团。它有两种形式。它要么是一个像威尼斯与热那亚的公共行社那样的军事联盟，要么是独立联盟，它是由与手工业行会一同成长起来的城市商人组成的。

将行会当作课税单位是第二种主要类型，这尤其是英国的一种制度。英国行会的权力来源于从国王手中接管过来的课税职能。只有纳税人才能成为会员，而非纳税人则一律被排除在外，而且也没有权利从事贸易活动。缘于这个事实，英国行会才能对市民行使管理权。

具体而言，西方行会的发展差别很大。于公元13世纪，英国商人行会的权力发展到了顶峰，随后进行了一系列的内部经济变革。行会在14世纪从工艺劳动中分离出来，放弃工艺劳动才能留在行会。然而，经商的会员便立即在手工业行会中开始崭露头角了，而且因"同业公会"，即因正式成员身份而与众不同，他们因贫穷手艺人无力负担的制服或徽章的花费而凌驾于后者之上。

在16世纪，批发商仍未完全从零售商中分离出来，尽管当时"商人冒险家"——首个外国商人的行会——已获准成立。的确，英国的立法尽力将行会限制在行业范围内，仅允许其会员经营某一类别商品。另一方面，英国强大的国家权力却始终监督着行会，尽管国会中有人代表他们的利益。因此，城市一直未曾像德国城市那样将其权力扩展至农村，但始终准许农村的商人与地主加入行会。

在意大利，行会的发展在城邦范围内进行。行会具有纯粹的地方特征；

行会内部在独立联盟获得对执政制度的胜利以后，开始了手工业行会与商业行业的斗争。在德国，我们找到了与意大利类似的发展踪迹。其中一个征兆便是市长的出现，他原先是一位不合法的行会会长，其所处地位令人想到意大利的人民领袖。另外，我们在德国北部发现许多城市的发展与英国类似，有着决定城市经济政策的商人行会。另一方面，我们在德国中部一些古老而富有的城市发现了就像科隆的富商行会的非正式管理城市的行会，这种行会支援了反对大主教的革命，而且在抗争城市领主的誓言中，将市民团结在一起，从那以后便长期统治城市并控制了市民身份的批准权。然而在德国，商业行会是普遍存在的，其中店主与兼售衣料的裁缝尤为突出。店主相当于现在的零售商。裁剪进口布料并将其卖给顾客的裁缝，在北方小镇渐居主导地位；他们始终不得不与织布工进行市场竞争，不过通常获胜；而在大城市，贵族家庭的等级与身份则居于他们之上。

在中世纪，行会居主导地位的城市，特别是城市同盟，根本不存在系统的商业政策。城市并不独立从事任何商业活动，直至16世纪还没有这么做。德国商人公会的政策可以当成是例外。只有它有意识地实行一贯的商业政策，这种政策具有如下特征：

（1）市民想要享有该组织所获得的商业特权，只有加入商人公会。

（2）它定位于外国的直接零售贸易，而不经营货运或委托类生意；在英国、斯堪的纳维亚以及俄罗斯，当地商业阶级一兴起，以此项政策为基础的贸易便彻底崩溃了。

（3）商人公会会员不可租用外人的船舶，仅能使用自己的船只从事商业活动，也不可将公会中的份额或船舶出售给外人。[1]

（4）商人公会会员跟佛罗伦萨人一样，仅从事货物贸易，既不从事货币

---

[1] 商人公会因这一规定引起了但泽方面长期的敌对，但泽不想使其造船业处于不利地位。

兑换，也不从事银行业。

（5）为控制自己的成员，各地的商人公会都获得了结算和货栈的特许权。所有的商业活动均受严格管制；为的是防止外来资本在公会中产生影响力，不准与外人进行信用交易；甚至与非会员结婚都遭禁止；此外，对度量衡也有规定。

（6）商人公会先做出了向标准化迈进的努力，从事五金、蜡、食盐、布料等商品的贸易活动。

（7）另一方面，商人顶多是为战争目的而收税，除此之外未实行任何关税政策。公会的内部政策倾向于实行市场寡头统治，尤其是在打压手工业行会方面。总的来说，这些措施表明了它是为常驻本国的外商阶层的利益而实行的政策。

第十九章
货币史[1]与货币

从发展角度看，私有财产之父是货币；这种性质它从一开始便具有，没有哪种物体具有货币性质而不具有个人所有权性质。个人手工艺品、男人的工具与武器，男子与女子的饰物均是最古老的私有财产。这些受规范人与人之间财产继承的专门法律的管束，而货币的起源则主要是在这些物品中寻找。

现在，货币是指定的支付手段和普遍的交易媒介，它具有这两项特殊职能。根据历史，货币作为指定的支付手段是较早产生的职能。在这个阶段，货币没有参加交换，这个特征因以下事实而成为可能：经济单位之间发生的很多价值转移，需要支付手段，并不涉及交换。这种转移包括酋长间的部落赠送、嫁妆、聘礼、杀人赔偿、损坏赔偿以及罚款——都得用标准媒介予以支付。在第二个阶段，与属民对酋长的支付形成对比，酋长对属民的支付——其臣民的工资领主以礼物形式发给——后来将领对其士兵的支付仍是如此。甚至在迦太基这样的城市，以及仅在波斯帝国，铸造货币只是为了提

---

[1] 一般参考文献——李奇微（W. Ridgeway）：《金属货币和重量标准的起源》，剑桥，1892年版；萧（W. A. Shaw）：《货币史》（1252—1894），伦敦，1895年版；莱克希斯（W. Lexis）在《国家科学大辞典》上撰写的关于"黄金""本位问题""银本位"的条目（参见美国造币厂监管报告，1896年，第266~280页——英译本译者）；劳弗林（J. L. Laughtin）：《货币原理》，纽约和伦敦，1903年版；卡莱尔（W. W. Carlile）：《现代货币的演变》，伦敦，1901年版。

供进行军事支付的手段,并非作为交易媒介。

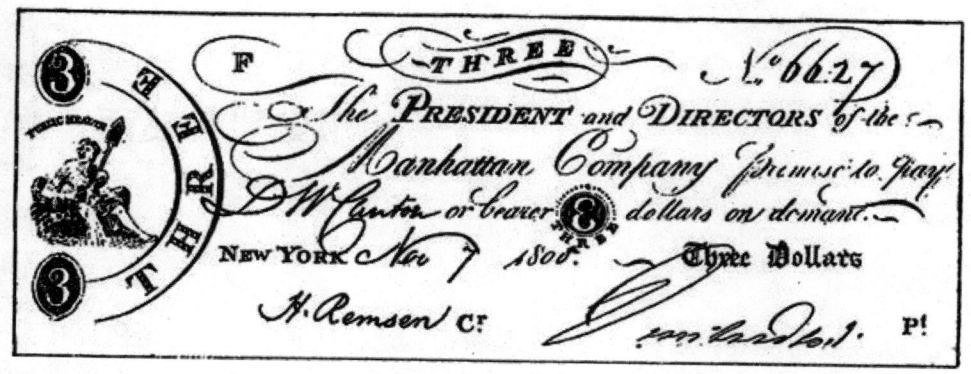

曼哈顿公司货币

在这一发展阶段,是无法想到现在意义上的统一货币的;在各经济区内,不同类别的服务对应于起支付作用的不同类别的商品,所以不同类别的货币同时存在。举例而言,从来没有哪个地方的男人能用贝壳娶妻,而只能用牛;而在小规模交易中,贝壳因可用作小面额货币而被接受。由此发展起来的与团体内部支付有关的货币,我们称之为内部货币。

货币的另一职能是作为贮藏手段,这个职能较少具有现在货币的特征,不过却在长时期的历史中发挥着这种职能。酋长若想保持自身地位,就得做好供养其属民的准备,而且在特殊情况下用礼物补偿。因此每位印度王侯以及墨洛温王朝的每位国王所拥有的宝库,都被赋予了特殊价值。尼伯龙根宝藏恰属此类。有各类典型物品被用作贮藏手段,就像王侯常用来作为礼物赠予属民而同时又被认为可用于支付的那些有价值的物品。这里货币仍不是交易媒介,而仅是阶级占有的物品;之所以占有这种物品,则只是为了维护个人声望与社会自尊。在这一职能上,货币必然得有现在所要求它的一个最重要特征,即与便携性形成对比的耐用性。象牙以及某种品质的大石头,还有后来的金、银、铜和各种金属均可充当货币或贮藏手段。货币的这种阶级性可以体现在两方面的事实中。首先，在早期发展阶段，货币因性别差异而不同，女性不得拥有与男性相同种类的货币商品。因此某些文石的占有权是留给男性的；珍珠贝壳仅是女性的货币，而且用作丈夫送给新娘的晨礼。另外，阶级分化使得酋长的货币不同于属民的货币，某种尺寸的贝壳仅能由酋长获得与拥有，而且只可由他在战时或当作礼物送出。

货币作为一般交易媒介的职能产生于国际贸易。在某些情况下，它起源于在团体之外以礼物方式进行的正式贸易，就像马尔纳石板所揭示的埃及与古代东方的情况一样。

两个民族之间的和平状态是以统治者之间连续的礼物往来为前提的；这是酋长间真正的半商业交换，酋长贸易便从此发展而来。没有礼物往来便意味着战争。另一个来源是普遍使用的外国产品。典型的氏族与部落贸易对因本地无法获得而被高度重视的某些物品给予了交易媒介职能。这类外部货币在用于关税或路桥费之类的半商业支付时，便有了内部职能。酋长负责经营安全，可不得不准许商人用其随身携带的交易媒介予以支付。外部货币因而进入了内部经济。

货币在这一发展阶段以很多形式出现了：

（1）个人装饰品。非洲以及伸展至亚洲内陆的印度洋地区的贝壳便是这类货币。另外，在各种不同范围的圈子曾有过很多用作支付手段或交易媒介的东西——琥珀、念珠、珊瑚、象牙以及某些种类的动物头皮。装饰性货币经常而且主要是内部货币；当不同部落使用相同支付手段时，货币便成了一般交易媒介。

（2）通用货币。这主要是外部货币。在进行强制性支付或估价其他商品时，便可发现各种通用物品；比如谷物，与爪哇[1]的情况一样，再如牛和

---

[1] 东南亚古国，位于现在印度尼西亚爪哇岛一带。——译者注

奴隶。然而通常并非这些通用物品，反而是用于享受的物品，如白兰地、烟草、盐、铁制工具以及武器。

贝壳

（3）服饰货币。这主要是同时执行内、外部货币职能的货币。我们所发现的服饰货币有皮革、毛皮制品以及布料。

（4）代用货币。与现代货币状况没有任何关联的情况下，偶尔也存在这种货币；在人们因社会原因而习惯使用某些物品，或习惯于用这些物品进行某些支付后，货币的职能便仅仅作为一种象征而附着其上了，这种象征自身既无价值也无甚重要性。因此在印度、英国和中国内陆，发现了游戏筹码被当作货币的情况。在俄罗斯，出现过用没有使用价值的小块皮毛制成的皮币；同样地，在南部地区，当货币使用的棉花发展成了条状形式，这种形式毫无实际价值，仅适合用作代币。

由于在这一阶段并非仅存在单独一种支付手段，而是很多种同时流通，因此有必要确定相对价值的尺度。它们通常是组合在一起形成尺度，这并非是指一个单位的某种货币等价于若干单位的另一种货币,是几种物品共同组成一个价值单位。因此在爪哇,一块某种珍贵石块和20枚珍珠贝壳组成一个价值单位。据说密苏里河的印第安人,一位妻子的买价为一块毯子、一条裤子、一把燧发枪、两把刀子、一匹马以及一顶皮革制圆锥形帐篷。这意味着一名女子等价于一名印第安战士的整套装备,而且被她的部落以这个价格卖出。因此这类价值尺度的基础并非只是经济质量,还有货物的惯常价值。传统赋予的社会重要性和为便于处理而凑为整数的需要。十进位的数字在这方面发挥了特殊作用。因此在一些部落,10个椰子等价于特定数量的烟草,300个海豚牙等价于一名女子等。

赎罪金、杀人赔偿金和其他以货币表示的酬金,仅与社会估值相关,而与经济价值没有任何关联。一位自由法兰克人的杀人赔偿是200先令。这个数量是不变的,因为需要使其与半自由民或奴隶的杀人赔偿金存在某种联系。仅有传统赋予的估值才会表现在这些原则中。经济交易关系一产生,杀人赔偿金便不再根据损害赔偿要求决定,而变为坚决要求更大金额款项的典型现象,正如在中世纪早期已然出现的情况一样。以一种给定的货币商品来估值决非意味着总是用同样的货币商品支付,而可能只是计量个人支付的一种标准。后者也许取决于赔款人的付款能力——竭尽全力——不是按照规定,而是表现为根据传统确定的酬金。

贵金属的独特地位便从上述条件发展而来,因而使得货币组织有了名义上的基础。这种发展取决于纯技术性的条件。贵金属难以氧化,所以不易毁坏;而因为比较罕见,故而用作饰物时价值很高;最后,比较易于分割和成形。关键事实是:它们能用标度衡量,而且很早便用标度衡量了。最早地曾被用作比较重量的好像是麦粒。不用说,贵金属也曾被以有用之物的形式加以使用;不过甚至早在成为交易媒介之前,贵金属就被用作专门的支付手段了。在前一种情况下,它们最早出现于酋长贸易;阿马尔纳石板显示,亚洲西部的统治者热切期盼从法老那儿运来一船船的饰品黄金。金戒指是王侯喜欢赠予其追随者的礼品，北欧诗人在诗句中这样形容，国王则被专门称为戒指挥霍者。

　　货币在公元前7世纪第一次以铸币的形式出现。最古老的制币厂位于吕底亚[1]，也可能是在沿海地区，由希腊殖民者与吕底亚王的合作生产。商人私自铸造的条状贵金属先是在印度人的商业活动中出现，后来出现在巴比伦和中国，是铸币的先导。这些银币只是一块盖着商家戳记的银子而已，由于重量可靠而获承认。同样地，中国银两也是一块盖着商人行会印记的银条。直到后来政治当局接管了货币铸造之职，而且很快垄断了这种业务。然而，最后好像演变成了吕底亚的情形。波斯大王曾铸造达利克并将其作为向希腊雇佣兵进行支付的手段。

　　希腊人将钱币作为一种交易媒介引入商业活动中。另一方面，直至铸币发明3个世纪后，迦太基人才尝试铸造货币；即使那时，货币铸造的目的也不是为了获得交易媒介，而仅仅是向其雇佣军队进行支付的手段。一般而言，腓尼基人是在完全没有货币的情况下从事商业活动的；特别是货币铸造方面的技术优势有利于确立希腊贸易活动的优势。即使在原始时代便开展了出口贸易的罗马，也很晚才过渡到铸币，并且一开始只有铜铸币。加普亚，罗马任由人们在贵金属上盖戳；而在罗马本地，直至公元前269年银铸币出现时，仍流通着种类繁多的钱币。在印度，最早的铸币出现于公元前500年到前400年之间，而且实际上是从西方传过来的；在亚历山大时期之后，在技术意义上真正能用的铸币才首次出现。而东亚的情况则模糊不清，或许可以想象其铸币有独立来源。因为官员一向掺假，所以迄今仍仅限于铜币铸造。

　　17世纪之前的钱币制造技术与现在鲜有相同之处。钱币在古代是铸造

---

　　[1]　小亚细亚中西部古国，富含金银矿，世界上最早的铸币大概在公元前660年出现于该国，后来所有铸币都继承了其在货币上打印记的做法。——译者注

的，而在中世纪则是"打"出来的，即压制而成；不过直至公元13世纪仍然是纯手工操作。必须经过不下于10~12个仅用手工工具进行加工的不同的工匠之手才能铸造出货币。生产成本非常高，小额钱币的成本多达价值的四分之一，在14、15世纪仍不低于10%，而现在则可能是0.1%。因为技术原始的缘故，即使最好的钱币也准确性各异；就连英国的金克朗，虽然生产工序相对完善，可误差仍达10%。商界对这些误差的反应是，若有可能，便根据重量接受钱币。对于成色，戳记是颇为可靠的保证。首个比较精确而重量也能保持不变的钱币，是1252年后著名的佛罗伦萨金币。然而，技术上真正可靠的钱币仅可追溯至17世纪末，尽管货币铸造中对机器的使用出现得稍微早些。

英国硬币

我们现在所认为的金属货币本位制，首先是强制规定某种铸币为支付手段，要么用于所有数额的支付（本位币[1]），要么用于一定最大数额以下的支付（辅币）；其次是与之结合在一起的自由铸造原则，随着最小生产成本的降低，任何人在任何时间都有权利铸造货币并用来进行无限制的支付。这种

---

[1] 一国的基本通货和法定计价结算货币，具有无限法偿能力，可是金属货币，也可是不兑现的信用货币。——译者注

本位制可能是单本位制[1]或复本位制[2]。在第二种情况下，可能对我们来说，唯一的概念是所谓双本位制[3]，法律规定几种金属的比率关系；举例而言，在拉丁货币同盟[4]，金与银的比率是 1：15½。第二个可能是早先时候甚为流行的平行本位制[5]。在这种规则下，金属货币的铸造实际上没有限制，通常也不规定价值关系，或者只是对变动频繁的价值关系进行定期调整。贸易的需要在币材选择中起关键作用。国内和当地的商业活动仅使用价值不太高的金属，这时我们发现了银或铜，或两者同时使用。远途商业活动可能，而且因为确实曾一度使用银子支付；不过在商业变得越来越重要以后，就更愿意用金子支付了。可是从实际流通来说，金与银的法定比率是关键；无论什么时候，只要与可利用的资源相比，一种金属的价值被低估，那么以该种金属铸造的货币就会被熔化并用于商业。

二战德国货币

---

[1] 以一种金属（金或银）作为本位币的货币制度。——译者注

[2] 同时以金银作为本位币，并规定其币值对比，有双本位制、平行本位制和跛行本位制三种形式。——译者注

[3] 两种货币按国家法定比率流通的复本位制。——译者注

[4] 19 世纪的欧洲单一货币组织，存在时间为 1865—1880 年。——译者注

[5] 两种货币按各自实际价值流通的复本位制。——译者注

从不同金属间的价值关系史，可发现两种情况的鲜明对比，一种情况以东亚为代表，另一种情况则以西亚和欧洲为代表。由于东亚诸国不与外界接触，因此形成了一种反常关系，而且有可能保持一种西方从未有过的相对估值。从而在日本，金子曾被估价为银子的5倍。形成对比的是，在西方，从未完全打破连续性。在巴比伦，价值以银子估算；然而，银子并非由国家机构铸造，而以私铸的银条或银币流通。银与金的价值比率规定为$13\frac{1}{3}$，这仍然是古代标准。巴比伦社券形式的银条被埃及人借鉴，可却根据银、铜和金子估算，大额支付则使用金子。

古代末期与直至墨洛温王朝的那段时间，罗马的货币政策始终明确。罗马最初流行银、铜平行本位制，而且尽力将比率固定为112：1。重要的度量单位是被制成一磅重金属的塞斯特蒂厄姆（sestertium）银币。铜日渐沦为仅在小额交易中使用的信用货币，金子则仅当作商业钱币来铸造，而且最终具有了代用货币的特征。实际上主要由将军掌握货币铸造，他们的名字几乎总是印在金银币上，即使在共和时期，也是如此；他们喜欢把货币当作战利品，而且并非把货币用于商业用途，而是用来发放军饷。

首个真正的货币本位规章是在恺撒承继皇权时制定的，恺撒开始了金本位制。恺撒试图使他的奥里斯（aureus）币在11.9:1的基础上等于100塞斯特蒂厄姆（sestertium）银币。因此银价稍微有些提高，这说明贸易活动对银币的需求有了增加。一直持续至君士坦丁（Constantine）[1]时期，奥里斯（aureus）币依然存在，此时已对银子进行了各种不同的尝试。尼禄（Nero）为了提高奥里斯币的地位，下令使用迪纳里厄斯（denarius）币[2]。对于卡拉卡拉（Caracalla）来说货币本位规章没那么重要，他有系统地进行了钱币贬值；他的继任者，那些好战的帝王，也都奉行他那些政策。这种货币政

---

[1] 罗马第一位信仰基督教的皇帝，在位期间为312—337年。——译者注
[2] 一种重1/7盎司的古罗马银币。——译者注

策——而非所宣称的贵金属流入印度或矿山开采的失败——破坏了罗马货币组织。君士坦丁大帝使其得以恢复；他以苏勒德斯（solidus）[1]币代替了奥里斯币，而每磅金属（327.45克）可铸造出72个苏勒德斯币。在商业活动中，苏勒德斯币很可能是根据重量流通的。

苏勒德斯币一直持续至罗马帝国灭亡。墨洛温王朝时期，在日耳曼的前罗马经济渗透区域，它占有极高地位；而在莱茵河东边，更古老的罗马银币以有些类似于后来玛丽娅·特蕾西娅（Maria Theresa）银元通行于非洲的方式在流通。加洛林王朝（Carolingian）对墨洛温王朝的取代意味着法兰克帝国的政治重心从西部转移到了东部；可是在货币政策上，尽管帝国从东方输入了大量黄金，却意味着从金本位制向银本位制的转变。在实行了很多意义模糊的措施以后，查理曼（Charlemagne）确定了409克的单位磅——尽管这种观点尚存争议——每磅银子铸造20个苏勒德斯币，每个等于12个迪纳里厄斯币。一直到中世纪末期，加洛林王朝的货币制度——英镑、先令以及便士等英国的货币单位就是这种制度遗留下来的——仍在正式实行；与之同时存在的是，通行于欧洲绝大部分地区的银本位制。

然而，中世纪货币政策的主要问题并不是货币本位问题引起的，而是起因于社会性质以及影响钱币铸造的经济问题。古代将国家货币铸造的垄断看得十分严重。而在中世纪，情况正好相反，货币铸造职能被很多地方性铸币权及其所有者所专擅。因此，大概在公元11世纪中期，在任何地方加洛林王朝的货币制度都仅具有普通法上的意义了。尽管货币铸造权名义上仍然归国王或皇帝所有，可货币铸造却由手工业生产者协会进行，从中产生的收入则属于铸币领主个人。将货币铸造权赐予个体铸币领主，便包含了贬值刺激，因而整个中世纪包含了大规模的贬值。在13~16世纪，德国苏勒德斯币降为原

---

[1] 罗马帝国时代的金币，纯度非常高。——译者注

有价值的1/6；在12~14世纪，英国迪纳里厄斯币也是这样。法国发行了大苏勒德斯币，这是两面皆有戳记的厚铸币，它与德国12、13世纪只在一面印有戳记的迪纳里厄斯薄铸币竞争激烈；然而在14~16世纪，新铸币又降为价值的1/7。

贬值使银币很受影响，致使金币在商业活动中声誉提高，因为商业活动必须以稳定的货币单位计算。因此，佛罗伦萨城在1252年铸造的 $3\frac{1}{2}$ 克重的苏勒德斯金币尽可能在技术上使其重量差不多保持一致，便成了具有划时代意义的事件。新铸币成了商业上通行的货币单位，而且在每个地方都获承认。不过我们却看到银价明显提高，这只能是日益发展的货币经济对贸易用银币的迫切需求由所导致的。到1 500年时，银与金间的比率已从 $12\frac{1}{2}$ 增长为 $10\frac{1}{2}$。与此同时，货币的相互关系出现了非理性波动，金、银条同铸造货币的金属之间也出现了差异。尽管在批发业中人们根据金条或佛罗伦萨金币计算，可不同钱币在零售业中是根据协议估价的。

铸币贬值在很大程度上是因为以相同模式铸造出来的货币之间的差异起着自发调节作用，而这种差异多达10%；而不仅仅是因为铸币领主的贪婪。只要铸造出的劣币仍在流通，良币就会立刻被熔化，或者无论如何先拣出去。的确，铸币领主利用垄断权发行新币，取消并回笼旧币，他们的贪婪推波助澜。可大部分旧币是在本地区以外流通。一位铸币领主绝不可能将其正式主张的垄断权在领地内完全实现；这种情况只有在几位领主协商一致时才能发生改变。因此除佛罗伦萨的金币与诚信外，中世纪仍旧是非理性的铸币时期。货币铸造之所以说是没有限制的，恰恰是由于货币铸造的非理性状况。由于铸币领主可通过增加铸币来谋利，因此他力争为自己的制币厂夺得所有贵金属。为此，贵金属所有者饱受压力；特别是有矿山的地区，出口禁令是常见之事，贵金属矿的矿工与股东对于是否把金属卖给造币厂好像毫无选择。可是所有这些措施仍然没有奏效。不仅大量走私依然继续，铸币领主也不得不做出让步，根据协议分一部分金属给其他没有矿场的领主；这些金属又时常以外币形式回到自己辖区。在中世纪，非理性货币贸易始终持续存在，无法确定不同种类钱币的需求，铸币税[1]的剧烈波动妨碍了供给对需求的调节；只有彼此间的竞争可使铸币领主放弃铸币税。

流入欧洲的贵金属在16世纪后增加，为在货币铸造领域确立更稳定的关系奠定了经济基础；起码在西欧，专制国家早已清除了铸币领主以及他们间的竞争。直到那时，欧洲始终是持续出口贵金属的地区；只有持续了大概150年的十字军时期，这种情况由于有劫掠来的黄金以及种植园生产的产品才中断。此时，阿尔布开克（Albuquerque）和瓦斯科·达·伽马（Vasco de Gama）[2]对通向东印度群岛的海上航线的发现使阿拉伯人对过境贸易的垄断被打破。墨西哥和秘鲁银矿的采掘为欧洲输送了很多美洲金属，而用汞提取银有效方法的发现则起了推动作用。1493—1800年，来自墨西哥与南美洲的贵金属中，估计有金子250万千克，银子9 000~10 000万千克[3]。

金属产量的增长直接意味着银铸币供给的急剧增加。在欧洲，在记账货币上体现出来银本位已经渗入商业领域的最远边界。在日耳曼，就连佛罗伦萨金币也是以银子折算的。这种情况直至巴西金矿的开采仍在继续。尽管这些矿山的开采只持续了很短的时间——从18世纪初期到中期，但却主导了市场，致使英国不顾立法者的初衷与劝告——特别是艾萨克·牛顿（Isaac Newton）——而改为金本位。18世纪中期以后，银产量再次引人注目，而且革命期间的法国立法机构也被影响了，导致了双本位制的出现。

---

[1] 铸造货币所取得的特殊收益，指货币内含价值与其面值之差。——译者注

[2] 葡萄牙航海家，开辟了西欧直达印度的航海路线。——译者注

[3] 见泽特比尔（Scotbcer）〔见彼得曼《地理通报补遗》1879年版，第54页〕和莱克希斯〔见《国民经济和统计年鉴》，第34期（1880年），第361页〕作出的一样的估计。但是德·莱戈勒希（F. De Laiglesias）的估计（见《17世纪印度丰富的贵金属资源》，马德里1904年），却大约低五十倍。

可是货币铸造的合理化无法马上实现。完全实现合理化之前通行的状况可以描述为：流通的钱币种类不计其数，可是却没有现在意义上的货币。就连1859年斐迪南（Ferdinand）一世的皇帝诏书也不得不认可30种外币。因为铸造技术的缺陷，特别是大规模铸造小面额钱币的情况下，同一类型钱币含有的差异如此之大，使得德国16世纪银币作为法定货币的实力遭受限制，不过也未曾使他们变为辅币；明确合理的辅币制度的确立仍有待英国货币政策的实施。约阿希姆（Joachimstaler）币——一种用银铸造的金币——是法定货币单位，可实际上在商业领域发生了以下发展。

商业在13、14世纪后摆脱了铸币的束缚，而且以金、银条计算，也就是只根据重量接受钱币，明确规定用某种由帝国承认其符合常例的钱币支付。最后，货币流入了存款银行。中国出现了存款银行的雏形。在这里，钱币的贬值导致了面向商业活动的金属铸币存款银行的成立。随着重量单位的固定，银子要么以支票——个体商人存放银条后银行开具的——或与支票相似的金融工具进行支付，要么以盖有印戳的银块（银两）进行支付，可第二种方法与以支票进行的支付相比显得无足轻重，因而便产生了银行票据，银行票据不仅以有关商人对金、银条的占有为基础，而且是和存款制度相关的个人专用的支付工具。

西方早于16世纪便模仿了这种做法：在威尼斯设立了里亚尔托岛（Rialto）银行，1609年在阿姆斯特丹设立了威瑟尔（Wisselbank）银行，1621年在纽伦堡以及1629年在汉堡均设立了银行。这些银行均根据重量计算，而且在支付活动中仅接受铸币。个人账户和支付通常设置一个最低限额；因此，汇票的最低额在阿姆斯特丹为300荷兰盾。另一方面，超过600荷兰盾的支付仅能以银行为中介进行。这个银行标准在汉堡持续至1873年。

现代货币政策因没有财政动机而与以前区别开来；其性质取决于一般经济利益，而这种利益则以商业对稳定的资本计算的需要为基础。英国在这方面走到了其他所有国家的前面。

银子在英国最初是所有国内商业的有效支付手段，而国际贸易则以金币为基础结算。输入英国的黄金数量在巴西发现黄金后日渐增多，英国政府也越来越陷入平行本位制困境。在价格便宜之后，金子流入了制币厂；与此同时，银子的流通却由于银币的熔化而面临危险。由于所有贷款均必须用银子归还，因此防止银子流出对资本主义企业有利。政府最初力图以专制措施维持平行本位制，直至1717年方始决定执行新的可靠的估值。

英国典型金币几尼（guinea）的价值在艾萨克·牛顿的领导下定为21先令，尽管金子依然被高估。在18世纪期间，金子持续流入，而银子则在流出，因而政府实行了激进的管制措施。所有银子则降为辅币，金子成为本位货币。银子不仅丧失了不受限制的法定货币地位，而且由于合金以超过银条的价值铸造货币，因而使流出的危险得以消除。

法国政府历经诸多尝试以后，最终在革命期间实行了以银为基础的双本位制；1 000个法国法郎用九磅银子（1千克等于$222\frac{2}{9}$磅）铸成，根据当时的相对价值确定银与金的比率定为$10\frac{1}{2}$。法国国内对钱币的庞大需求比英国更甚，因而使得金与银的价值关系出现了长时期的稳定。

由于19世纪上半期金属产量减少，德国银币制度在19世纪期间不得不保持原样。中央当局无法完成向金本位的转变。不过金子却被铸造成有法定价值的商业货币，特别是在普鲁士，可试图在货币本位中给予黄金不同地位的努力却失败了。1871年的战争赔款才使德国第一次有可能过渡到金本位制，随后加利福尼亚金矿的发现使世界黄金存储量激增，从而推动了金本位制的确立；另一方面，$15\frac{1}{2}$的价值比率则渐渐被破坏了。等于1/3塔勒尔（Taler）的德国马克的产生便取决于上述情况；由于每磅白银等于30塔勒尔，金与银的比率为$15\frac{1}{2}$，因此每磅黄金等于1 395马克。

第二十章
前资本主义时期的银行和货币交易 [1]

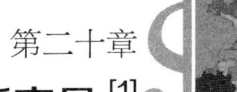

在资本主义时期之前，只要有多种货币流通，无论在哪里，银行的业务便主要是货币兑换。除此之外，也必然有货币支付业务，特别是异地支付业务。在整个古代，特别是在希腊，我们发现承担支付义务是典型的银行业务，向旅行者发放作为异地支付手段的信用证明，还创造了尽管并非现代意义上真正的汇兑业务却使人想起现在的支票的支付手段。此外，货币保管业务，即存款业务，属于最古老的银行业务。埃及便是这样，埃及大部分银行家是财产管理人，罗马也是这样。如果不存在任何一种货币制度，例如在巴比伦，再如在中国与印度，那么货币兑换业务也是不存在的。与之对应的是，银行家是铸造作为货币流通的银块并印上铭文的代理机构，如同中国的银两，因而从事供应货币的业务。

因此银行在前资本主义时期办理存款业务以及为取消现金支付而进行的存款转移或转让。这项业务以存款客户在这家银行长期保持一定存款余额为前提；因此我们甚至在巴比伦发现了银行券。不过大可不必由此联想到现在的银行券，因为现代银行券的流通是独立于特定个体的任何存款的。相反，

---

[1] 一般参考文献——《各国银行史》，伦敦，1896年版；埃伦伯格（D. Ehrenberg）：《富格尔的时代》，两卷，1896年版；安德烈亚迪斯（A. Andreades）：《英国银行史》，福克斯韦尔（H. S. Foxwell）译，伦敦，1909年版；《国家科学大辞典》，第3版，第2卷，第359、368页的引用。

巴比伦的银行券或票据仅仅是存款客户间更为快速安全的转账支付手段。尚未得知这种较为古老的存款业务的规模，可不管怎样不应该根据过于现代的条件去推想。因此银行票据并非一般流通手段，所以这种关系通常仅仅限于本地业务和商人间的交易。

巴比伦银行的独特之处在于办理存款业务的银行家发展成为了贷款发放人。职业银行家根据抵押或个人担保发放小额贷款。巴比伦银行家的放贷职能是以铸币的缺乏为基础的。尽管支付以锡克尔银币计算，可却不用它支付，因而银行家成了必要的中介；因为他也往往提供现金支付手段，而且以自己作为未来的付款人向收款人保证付款，为此银行家需要安排延期付款。巴比伦银行的另一特征是：银行家常常发放委托贷款，即企业资本；很多以楔形文字书写的委托契约一直流传到现在，尽管我们尚未发现这种古代贷款业务的其他例子。原因是，在使用铸币的地方，银行业是从货币铸造发展而来；而在巴比伦则是从票据，即贷款、商业往来发展而来。

在罗马，银行家的工作显示出两个特征。首先，银行家均是职业拍卖人，这与经济史没有特殊关系。其次，在这儿我们首次发现了现代意义上的往来账户存款业务处理；而且它获得承认，承认它是通过银行家进行债务清算的具体手段。在罗马，由于直到很晚才推行银币，而将军们取得的战利品决定铸币数量，因此这种业务的最初目的是为了提供统一、安全的支付手段。对于存款与只根据往来账户的余额开出的汇票所具有的重要性，以及银行家簿记对统一的法律法规的遵守，罗马铸币关系的这种落后状态提供了最简单的解释。罗马银行家的账册，尽管并非现代意义上的簿记，可也提及了收入与支出。每位客户设一本专门账册，记录存款和欠款。这些账目用来证明款项已支付。此外，不能进行更确切的论述，因为留存下来的银行家簿记实在是太少。

可是古代银行一般仅仅是特殊的私人事业，而且遭遇来自寺院银行与国家银行的广泛竞争。古代的寺院最初曾充当保管库。只要是作为银行存在，这便是他们的主要职能，而且比私人银行的保管库更有名。寺院的存款是神圣的，如果偷窃，就必然亵渎神灵。特尔斐（Delphi）[1]的寺院是很多人用来存放积蓄的仓库，特别是奴隶。很多铭文为我们讲述了上帝怎样为奴隶赎回自由，而实际上则是奴隶用自己的积蓄进行赎买的，这些积蓄是奴隶为防止主人侵吞而转交寺院保管的。巴比伦、希腊和埃及的很多寺院都起到了与保管库一样的职能，在罗马则很早便没有这种性质。因此古代寺院又变成了重要的放贷机构，对王侯而言尤为如此，比之私人放贷者，寺院的贷款条件对他们更为有利。的确，我们甚至在汉穆拉比（Hammurabi）法典[2]中也能找到大贷款人，而国库及其贷款人通常则是寺院。在巴比伦，由希巴尔（Sippar）太阳神庙行使这一职能，在埃及是亚蒙（Ammon）神庙；而雅典娜（Athena）神庙则成为阿提卡（Attic）海洋联盟[3]的库房。

国家银行的发展为私人银行带来了另一个竞争对手。之所以将银行业变为公共职能，并非在中世纪由于管理不善或破产所致，而是由于财政方面的原因。不仅货币兑换业发展成为了丰厚利润的来源，而且由于政治上的原因，尽可能占有最大数量的私人存款也好像有利。差不多在所有希腊国家，特别是在埃及托勒密（Ptolemaic）王朝，最终皇家银行占据垄断地位。的确，这些机构与现代国家银行所承担的职责——例如发行纸币、规定货币本位以及制定实施货币政策——毫无关系，它们完全是财政机构。在罗马，作为一个阶层存在的具有资本主义特征的骑士所拥有的非同寻常的权力，主要基于这一事实：他们成功避免了国家对银行职能的这类垄断。

---

[1] 希腊古城，在古代被认为是已知世界的中心。——译者注
[2] 古巴比伦国王汉穆拉比颁布的法律，是迄今发现的世界上最早、保存最为完整的成文法典。——译者注
[3] 雅典战胜波斯后建立的联盟，包括13个城邦。——译者注

中世纪的银行在成立之初性质各异。在公元11世纪，我们发现了从自己工作中获得相当收益的货币兑换商。12世纪末，他们掌握了异地支付业务；这项业务是以信汇方式——这是从阿拉伯传过来的方法——进行的。与古代不一样，放款业务只有定居的银行家在较晚时候才开始办理，或根本不予办理；通常仅发放大额贷款，而且仅贷给政治权力机构。小额贷款业务由犹太人（Jews）、伦巴第人（Lombard）、考尔森人（Caursines）这些外族人控制，后两类人是将各种南方人都包括在内的称呼。由外族人所掌握的这类消费贷款，最初是利率很高的应急信贷，而且建立在抵押或其他担保的基础之上。在早期，还同时出现了委托贷款业务。银行家也发放了这类贷款，不过与巴比伦的情况不一样，受到买卖各种商品的商人与私人放贷者的竞争。因货币的持续贬值而出现了存款业务。在商人阶级当中产生了公共银行，商人存入金属或以金、银块价值计算的各类钱币，而且以此为基础在一定的最低额以上通过存款转账或开具支票进行支付。银行存款业务曾一度由货币兑换商掌握，不过最终因其未能赢得足够信任，故而产生了大型商业银行。

中世纪银行业的业务范围涵盖了大致相当于古代包税做法的赋税征收。巨额财产主要来源于13世纪初到14世纪末，对那些佛罗伦萨银行家族——例如，佩鲁齐（Peruzzi）、阿奇艾乌奥利（Acciajuoli）、美第奇（Medici）——而言尤为如此。由于这些家族在所有大型商业区均设有代理人，因而是当时拥有最大税收权的元老院向各地征税的天然代理机构；他们把账记得最准确，并且只接受像佛罗伦萨金币一样的足值货币。这一职能，如同中国官员的情况一样，给收税员带来巨大的获利机会，因为他们掌握了根据元老院所要求的钱币对各地货币进行估值的权力。

最后，融资业务也应列入中世纪银行业的职能范围。然而，不应把这项业务理解为现在对大企业的融资活动。对融资活动的需要只有在特殊情况下才会出现，并且通常与军事冒险相关。热那亚（Genoa）早于12世纪便承办过这类业务。举例而言，热那亚对塞浦路斯岛[1]的海上远征，便是通过组成一个maona——为征服和开发这座岛屿而成立的股份信托企业——来融资的。城市间的战争很大程度上也是放贷者的组织筹集资金的。在大约100年内，对于热那亚的所有税收以及港口税收入，完全是为这一财团的利益而进行管理的。在14世纪英法战争中，佛罗伦萨大银行家的融资活动则远远超出了这些范围。

这些由私人掌控的业务产生了这样一些问题：资金来自何方？去往何处？银行事实上渐趋崩溃，究竟用何种手段才能履行有效的支付义务？换言之，我们遇到了中世纪银行的流动性问题。上述机构的流动性是很缺乏的。佩鲁齐或其他佛罗伦萨大银行因战争而垫付给市民的资金，并非来自于他们自己的资本，他们的资本根本不够，而是来自于他们基于自身声誉、低息吸收直至最底层的各阶层居民的存款。可这些存款均是可随时支取的，而战争贷款却是长期的，不能随意收回的。因此，使用该笔贷款的军事冒险一失败，融资活动就得以破产结束。即使富格尔家族也是如此，因为他们最后与西班牙国王商定的方法不仅意味着他们的巨额损失，还意味着他们的其余财产也无法变现。

大银行没有足够的私人财力为国家的大企业融资，而且容易失去流动性；在流动性的压力下，银行业渐趋垄断。政治当局自己使用的款项，只能通过授予商业、关税以及银行业等各方面的垄断权来筹得。为换得贷款，王侯或城市，将银行业作为公共事业，并将银行业的垄断权作为一种特权来授予，或将其包给私人。关于这类银行业垄断权，最古老的例子是热那亚的圣乔治银行，最近的例子是英格兰银行。就连英格兰银行也并非产生于商人自愿组成的组织，而是为西班牙王位继承战争筹措资金的纯政治性组织。它与

---

[1] 地中海东部岛屿，连结欧洲、非洲和中东的交通要道。——译者注

中世纪银行的差别仅仅在于以汇票为基础创办企业的方式。

现在的汇票是一种涉及三方当事人——收款人、出票人和付款人——的支付手段。出票人始终负责，付款人或承兑人从承诺兑付之日起承担责任。另外，当汇票经过背书转让给第三方时，所有背书人都得承担责任，而不问与开具汇票相关的交易。在拒绝付款的情况下，可以启用特殊的债务履行程序，这在中世纪包括监禁的方法。对于现在的银行而言，汇票的重要性便在于上述特征；它们为汇票提供了一种担保，担保持票人可在规定时间支取特定金额的款项，从而赋予其流动性。而在中世纪则没有这样的可能。的确，那时汇票是众所周知的，可它只是一种与现在的支票相似的金融工具。它一般用于异地支付，仅仅是一种支付手段，一个人可用它在外地对所欠别人债务进行货币支付。承兑人所在地与付款地的不同，对这种票据而言极为重要，特别是由于教会法竭力把当地汇票当作高利贷来谴责。

典型的中世纪汇票最初由两份独立文件构成。其中一份是"敞口信"，即我们称之为间接汇票。热那亚的商人A承诺在特定日期通过其债务人C支付特定金额的款项给巴塞罗那的B。如若汇票是某位王侯开具的，则由其库房兑付，库房必须付给王室一定金额的款项。另一份文件是"封口信"或"汇划单"，逐渐成为现在的汇票。汇划单用来通知出票人的债务人付款。"敞口信"必须制定为契约，正式签名作证，而"汇划单"则是普通信件。两份文件均由收款人持有。为节省开支，在进一步的发展中，"敞口信"被逐渐省略了。"敞口信"最初所包含的有约束力的承诺被放在了汇划单中，并被认为是后者的一部分，因此提高了其重要性。不过它仍有别于现代汇票，因为它不能背书转让，直至17世纪它才具备这一特征。

的确，它写明了"我承诺对你或你指定的持票人付款"字样，这使其有可能为第三方持有，而且使代替收款人的第三方的收入合法化。不过这一规定条款后来消失了，因为负责支付的正规机构在大市场内发展起来。这些机构将汇票交给清算中心记账而仅付净差额的方式，使得有可能无须冒货币运送风险便可清算汇票。实际上，汇票仅是一种贴现票据，显然是通过存款银行或当地商人团体进行清算的。这种情况对经营兑换业务的商人有利，使他们得以垄断汇票转让收费，而他们又反对背书。因此即使到了16世纪，任何汇票转让时，都不得不开出新汇票而并非在原汇票上背书。的确，16世纪的汇票法便已经发展到了现在的水平，而且"承兑人必须付款"这句格言排除了所有法律上的含糊其辞。这种无条件支付承诺，使汇票有可能变成现在的银行票据。

在支付方面，中世纪银行家的职责在于承兑票据，而现在的银家行则是对它进行贴现，即他虽兑付票据，可是由于汇票以后才能兑现，所以得扣除贴现息，从而将其营运资本投资于汇票。英格兰银行便是首个始终办理这种兑换业务的机构。

在创办英格兰银行之前，英国银行业的历史表明，尽管买卖并拥有贵金属的金匠从事银行业，而且常常垄断了检验钱币重量与成色的权利，不过他们从未发挥上述银行家的作用。他们以中世纪银行家的方式吸收存款，而且为克伦威尔和斯图亚特王朝的政治事业筹措资金。他们结合存款业务发行了用作支付工具的票据，也办理存款业务，尽管最初只对客户发行，可是这些"金匠券"的流通并非一直局限于这个范围。1672年，这一切因国家破产而结束。政府宣布无力还本只能付息时，英国金匠的存户尽管有权随时取出存款，可金银匠无法满足提现要求。当时在英国，如同在以前的意大利城市那样，存户大声疾呼成立国家垄断银行。

存户对银行业垄断经营的要求被政治当局利用，为国家取得了一份收益。商人希望获得低息贷款，所以想让国家银行基于自身提供的担保吸收大量存款；还希望从铸币困境中解放出来——尽管我们无法确知他们是如何争论的。另一方面，我们不要以现在的看法推想那时的情形，根据现在的观点，一家大型发行银行承担着这样的职责：凭借自身信用吸引黄金流入国内，通过适当的贴现政策，或迫使累积的库存流通起来。他们颇为期盼发行银行能起存款银行的作用，即在一定数量金属的基础上发行纸币，从而有利于减缓金银比价的波动。

最终于1694年成立的英格兰银行建立在纯粹政治动机的基础上，即为奥兰治（Orange）的威廉（William）[1]对路易（Louis）十四[2]的战争筹措资金。创立时遵循了这个国家的惯例。将某些税收，特别是盐税抵押给了贷款人，而贷款人则作为管理者组成一家拥有法定特权的公司。

许多利益集团的反对这个新成立的机构。最先反对这个计划的是托利党[3]人，他们是奥兰治的威廉亲王的对头；另一方面是辉格党[4]人，他们在一般原则上担心国王地位的强化。因此只能将这家银行设立为独立的私人公司，而不是国家银行；而且有必要在法令中规定：只有经国会特别授权才可贷款给国家。因此根据托利党的观点，这家银行不适合君主制，仅适合共和制；他们主张这样的银行应以对银行有利益关系的资本家集团对王国的控制为前提。最后，金匠也反对这家银行，不仅因为他们被排除在外，还因为他们像贵族那样，对商人阶层政治、经济势力心怀戒备。

英格兰银行以120万英镑的股本成立了，并全部贷给了国家。它是以经营汇票的权利作为交换的。因为与纸币发行有关，所以至关重要。实际上是所有人都没有预料到，这家银行后来通过贴现政策使用这一权利。可不管怎样

---

[1] 英国国王，接受了《权利法案》，使英国建立了君主立宪制，在位期间为1689—1702年。——译者注

[2] 法国波旁王朝国王，被称为"太阳王"，世界上在位最长的君主之一，在位期间为1643—1715年；他统治下的法国是当时欧洲最强大的国家。——译者注

[3] 形成于17世纪的英国政党，其名称来源于1688年光荣革命，在19世纪演变为现在的保守党。——译者注

[4] 产生于17世纪末，英国自由党的前身。——译者注

它是首个有系统地买入汇票的机构，因而通过对未到期票据进行贴现，缩短了生产者和商人在将产品卖给最终消费者之前等待收回现款的时间。资本周转速度的加快明显是英格兰银行经营汇票业务的预想的目的，它以所有银行都未曾用过的系统方法经营这种业务。

欧洲之外银行业的发展只在某种程度上类似于欧洲银行业。在印度和中国，银行业在古代与中世纪所具有的特征一直保持到近几十年；而且因拥有规定货币本位的特殊权力而区别于西方银行业。在中国，银行家进行银两铸造，决定贷款条件，确定利率，列出进行支付的所有条件；因而商业结算的标准化完全取决于他们。然而就对外贸易而言，这种结算方式便是信贷业务；举例而言，这类业务在广州由中国几个大家族掌控。若是中国存在几个独立诸侯国，如同欧洲那样，银行便可为战争筹集资金；这种机会随着帝国实现统一便消失了。

银行业在印度完全处于教派与种姓的严厉控制之下。在大独立王国时期，由银行来融资政治性贷款；不过莫卧儿王朝[1]的统一结束了这类业务，后来只有在关系到政府预算以及通过贷款预支收入时，才会产生对政治性货币信贷的需要。现在印度和中国的银行职能基本上还是由支付业务以及小笔或临时性的贷款业务构成；既不存在任何有系统的商业信用，也不存在任何能应用贴现政策的企业或机构。亚洲本土商业只知道支票以及种类繁多的支付转让契据，而对汇票却毫不了解。另外，对于货币本位的规定，中国的银行家仍旧垄断了控制权，这可由纸币的大量滥发来解释。

---

[1] 统治南亚次大陆绝大部分地区的印度朝代，统治时间为1526—1858年。——译者注

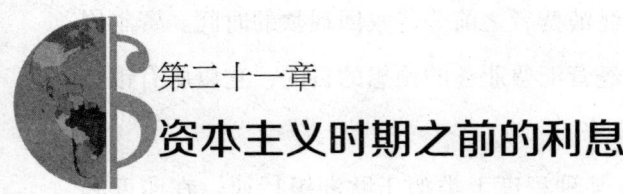

第二十一章
资本主义时期之前的利息

在一开始，利息要么是国际法现象，要么是封建法律现象。在一个部落乡村或氏族公社内，既不存在贷款，也不存在利息；为获得一定报偿而进行的价值转移是从未听说过的。经济生活中需使用的外部资源，均是以邻居帮忙的形式提供的；例如，建造房屋时的请人帮忙或紧急情况下的援助，这都基于无偿帮助氏族兄弟的义务。就连罗马的无息贷款也是这种原始情况所遗留下来的风俗。在他人需要时施以援手的义务，在宗教团体传承下来，并要求有相同信仰的兄弟修行；其中以色列人的例子最为有名。并非只有犹太人放贷收息，因为在世界任何地方都收取利息，其中包括中世纪的寺院；犹太人对基督徒收取利息对西方人而言，既特别而又令其讨厌，他们之间并非没有利息。

摩西五书[1]对兄弟之间相互收息或放高利贷的禁令，一部分是由于军事原因，一部分是由于宗教原因。首先，氏族兄弟不能因债务问题关起来，因为这会损失军力。为此，古埃及的宗教法典视之为天赐神权的特殊威力，归因于穷人的诅咒，这种观念也载入了《申命记》。从而确立了对内道德与对外道德的区别，这种区别在遭流放后依然存在。以色列人变成犹太人后，尽管允许对外族人收息，但仍禁止同胞之间放贷取息。因此迈蒙尼德

---

[1] 希伯来圣经最初的五部经典，包括《创世记》《利未记》《民数记》《出埃及记》和《申命记》，相传皆由摩西所写。——译者注

（Maimonides）[1]发出这样的疑问：犹太人是否有义务向他们收取利息。[2]

早期伊斯兰教和婆罗门教的特征之一是兄弟之间不得收取利息的禁令。凡是放贷给部落之外的人或不同阶级的人，无论在哪里都会产生利息。在这方面，债权人与债务人之间的差别最初总是城市贵族与乡村农民之间的差别。在中国、印度和罗马也是这样，而在《旧约全书》中，相同的观念也占据主导地位。之所以会产生不得收息的禁令，是基于这一事实：所有贷款最初都用于紧急之需，而且完全用来消费；因此产生了兄弟间的互助义务，这与工艺师父阶层的放贷收息相反。禁止收息的告诫背后还有另一层考虑：存在一种强烈的军事利益诉求，因为债权人正面临着沦为无地贫民的危险，而贫民是没有财力武装去参战的。

实物借贷提供了打破收息禁令的机会。有产者与无产者在游牧部落中相差悬殊。无牲畜的人马上会被宣布为非法之徒，只能寄希望于通过借来牲畜并进行饲养来恢复正式公民的地位。种子借贷也同样重要，在巴比伦尤为如此，已成为一种习惯做法。在这种情况下与在那种情况下一样，借贷对象多种多样；如果债权人为自己保留一部分牲畜或粮食，好像并不是一种不公平的概念。另外，无论在哪里，只要城市生活发展起来了，就会打破收息禁令。

在信奉基督教的西方，工业信贷最初表现为合伙形式，反而很少表现为收取一定利息的贷款形式。在这种做法的背后，与其说是教会对高利贷的禁律，不如说是与海外商业冒险有关的风险。鉴于风险因素，在这类交易中，

---

[1] 迄今最具影响的犹太哲学家，著有《解惑指引》《圣诫书》等书。——译者注

[2] 并且，这种观点在最初的基督徒超凡脱俗的博爱精神中是不存在的，后来教会的利息禁令则是基于《路加福音》，第6章第35节，然而梅尔克斯（A. Merx）则认为这是没有准确理解原文（《根据最古老的经典版本诠释的四福音教义》，第2卷第2页，第1卷第223页。）他认为，这种误解又通过亚历山大的克莱蒙特（Clement）传入拉丁文《圣经》，成了教会所采取立场的基础。

问题不在于一定的利率，反而是债权人要分享一部分收益作以补偿他所投入的资本所承受的风险。因此，在意大利的卡孟达契约中，利率水平取决于规模的大小以及目的港的远近。教会的高利贷禁令并未影响到这类原始的贸易信贷业务。与此相反，陆地运输中的通例是以固定利率计息的定额贷款，因为陆地运输风险要低于海外贸易风险。陆路平安这一常规代表着资金借贷应与企业的经营成果没有关系。

然而与此同时，教会强化了高利贷禁令。因此利息禁令并非纯粹的自然经济的产物；而只有在面对日益发展的货币经济而失效时，反对高利贷的活动才发展到了高潮。教皇格雷戈里（Gregory）九世甚至指责海商贷款是高利贷。认为在利息问题上教会实行机会主义政策、支持资本主义发展的观点也是错误的。实际上教会以更大的决心进行反对利息的斗争，而且就像现在的忏悔室强迫将偷来的货品物归原主一样，强迫许多人在弥留之际将利息退回。然而货币经济越发展，规避禁令的行为发生得越频繁；教会不得不以普遍的宽容之心来顺应这种形势。最后，在15世纪，面对佛罗伦萨大银行家的势力，它面临所有的反对都徒劳无功的事实。于是神学力图尽可能以温和的方式对禁令加以说明，不过掌握世俗权力的教会自身也不得不求助于有息贷款是一个悲剧。

最初，教会在自己成立放贷机构以前，在犹太人的贷款中发现了解决办法。这种办法的特征在于，它为政治当局采行"掠夺政策"提供了机会；换言之，通过居民向犹太人支付的利息对居民进行剥削，继而国家不定期地没收犹太人的收益以及未到期贷款，并将犹太人逐出境外。因而将犹太人从一个城市驱逐到另一个城市，从一个国家驱逐到另一个国家；在王侯中间成立了正式的分赃组织，举例而言，就像纽伦堡（Nuremberg）的霍亨索伦（Hohenzollern）和班贝格（Bamberg）的主教领主之间成立的，当犹太人从一个人的所辖区域逃到另一个人的所辖区域时便于分赃的组织那样。与此同时，教会对放贷收息的态度变得越来越谨慎了。尽管从未颁布过正式的解禁令，可在19世纪期间，传教士的宣誓作证多次承认放贷取息在特定情况下是合法的。

在北欧，新教逐渐打破了高利贷禁令，尽管并非是立即打破的。我们在加尔文（Calvinistic）教派[1]的会议上多次发现放贷者及其妻子不得参加圣餐的观念；不过加尔文[2]自己的《基督教要义》中宣称，禁止放贷取息的目的并非为保护借钱做生意的富人，仅仅是为了让贫民不再穷苦。最后，加尔文教派领袖、治古典文献学的克劳狄斯·萨尔马修斯（Claudius Salmasius）在1638年的《高利贷论》和后来的一些短文中的观点，从根本上破坏了禁止放贷取息的理论基础。

---

[1] 基督教新教三大主流教派之一，以法国神学家约翰·加尔文的《基督教要义》为其神学理论基础，形成于16世纪宗教改革时期。——译者注

[2] 法国著名宗教改革家，加尔文教派的创始人，对新教的发展有着重要影响，被称为美国的"信仰之父"。——译者注

第四篇
现代资本主义的开端[1]

---

[1] 第四篇的一般参考文献——霍布森（J. A. Hobson）：《现代资本主义的发展》，伦敦，1906年第2版；布伦塔诺（L. Brentano）：《现代资本主义的发端》，总共两卷，慕尼黑和莱比锡，1922年版第4版；施穆勒（G. Schmoller）撰写的"企业发展史"条目，见《法律、行政和国民经济年鉴》，第14～17卷（1890—1893年）；汤因比（A. Toynbee）：《英国18世纪工业革命讲座》，伦敦，1884年版；桑巴特（W. Sombart）：《19世纪的德国国民经济》，柏林，1913年第3版。

第二十二章
现代资本主义的内涵和前提条件

　　无论在什么地方，不论需要的是什么，只要存在以企业方式满足人类需要的工业，就存在资本主义。更具体地说，一个合理的资本主义企业是进行资本主义会计核算的企业，换言之，一个根据现代记账方法和试算平衡法进行计算以判断其盈利能力的机构。1698年，荷兰理论家西蒙·斯蒂文（Simon Stevin）最早提出了平衡法。

　　不用说，在向资本主义发展的过程中，个体经济可能在以各种不同的形式经营；一部分经济供给可能是以资本主义形式组织的，而另一部分则可能是以手工业或庄园的形式组织的。因此在热那亚城，很早便有一部分政治上的需要，即战争所需物资，由股份公司以资本主义形式提供的。在罗马帝国，首都居民的粮食供给由官员负责，而这些官员不仅把对其部属的管理权握在手里，还控制了运输组织的业务。从而强迫捐献制或组织的经理制形式便与公共资源的管理结合在一起了。现在，与过去大部分时间形成对比，我们的日常所需是以资本主义形式供给的；而我们政治上的需要则是通过强制性捐献，即通过参加陪审团、服兵役等公民政治性义务的履行而解决的。只有以资本主义形式组织的供给已经占据了这样一种主导地位，使得若是这种形式的组织消失，整个经济体系必然崩溃，整个时代方可称为典型的资本主义时代。

　　尽管在历史发展的各个时期均可发现各种形式的资本主义，可是仅仅是西方以资本主义方式供给日常所需却纯粹是西方的特征；即使在西方，也只是从19世纪起，才成为不可避免的方式。在几个世纪之前发现的这种资本主义的发端，仅仅是征兆而已；即便16世纪稍微有些资本主义特征的机构，若是从当时的经济生活中消失，料想也不会引发什么重大变革。

将合理的资本会计核算作为与供给日常所需有关的所有大型工业企业的标准，是现代资本主义的存在至少应有的前提条件。这种会计核算需要具备以下条件：

（1）独立的私人工业企业占有土地、机器、设备以及工具等所有物质生产资料并可自由处置这些财产。这仅仅是我们这个时代所知道的现象，唯有军队是普遍存在的例外。

（2）需要有自由市场，即市场上不存在任何对贸易活动的不合理限制。这些限制可能具有阶级性，或者存在阶级垄断权，或者将消费按照不同阶级加以标准化，或者将某种生活方式规定为某个阶级所特有的生活方式，比如骑士或农民不许从事工业，市民不许拥有地产等；在这些情况下，不管是自由劳动力市场还是商品市场都将不复存在。

（3）资本主义会计核算以合理的技术为前提，即必然需要最大可能地使用机械化计算手段。这不仅适用于生产，而且适用于商业，适用于商品生产和流通中的所有支出。

（4）可预测的规则。合理经营资本主义形式的工业组织，必然得依靠可预测的管理与裁决。不管是亚洲的世袭制国家，还是希腊城邦时期，抑或直至斯图亚特王朝的西方诸国，都从未具备过这个条件。国王"虚伪的公正"及其恩赦，不断干扰着对经济生活的预测。因此，先前所论及的英格兰银行不适合于君主制而仅适合于共和制的观点是与当时所处的条件有关的。

（5）自由劳动力。必须有合法但经济上受压迫的无产者在自由市场上以出卖劳动力为生。尽管这与资本主义的本质相矛盾，可是若没有被迫以出卖劳动力为生的无产阶级，资本主义便不可能发展；如果只有非自由劳动力，那同样也不可能。只有在自由劳动力的基础上才有可能实现合理的资本主义预测；只有在这种情况下，因为存在实际上迫于饥饿不得不以出卖劳动力为生，而形式上自愿的劳动者，才有可能事先通过协议明确限定产品的成本。

（6）经济生活的商业化。这是指普遍以商业契约表明财产权以及企业股权。

总而言之，必须有可能完全以市场机会以及净收入的计算为基础来供给各种需求。这种商业化与资本主义的其他特征加在一起，必然会增强至今未曾提到的另一个因素，即投机的重要性。但只是在财产采取了流通证券的形式之后，投机才具有了极大的重要性。

第二十三章
资本主义发展的外部现实 [1]

首先商业化需要出现代表企业股份的证券，其次是表明收益权的证券，特别是以抵押债务和国家债券形式存在的证券。这种发展只发生于西方。诚然，在古代，可在罗马包税人的股份信托公司发现股份的先兆，包税人便是通过此类股份凭证将收益分给公众。可这是一种孤立现象，在对罗马生活需求的供给上无足轻重；即便完全没有这种股份凭证，罗马经济生活所呈现的景象也不会发生改变。

在现代经济生活中，发行信用工具是进行合理的资本集中的手段。资本集中尤其可以采取股份公司的形式。这代表着两种不同发展路线的顶点。首先，为了预期收益而将股份资本集中起来。政治当局希望知道可以期望多少收益或控制一定数额的资本，所以将税收卖给或租给一家股份公司。此类融资活动最突出的例子是热那亚的圣乔治银行[2]；日耳曼诸城的收益凭证，

---

[1] 一般参考文献——桑巴特（W. Sombart）：《现代资本主义》，慕尼黑和莱比锡，1916年版；斯特里德尔（J. Strieder）：《中世纪和现代早期的卡特尔、垄断以及股份公司等资本主义组织形态的研究》，慕尼黑和莱比锡，1914年版；朱利叶斯·克莱因（Julius Klein）：《西班牙经济史研究（1273—1836年）》，坎布里奇（马萨诸塞州），1917年版；戴维斯（J. and S. Davis）：《美国公司早期历史中的尝试》，共两卷，剑桥（马萨诸塞州），1917年版；考斯顿和基恩（G. Cawston and A. H. Keane）：《早期特许设立的公司》，伦敦，1896年版；缪尔（R. Muir）：《1756—1858年英属印度的形成》，曼彻斯特，1915年版；博纳希厄（P. Bonnassieux）：《大型商业公司》，巴黎，1892年版。

[2] 欧洲早期著名银行，成立于1407年。——译者注

特别是佛兰德的国库券，均属此类。这种方法的意义在于向希望分享经济利益的人筹集贷款，使原先以强制性法律——一般没有利息，而且往往从不偿还——来解决国家特别需求的状况得以改观。国家所进行的战争变成有产阶级的一门生意。在古代，高利率的战争贷款是不为人知的；国家在国民不能提供必要的资财时就得求助于外国金融家，他们提供的贷款以对战利品的要求权作担保。如果战事失利，贷出的款项也就收不回来了。以普遍的经济利益进行游说来筹集国家所需款项，特别是战争所需款项；这是中世纪的发明，需要指出的是城市的发明。

另一个，而且是为营利性事业融资的联合形式，它在经济上更为重要；尽管以此为起点向现在工业领域最常见的联合形式——股份公司的发展是非常缓慢的。应将这样的组织分为两种类型加以区别：一种是跨地区的殖民事业，另一种是超出单个商家财力的跨地区的大型企业。

对于个别企业家无法提供资金的跨地区企业，特别是15、16世纪的城市经营，通过集团融资是典型做法。尽管城市自身也从事一些跨地区贸易，不过对经济史而言，另一种情况更为重要，那就是城市组织商业企业，劝说公众参股。这是以相当大的规模进行的。在向公众发出呼吁时，所有市民入股被城市强制要求公司接纳，因此股份资本的数量是没有限制的。第一次募集的资金经常不够，从而需要股东增加出资，而现在以所持股份为限作为股东的责任。城市为让所有市民均能参加，常常为个人出资设置最高限额。这常常是根据所纳税额或财产数额把市民分为若干集团，为其各留出一定的出资额。这与现代股份公司截然不同的是，投资常常可以撤回，不过个人所持股份不能自由转让，因此整个企业仅相当于萌芽期的股份公司，监督着企业的经营行为。

这种形式的所谓受"管制"的公司就像施泰尔[1]（Steier）的情形是常见

---

[1] 奥地利中北部城市，在中世纪是全国炼铁工业中心。——译者注

的，特别是在铁业；布业就像伊赫拉瓦（Iglau）的情形一样，偶尔也采用这种形式。刚刚论述的这种组织，其结果是在结构上缺乏固定资本，而且缺乏现代意义的资本会计，如同在劳动者联盟的情况下那样。股东不仅包括商人，也包括教授、王侯、朝臣，一般而言还包括严格意义上的民众，他们乐于参加，这是因为非常有利可图。红利分配仅根据毛收益进行，分配方法完全不合理，而且没有任何种类的储备。只要消除官方管制，现代股份公司就触手可及了。

现代股份公司发展的另一个开端是大型殖民公司。其中最重要的荷兰东印度公司以及英国东印度公司，它们都并非现代意义的股份公司。因为荷兰各省居民相互猜忌的原因，荷兰东印度公司通过按省分配股份的方式筹集资本，不许任何一个城市买下所有股份。政府，即联邦参与管理，特别是保留了根据自己需要使用公司船舶和大炮的权利。不仅不能自由转让股份，而且缺乏现代资本会计，尽管相对广泛的股份交易很快便产生了。正是这些成功的大公司使股份资本融资方式众所周知、广泛流行。所有欧洲大陆国家纷纷效仿。因由国家创建而被给予特权的股份公司，逐渐调整了参加商业企业的一般条件；而国家自己却以监管者身份干预商业活动的每一个细节。直至18世纪，年终决算和年度盘点才成为既定惯例，而且是因为发生了很多可怕的破产，他们才不得不接受的。

除了通过股份公司为国家需要筹资以外，还可以通过国家自身措施直接筹资。这开始于以预期收入为担保所发行的债务凭证以及以资源作抵押的强制性贷款。在中世纪，城市获得特别收入是以不动产以及收税权作抵押发行债券。尽管这种年金可被看作现代统一公债的先导，可是这仅限于一定范围；因为购买者在很大程度上终生享有这种收入，而且还结合了其他一些报酬。此外，到17世纪为止，因筹集资金的需要还产生了各种应急办法。利奥波德（Leopold）一世曾试图筹集"骑士贷款"，并四处派使者向贵族募集贷款，然而将命令转给有钱人是他通常收到的答复。

如果一个人想了解一个日耳曼城市直至中世纪晚期的财政运行，就必须记住合理的预算之类的事情那时根本不存在。城市，像现在的小家庭那样过一周算一周，这与土地领主一样。收入一旦波动，支出便立即调整。包税方法有助于克服缺乏预算的管理困难。这种方法对于每年的预期收入给予行政机构某些保证，有助于它计划开支。因此包税制是推动财政合理化的重要手段，欧洲诸国最初是偶尔，然后是长期地实行。包税制还使得出于战争目的而对公共收入进行贴现成为可能，而且在这方面获得了特殊的重要性。意大利诸城在丧失自由时期所取得的成就之一就是合理的税收管理。第一个根据当时通行的商业簿记原则整顿财政的政权是意大利贵族，尽管当时还不包括复式簿记。该制度从意大利诸城传到国外，经过勃艮第（Burgundy）、法国以及哈布斯堡诸邦传入德国。特别是纳税人急着整顿财政。

向合理行政形式发展的另一个起点是英国王室财政审计制度，这一制度最后遗留下来一词"稽核（check）"。这是在缺乏必要的数字计算工具的情况下，用来计算国家应收款项的一种棋盘格方法。然而往往不是通过编制包括所有收支的预算来管理财政的，而是实行一种专项基金制度，将某些收入指定为专门用途的款项，并专为该用途征收。实行这一制度的原因在于王侯的权力与平民之间的冲突。平民不相信王侯，认为这是防止统治者将税收用于个人挥霍、从而保护自己免受侵害的唯一方式。

在16、17世纪，推动财政运行合理化的另一种力量出现在王侯的垄断政策中。他们自行垄断一部分商业，并出让一部分垄断特许权；必然得向政治当局支付一笔数额可观的款项来获得这种特许权。例如，奥地利卡尔尼奥拉（Carniola）省的伊德里亚（Idria）水银矿，这些水银矿极其重要，这是因汞齐化取银法的应用。这些哈布斯堡家族的两个支系长期争论的对象之一就是水银矿，而且为日耳曼王室和西班牙王室都产生了巨额收入。弗雷德里克

（Federick）二世试图为西西里确立粮食垄断，这是关于出让垄断权政策的第一个例子。在英国，这一政策得到最广泛的应用，而且斯图亚特王朝以一种特别有系统的方式发展了这一政策，不过也最先在国会的反对下遭到瓦解。在斯图亚特时期，每一种新机构或新工业均因此与王室特许权密不可分，而且均被给予了垄断权。这些特许权的授予成了国王的重要收入来源，为他提供了与国会作斗争的资源。不过在国会胜利后，这些出于财政目的建立的工业垄断权便无一例外地瓦解了。这本身便证明了像某些作者那样，将西方资本主义看作王侯垄断政策的必然结果，是多么的不正确[1]。

---

[1] 参见莱维（H. Levy）：《经济自由主义》（英译本，伦敦，1913年版）。

第二十四章
早期大规模投机危机 [1]

我们已经认识到资本主义企业的特征及前提条件是：企业家占有自由市场、生产资料、合理的规则、合理的技术、自由劳动力以及经济生活的商业化。另一个诱因则是因代表财产的自由流通证券的产生而变得重要的投机。而投机所引发的重大经济危机是其早期发展的标志。

荷兰的郁金香狂潮[2]在1630年常常被看作大规模投机危机，然而却不应将其包括在内。在成为因殖民地贸易而致富的贵族的奢侈品后，郁金香价格骤然飞涨。公众受轻松获利愿望的驱使而误入歧途；结果，整个狂潮又骤然崩溃，很多人倾家荡产。不过所有这一切对荷兰经济发展并未造成重大影响；与赌博有关的东西在这一时期成为投机对象，致使危机时而发生。不过这截然不同与以约翰·劳为主角的法国密西西比股市的大规模投机和同一时期的

---

[1] 一般参考文献——斯科特（W. R. Scott）：《1720年以前英格兰、苏格兰以及爱尔兰股份公司的组织和财务》，共三卷，剑桥，1910—1912年版；阿夫塔里昂（A. Aftalion）：《法国、英国和美国生产过剩的周期性危机和周期性循环》，巴黎，1913年版；鲍尼阿蒂安（M. Bouniatian）：《英国商业危机史》，慕尼黑，1908年版；布里斯科（N. A. Brisco）：《罗伯特·沃波尔的经济政策》，纽约，1907年版。

[2] 有史以来载入文献的最早的投机狂潮，发生于17世纪的荷兰。郁金香的繁殖方法决定了其供给难以在短期内增加，而期货交易方式和必要的约束机制的缺失，使得郁金香合同在短时间内频繁易手，甚至买空卖空，再加上价格的上升大大激励了人们的乐观情绪，郁金香投机狂潮得以形成。但投机最终并不能创造财富，而只是对财富的重新分配，当人们意识到这一点时，投机狂潮的崩溃便不可避免了。——译者注

英国南海公司投机。

郁金香泡沫。有人戏称"一朵小花摧残了一个大国",在当时的荷兰,买卖郁金香成了全民运动。一株名为"永远的奥古斯都"的郁金香球茎可以换来一栋豪宅

长期以来在一些大国的财政实践中,根据所发行的并将在日后购回的凭证预估收入的方式已经成为习惯做法。英、法两国的财政支出因为西班牙王位继承战争的缘故猛增。英格兰银行的成立解决了英国的财政需求;然而早已债台高筑的法国政府,毫无解决之法;路易十四去世后,没人知道这笔巨额债务应如何解决。在摄政时期,一个叫约翰·劳的苏格兰人站了出来,他有一套自己的金融理论,认为自己从英格兰银行的创立中学有所获,而且尽管他在英国并没有机会付诸实施。在他看来,通货膨胀,即尽最大可能增加通货,可以刺激生产。

劳在1716年获得了建立一家私人银行的特许权,起初这家银行并没有什么特别之处。只是规定这家银行必须接受投资者以国债缴付的资本,而这家银行所发行的银行券可以用来缴税。对于应怎样获得稳定可靠的收入以维持

其所发行银行券的流动性，该银行并没有明确的计划，这与英格兰银行不一样。劳还创立了与这家银行联系紧密的密西西比公司。开发路易斯安那地区[1]需要投入1亿利弗尔（Livre）的资金；公司为换得了该地区的贸易垄断权，接受了同样数量的国债作为资本。其实只要仔细分析一下路易斯安那计划，便会发现：得需要一个世纪，路易斯安那才可能产生足够的收入来偿付所投入的资本。起初劳打算开展像东印度公司那样的事业，可是却完全忽略了如下事实：路易斯安那而仅仅是印第安人定居的森林荒地，并非跟印度一样是文明古国。

约翰·劳于1718年发现自己面临一家股份公司的竞争威胁，这家公司打算承包间接税的，于是他合并了密西西比公司与印度公司。新公司计划与印度和中国进行贸易，可是缺乏政治力量来保证法国分得已被英国控制的亚洲贸易。然而摄政王仍被说服给予劳铸币权并让他承包所有税款的征收，以换得利率为3%的贷款，用这笔贷款处理流通中的巨额国债。此时公众开始了疯狂的投机之旅。头一年股利率为200%，股价从500飘升至9 000。这种情况只能用如下事实解释：由于当时尚不存在系统的交易机制，因此无法进行卖空交易。

劳在1720年为自己成功谋得了财政大臣一职。可整个企业仍迅速崩溃了。即使国家下令约翰·劳的银行券为唯一合法钞票，随后国家又试图以严厉限制贵金属交易的方式来维持，都无济于事。由于不管是在路易斯安那的贸易，还是在东印度或中国的贸易都无法产生足够的收益来偿付甚至一小部分本金的利息，劳的失败简直是必然的了。银行诚然吸收存款，可是却没有可变现的外部资源可用来偿债。结果是彻底破产，钞票变成废纸。这种结果给法国公众沉重打击，不过得以推广了向持股人发行的可自由转让的股权

---

[1] 现在是美国中南部的一个州，曾经是法国殖民地。——译者注

凭证。

英国在同一年也发生了极为相似的现象，只不过形势不像法国那样失控。竞争制度的观念在英格兰银行成立后不久盛行起来了（1696年）。这便是以后体现在德意志平均地权论者的建议——以土地代替汇票作银行券发行准备金——中的相同思想为基础的土地银行计划。可是这项计划并未实行，因为英国显然缺乏必要的流动性。然而这并未阻碍托利党在1711年辉格党政府垮台后采取与几年后约翰·劳所遵循的思路类似的方针。

英国的贵族想创建一个集权机构，以对抗专门以清教徒为基础的英格兰银行，同时还可以清偿巨额公债。因此，南海公司成立了，为国家提供大规模贷款，换得了在南太平洋的贸易垄断权。英格兰银行并未精明地置身事外，它甚至和南海公司的创立者互相竞价，只不过托利党因为在政治上与其对立，拒绝它参加，它提出的方案也未获通过。

事情的发展与约翰·劳的机构相似。由于南海公司的贸易额不足以预付款项的利息，于是它的破产也在所难免了。在股价暴跌以前，因投机而产生了可转让证券，就像法国一样。结果，巨额财产消失殆尽，很多冒险家却获利颇丰，国家——以一种不太体面的方式——大大减轻了自身的利息负担。英格兰银行仍然保全了以前的声誉，而且成为唯一建立在合理的汇票贴现的基础上，因而拥有必要流动性的金融机构。这可以解释如下：汇票所代表的仅仅是已经卖出的商品，而这种频繁而充足的商品周转当时在除伦敦之外的世界任何地方都无法实现。

从那以后，尽管也发生过类似的情况，这样规模的投机危机从未再达到过。整整一百年后解放战争结束时，理性投机所导致的危机开始了，从那时起，比如1815、1825、1835以及1847年的危机等，几乎每隔10年便有规律地发生一次危机。卡尔·马克思在《共产党宣言》中预言资本主义的灭亡，恰恰是考虑到这些危机。这些危机中的首次危机及其周期性重复出现，是以投机的可能性以及因而发生的外部利益团体参加大企业项目为基础的。

之所以会发生危机，是因为这一事实：由于过度投机，生产资料——而非生产本身——的增长速度快于商品消费需求的增速。1815年，大陆封锁的解除所带来的良好预期引起了办厂热潮；然而战争致使大陆的购买力遭到了严重破坏，使其无法再消化英国的产品。尽管这次危机得以勉强解决，大陆的购买力也开始增长；因此1825年之所以再次发生了危机，是因为生产资料——尽管并不是商品——以从未有过的规模进行投机性生产，而且超出了需求水平。

生产资料的制造因为随着19世纪到来的铁制机器时代开始了，所以可能有这样的规模。炼焦法、高炉和在前所未有的深度上进行的采矿作业，使铁成为制造生产资料的基础，而18世纪的机器只有木制的，从而将生产从自然界的基本限制中解放出来。然而同时危机成了经济秩序迫在眉睫的问题。长期存在的贫困、失业、供给过剩的市场以及毁坏所有工业生活的政治骚乱这种更广泛意义上的危机，是时时处处都存在的。一名中国农民或日本农民，一旦遭遇饥荒，便认为是冲撞了鬼神，或因老天爷不帮忙，不能风调雨顺；而即使最贫困的工人也会认为应对危机负责的是社会秩序本身，两者之间存在很大差别。在第一种情况下，人们皈依了宗教；在后一种情况下，则认为人的行为有问题，因而劳动者得出必须改革的结论。若是没有危机，合理的社会主义是无法产生的。

第二十五章
自由批发贸易[1]

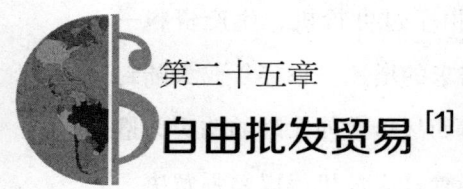

批发商最终与零售商在18世纪分开并逐渐成为商人阶级的重要组成部分；举例而言，尽管汉撒商人尚未成为典型的批发商。批发贸易的重要性首先便在于它发展出了新的贸易形式。拍卖便是其中之一，进口批发商通过拍卖尽可能加快商品周转并获得进行海外支付的一种方式。委托贸易取代集市成为典型的出口贸易。委托贸易是指将待售商品运送给第三方，即受托人，受托人必须按照委托人的要求销售商品。因此委托人与受托人并非与早期商人一样在集市碰面，而是将商品以投机方式运往海外。目的地得有正式的汇率报价是委托贸易的一个绝对前提，要不然贸易风险会高到无法承受的程度。一个不利条件是，由于以样品为基础的贸易尚未形成，因此买家必须亲自验货。委托贸易一般是海外贸易，盛行于批发商与零售商没有业务联系的地方。

进一步的发展在于采购代理商与销售代理商的同时出现，前者在海外采购时并不验货。以样品为基础是这类贸易的最古老形式。此前诚然已存在远途销售，购买和销售的适销商品必须达到常规质量标准；而商品质量达标

---

[1] 一般参考文献——桑巴特（Sombart）：《现代资本主义》，第2卷，第429页；《国家科学大辞典》，第3版，第2和第3卷，埃伦伯格（R. Ehrenberg）撰写的"交易所"条目以及拉特根（M. Rathgen）撰写的"市场与度量"条目；海梅恩（J. C. Hemmeon）：《英国邮政的历史》，坎布里奇（马萨诸塞州），1912年版；《国家科学大辞典》，第3版，第8卷，索洛蒙（Salomon）撰写的"报纸"条目。

与否的裁决则由商业仲裁法庭做出。然而远途贸易所特有的现代形式是凭样品销售。在18世纪后期和19世纪，这种贸易形式在商业中起着十分关键的作用，后来被标准化以及等级的明确划分所代替，这使得有可能免除样品的运送。新做法要求明确划分等级。恰恰是在根据等级进行贸易的基础上，在18世纪才可能出现投机和与商品有关的兑换业务。

纽约商人的公司

集市是交易所出现之前的发展阶段。这两者有一个相同之处，那就是贸易仅发生于批发商之间；两者的差别在于集市贸易的现货交易形式以及集市的定期举行。所谓的"常设市场"是交易所与集市的中间类型。所有大型商业中心在16～18世纪都产生了被称为交易所的机构。不过在这些交易所内尚未发生严格意义上的交易所买卖，因为时常出入于交易所的大多数人都是不常驻此地的商人，并非当地人；他们之所以常去交易所，一方面因为商品买卖都是典型的现货交易或是以样品作代表进行，而并非根据标准的等级进行；另一方面因为集市与交易所的联系。最初现代意义上的交易所买卖产生于可转让的票据和货币领域，而并非商品领域，前者天生是标准化的。直到19世纪，那些能足够准确地划分等级的商品才进入了交易所。

合理的期货交易或看涨式投机——即期望在交割日之前低价买入商品的卖空机制——是对成熟的交易所买卖的创新。如果没有这类交易，便有可能发生像郁金香泡沫和密西西比泡沫那样的危机。先前诚然也发生过销售人员在没有货物的情况下签订货物交割合同的情形，可这类交易通常是不允许的，因为担心会促使商品售罄，对消费者不利。现代交易所这样有系统地进行期货交易是过去任何地方都未曾有过的；在现代交易所内，看涨式投机总是与看跌式投机对立存在。期货交易最早的标的物是货币——特别是国债以及殖民地股票、纸币和银行券。由于人们对政治事件的影响或企业的收益可能看法不一，因而这些金融工具便成了合适的投机对象。相比之下，最初的市价表上完全没有工业股票。随着铁路的修建，此类投机有了极大发展；铁路股票最早点燃了工业股票的投机热情。在19世纪，一些商品——包括粮食、可供大批量买卖的一些殖民地产品以及其他一些货物——也成了交易所投机活动的对象。

对于以这种方式发展的批发贸易，特别是对于投机贸易而言，合乎需要的通讯社和商业组织是不可或缺的发展前提。成为现在交易所买卖基础的这类公共通讯社，是很晚才发展起来的。在18世纪，不仅英国国会对自己的行动保密，而且视自己为批发商俱乐部的交易所也对自己的信息守口如瓶。它们担心公布所有价格将造成反感，进而可能破坏他们的生意。报纸直到相当晚的时候才主要服务于商业。

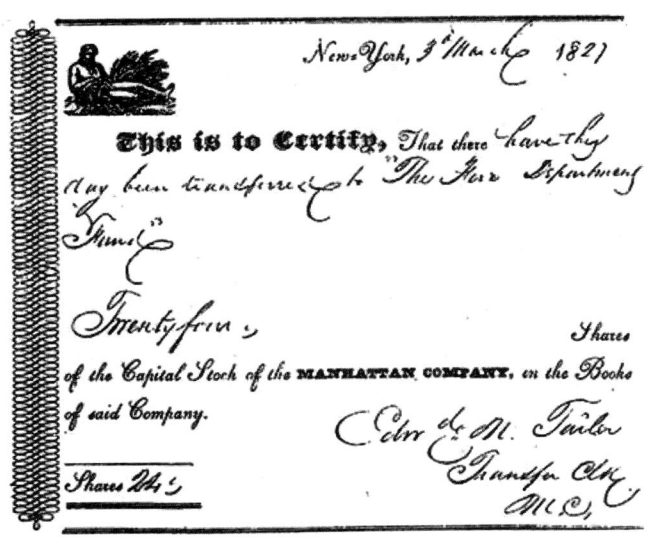

早期的股票形式

报纸这种机构并非资本主义的产物。报纸起初从世界各地搜集政治新闻，然后主要搜集各类奇闻趣事。然而刊登广告，那是很晚才出现的事情了。广告也并非一直就完全不存在，不过最初只刊登家庭启事；而广告被商人用来发掘市场，直至18世纪末才首次在《泰晤士报》——此时这家报纸世界第一的位置已保持了一个世纪——成为已确立的现象。正式的价格表直至19世纪才开始普及；就像美国直到现在仍然保持的那样，所有的交易所均是封闭的俱乐部。因此在18世纪，业务的开展依靠有组织的书信往来。若是没有可靠的信函传递，便无法实现地区间合理的贸易往来。信函的传递一部分是由肉贩、车轮修造工等完成的，一部分是由商业行会完成的。邮政最终实现了信函传递的合理化，邮政收集信函并拟订为商家提供相关服务的价格协议。在德国，图恩与塔克西斯（Thurn and Taxis）[1]拥有邮政特许权，该家族

---

[1] 欧洲经营邮政业务的家族，其成员在1501年被西班牙国王任命为邮政事务大臣，建立了欧洲第一个投递私人信函的私人邮政机构；该家族曾一度经营着几乎全欧洲的邮政业务。——译者注

在信函通讯合理化上获得了突出进展。然而一开始往来信件的数量却出奇的少。例如，1633年，整个英国才邮寄了100万封信件，而现在一个有4 000人口的地方就能寄出这么多邮件。

商业组织在铁路兴建之前没有什么变化，起码大体上是这样。与中世纪末威尼斯船舶相比，18世纪远洋船舶的排水量大不了多少。的确，军舰的尺度有增加，远洋船舶的数量也更多。这为商船数量的增加和尺度的增大提供了推动力；然而在木结构时期，这种推动作用无法实现。船闸的建造促进了内河航运的发展，可直至19世纪，它依然保持着行会组织，因此未发生任何重大革新。陆路运输也仍然保持原样。邮政仅仅是寄递信函和小件包裹，未发生任何变革，而尚未涉足对经济生活起关键作用的大规模生产。

只有通过建造收税关卡，道路状况才有了非同寻常的改善。在这方面，由萨利（Sully）掌管财政的法国政府走在了前头；而英国则将道路出租给了私人企业家，这些企业家凭借道路使用权而征收通行费。收税关卡的建造引发了商业生活的变革，此次变革是铁路出现之前的任何其他变革都无法比拟的。当然那时道路运输的密度无法和现在相比。1793年，也就只有70 000匹马在吕内堡（Lüneburg）小镇；到1846年，用于货物运输的马匹在整个德意志也就是40 000匹。陆地运输资费是同一时期内河运输资费的3~4倍，这10倍或者20倍于后来的铁路货运资费。德意志陆地运输周转量原本最高只有5亿吨公里，到了1913年铁路运输周转量变成了67亿吨公里。

不仅仅是对商业，对整个经济生活而言，历史上最具革命性的工具是铁路；可是铁路依存于铁器时代，而且与很多其他事物一样，是王侯与朝臣利益的玩物罢了。

第二十六章
16～18 世纪的殖民政策[1]

是时候对在欧洲以外地区取得并开发大片土地对现代资本主义发展的重要性进行探究了，尽管这里只提及旧殖民政策最突出的特征。欧洲诸国通过获得殖民地积累了巨额财富。垄断殖民地产品、殖民地市场是这种积累的手段——即将产品输入殖民地的权利以及宗主国与殖民地间的运输收益——由1651年英国《航海法》[2]特别保证。这种积累通过武力获得的，各国都是这样，无一例外。运作方式可能各不相同。要么宗主国直接从殖民地获取利润，用本国的政府机构进行管理；要么将殖民地出租给公司，换得一笔报偿。宗主国对殖民地的开发或者以封建方式（以西班牙与葡萄牙为代表）进行，或者以资本主义方式（以荷兰与英国为代表）进行。

封建殖民方式的先导尤以威尼斯与热那亚在地中海东部的的殖民地以及圣殿骑士团的殖民地为代表。为获得货币收入，在这两种情况下，都是将待开发地区分为采邑，而西班牙则是分成"托管地"。

---

[1] 一般参考文献——梅里韦尔（H. Merivale）：《关于殖民和殖民地的讲座》，伦敦，1861年版第2版；莫里斯（H. E. Morris）：《殖民史》，总共两卷，伦敦，1904年版；贝尔特（G. L. Beat）：《旧殖民地制度（1600—1754）》，总共两卷，纽约，1912年版；萨托利亚斯·冯·瓦尔特斯豪森（Sartorius von Waltershausen）：《北美殖民地的劳动法》，斯特拉斯堡，1894年版；威克斯（St. B. Weeks）：《南部贵格会教徒和奴隶制》，巴尔的摩，1898年版。

[2] 1651年《航海法》规定：输入英国及其属国的货物必须由英国船舶运输，欧洲商船仅可携带本国商品入港。——译者注

资本主义殖民地往往发展成了种植园。土著充当了劳动力。在亚洲和非洲，这种劳工制度已取得了良好的效果，若移植到大洋彼岸，应用机会似乎将大大增加。然而却发现美洲土著[1]完全不适合种植园劳动[2]；为代替美洲土著，大量黑奴被运往西印度群岛，从而渐渐形成了经常性的大规模奴隶贸易[3]。这是以奴隶贸易特权为基础的，查理五世[4]1517年授予佛兰芒人[5]（Fleming）的特权是最早的。直至进入18世纪很长时间，这些奴隶贸易特权仍在国际关系中发挥着重要作用。英国在乌得勒支条约[6]中获得了在属于西班牙的南美殖民地贩卖奴隶的特权，不过同时也得担负输送最低数量奴隶的义务。奴隶贸易的收获相当可喜。在19世纪早期，欧洲的殖民地估计约有700万奴隶。奴隶的死亡率极高，在19世纪是25%，较早时候是这个数字的几倍。1807—1848年，另从非洲进口了500万奴隶；从此运往海外的奴隶总数大致等于18世纪欧洲一流强国的人口数量。

　　除黑奴以外，也存在白人半奴隶，即契约工；英属北美殖民地的白人契约工[7]尤其多，在17世纪，甚至比黑奴还多。他们一部分是贫困的穷人，一部分是被驱逐出境的罪犯，想以这种方式挣得相当于一小笔巨款的旅费。

---

　　[1]　指除爱斯基摩人外的所有美洲原住民，即印第安人。——译者注

　　[2]　差不多的情形在这一事实可见到：黑人很早便表现得不适合工厂劳动和操作机器；他们经常发呆打瞌睡。这表明在经济史上确实存在种族差异。

　　[3]　阿拉伯人是奴隶贸易最早的支持者，他们在非洲的地位一直保持到现在。在中世纪，犹太人和热那亚人瓜分了此类业务；葡萄牙人，法国人，英国人也相继加入进来。

　　[4]　神圣罗马帝国皇帝，在位期间为1519—1556年；而且是低地国家（包括现在的比利时、卢森堡、荷兰）至高无上的君主。——译者注

　　[5]　比利时的一个主要族群，主要住在北部弗兰德地区。——译者注

　　[6]　为结束西班牙王位继承战争，法国、西班牙与反法同盟各国于1713年4月—1714年9月在荷兰的乌得勒支签订的一系列条约。——译者注

　　[7]　欧洲，尤其是英国，主要以契约工方式向北美殖民地输送劳动力；劳动者与雇主签订书面契约或达成口头协议，对服务期限、劳动报酬等进行约定。服务期满的契约工成为自由人，而服务未期满的契约工有可能被租赁或者转卖。——译者注

奴隶贸易的利润非常丰厚。在18世纪，英国每年从每个奴隶身上估计能赚15～20英镑。使用奴隶劳动之所以获利颇丰，就在于严格的种植园纪律、对奴隶残忍的驱使，持续的进口（因为奴隶不能自我繁育）以及农业开发。

殖民地贸易带来的财富积累对现代资本主义发展无足轻重，并没有什么重大意义，但必须指出，这个事实与维尔纳·桑巴特[1]（Werner Sombart）的观点完全相反。殖民地贸易诚然有可能使大规模财富得到积累，可这并未推动西方劳工组织在具体组织形式上的发展，因为殖民地贸易本身以剥削原则为基础，而并非以通过市场活动获取收益的原则为基础。此外，据我们了解，以英国在孟加拉的驻军为例，其支出是运到那里的所有商品货币价值的5倍。因此，当时殖民地给国内工业带来的市场比较无足轻重，运输业才是主要利润来源。

奴隶制的废除符合以资本主义方式开发殖民地的目标。道德动机仅仅是废除奴隶制的一部分原因。贵格会[2]教徒是唯一团结一致、坚持不懈与奴隶制作斗争的基督教教派；不管是加尔文派教徒或是天主教徒，抑或是任何其他教派，均没有始终如一地主张废除奴隶制。北美殖民地的丧失才是决定性事件。北美殖民地甚至早在独立战争时期便禁止奴隶制；而且由于人们不希望看到种植园制度与植园主寡头政治的发展，因此对奴隶制的禁止实际上完全出于民主政治原则。宗教动机——表现为清教徒对所有封建制度的一直以来的反感——也起了一定作用。

法国国民公会于1794年以政治平等为由，宣布废除奴隶制，并用合适的思想体系对这些理由进行粉饰。在此期间，1815年维也纳会议[3]禁止了奴隶

---

[1] 德国社会学家、经济学家，著有《资本主义的精华》《现代资本主义》《奢侈与资本主义》《战争与资本主义》等书。——译者注
[2] 基督教新教教派，成立于17世纪的英国，坚决反对奴隶制。——译者注
[3] 为重新划分拿破仑战败后的欧洲领土，英国、俄国、法国、奥地利和普鲁士等国于1814年9月—1815年6月在维也纳召开的会议，通过了奴隶贩卖禁令。——译者注

贩卖。因为失去了使用奴隶的主要地区——即北美殖民地，英国在奴隶制上的利益也已锐减。维也纳会议的禁令使英国人既有可能压制别国奴隶贸易，同时自己也有可能轻易地从事走私活动。1807—1847年，在政府实际上的暗许下，有500万人被以这种方式从非洲运到英属殖民地。直到1833年议会改革后，英国及其所有殖民地才真正禁止蓄奴，禁令才得以认真实行。

在16—18世纪，尽管对欧洲财富积累来说，奴隶制至关重要，可对欧洲经济组织却无足轻重。它尽管产生了很多年金领受者，可对经济生活的发展与推动资本主义工业组织而言却影响很小。

第二十七章
工业技术的进步 [1]

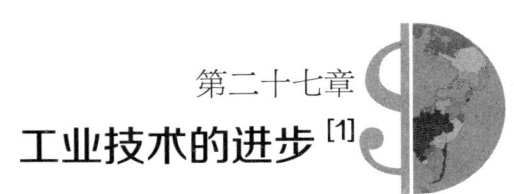

要准确定义工厂这个概念不是件容易的事。我们会马上想到蒸汽机以及机械化作业，可所谓的"器械"却是机器的先导——这种劳动工具得以与使用机器相同的方式来使用，而且一般以水力来驱动。器械得由人来操作，而现代机器则用来代替人的劳动，这是两者的差别所在。然而现代工厂非常显著的特征通常并不在于所使用的生产工具，而在于劳动手段、工作场所、动力源以及原材料的所有权均集中于企业家一人之手——这种情况在18世纪之前十分少见。

决定资本主义演变特点的是英国的发展——尽管英国仿效了意大利等国的做法，但跟随着英国发展，我们发现了以下几个阶段：

（1）我们发现最早的真正的工厂是1719年的一家丝绸厂（尽管仍由水力来驱动），这家工厂位于德比附近德文特河（Derwent）畔。这家丝绸厂是在专利——其所有者窃取了意大利的发明的基础上经营的。在意大利，有着各种财产关系的丝绸制造厂已出现了很长时间，不过产品是用来满足奢侈品需求的；而且当时仍不是具有现代资本主义特征的时代，尽管因其生产工具、

---

[1] 一般参考文献——里德勒（A. Riedler）：《技术的历史意义和未来意义》，柏林，1900年版；贝克（L. Beck）：《铁的历史》，总共5卷，不伦瑞克，1884—1903年版；查理·巴贝奇（Chas Babbage）：《论机器和制造业的经济》，伦敦，1932年版；舒尔采—格弗尼茨（Schulze—Gaevernitz）：《大企业，经济和社会的进步》，莱比锡，1892年版；达姆施泰特（L. Darmstaedter）：《自然科学和技术史手册》，柏林，1908年版。

所有原材料以及产品均归企业家所有，得在这里提及。

（2）在借助水力同时运行100个线轴的设备发明以后，1738年，羊毛制造厂便以专利为基础建立了。

（3）半亚麻布生产的发展。

（4）通过在斯塔福德的实验，陶瓷工业有了系统化发展。陶器的生产是在这样的条件下进行的：利用水力、现代分工、劳动场所和工具的所有权归企业家一人所有。

（5）造纸业开始于18世纪，并且以文件与报纸这些现代用途的发展为长期基础。

然而，棉纺织工业的命运才是成功实现生产的机械化与合理化的关键因素。羊毛工业从15世纪起便成为英国的民族工业；17世纪，棉纺织工业从大陆移植到英国，就立即与这个古老的民族工业开始了斗争，这场斗争和过去羊毛工业与亚麻布工业一样激烈。羊毛生产商的势力十分强大，以致发生了对半亚麻布生产的限制和取缔；直至1736年曼彻斯特法令发布后，亚麻布生产才得以恢复。工厂棉织物的生产最初受限于这样的现实条件：尽管已经改进了织布机，扩大了生产能力，可纺锤仍然保持在中世纪的水平，使得纺出的布料不能满足需求。1769年以后，对纺锤的一系列技术改进，彻底改变了这种状况；尽管通过借助于水力和机器，生产出了大量棉纱，可却无法以相应速度将棉纱织成布。1785年，卡特莱特（Cartwright）发明了动力织机，从而解决了这种不平衡状态；卡特赖特是最早将技术与科学相结合，从理论角度处理技术难题的发明者之一。

倘若没有生产工具的革命，发展可能已经停止，最具特征的现代资本主义可能从未出现。现代资本主义的成功取决于煤和铁。据我们所知，煤一直用于消费，即使在中世纪，也是这样，就像伦敦、卢提希和茨维考的情形。可直至18世纪，技术仍取决于铁的熔炼以及所有生产流程都用木炭这个现实。结果英国发生了森林滥伐，而德国在17、18世纪还没有受到资本主义发展的影响，因而得以免遭此劫。任何地方的森林滥伐都会导致工业发展在某一阶段上陷入停滞。直到煤的使用，熔炼过程才不再依赖于植物有机原料。必须注意的是，首批高炉早于15世纪便出现了；不过这些高炉都是使用木头做燃料的，而且是用于战争，并非用于个人消费，一部分也与远洋运输有关。此外，用来制造炮筒的铁钻床在15世纪便发明了。与此同时，还出现了重达1 000磅的用水力驱动的大而重的落锤；这使得钻床除可用来加工铸铁外，还有可能用于机械锻造。最后，现代意义的滚轧工艺在17世纪也已得到应用。

启埃德蒙·卡特赖特牧师，由马驱动织机的专利权的获得者

在进一步发展中产生了两个难题。难题的出现，一方面是因为毁林危险，另一方面是因为矿井的持续进水。森林滥伐问题更为急迫，因为与纺织工业的发展形成对比，英国的铁工业已逐渐萎缩，到18世纪早期，铁工业好像已经走到了尽头。这个难题是通过将煤炼成焦炭——炼焦方法发现于1735年——并于1740年开始把焦炭用于高炉炼铁而解决的。1784年，取得了另一个进步，即搅炼法被当作一项革新而采用。矿井进水的威胁因蒸汽机的发明而排除。最初的尝试首次表明有可能用火提水，在1670—1770年和将近18世纪末时，蒸汽机已可投入使用，这使得现代工业用煤的大量生产成为可能。

上述发展的意义可从三方面的影响进行分析。首先，煤和铁使得科技与大量生产有可能不再受限于有机原料的固有特征，自此工业便无须再依赖畜力或植物的生长了。通过全面开采过程，将化石燃料开采出来，并用这些燃料开采铁矿石；借助于煤和铁，人们有可能将生产扩大到过去所无法想象的规模。因此铁成为资本主义发展的最重要因素；若是没有这种发展，资本主义制度或欧洲将会发生什么，我们无从得知[1]。

其次，通过使用蒸汽机，生产过程机械化将生产从人工劳动的固有局限中解放出来。的确，为了照看机器，劳动仍不可或缺，所以不是完全解放。机械化的采用时时处处都是为了解放劳动的明确目标；每一项新发明都意味着用较少人力照看机器，广泛替代手工劳动。

最后，通过与科学结合，商品生产得以从所有继承传统的桎梏中解放出来，自由发挥的智力取得支配地位。18世纪的大部分发明固然并非都是以科学方法取得的，发现炼焦法时，没人觉得它可能具有化学意义。工业与现代科学的联系，特别是实验室的系统工作是从尤斯蒂斯·冯·李比希（Justus von Liebig）[2]开始的，这使工业发展成现在的样子，使资本主义获得了全面

---

[1] 此外，地下矿藏的开采一定要设一个时间限制；铁器时代上限是1000年。
[2] 德国著名化学家，发明了现代实验室教学方法。——译者注

发展。

新生产方式——正如18世纪英国的发展——把所有生产资料都集中于企业家一人之手，并借助强制手段招收劳动力，尽管是以间接方式。伊丽莎白女王颁布的《济贫法》[1]和学徒条例[2]尤属此类。由于很多人因农业制度的巨大变革而陷入极度贫困，到处漂泊，这些措施开始变得不可或缺。大佃农代替小佃农以及耕地变成牧羊场——尽管后者偶尔被高估，都导致土地上需要的劳动力数量不断减少，从而形成了被强制劳动的过剩人口。任何没有自行找到工作的人都被强制进入有着严格纪律的习艺所；任何离职人员若没有雇主或企业家证明，就被视为流浪者。除了被强迫进入习艺所外，任何失业者都不能获得救助。

工厂第一批劳动力便是以这种方式招收的。人们难以适应这种工作纪律。然而有产阶级势力十分强大，通过治安法官得到了政治当局的支持；在缺乏必须遵守的法律的情况下，治安法官依据混乱不堪的指示发布命令，很大程度上只凭个人意志行事。直至19世纪后半期，他们对这些劳动力仍行使独断的控制权，用这些工人滋养新兴工业。另一方面，自18世纪早期开始，便出现了有关劳资关系的规定，是现代工作环境管理的先兆。在安妮女王[3]和乔治一世时期通过了最早反对实物工资的法律，尽管工人在整个中世纪始终争取将自己的产品带到市场的权利，但从此以后立法必须防止用别人的产品向其支付劳动报酬，并确保他们能获得货币工资。在英国，小工匠阶层是劳动力的另一个来源，该阶层的大部分人都变为了在工厂劳动的无产者。

战争与奢侈享受——换言之，军事部门和王室人员的需要——是新兴

---

[1] 1601年《济贫法》规定：将流浪者关入监狱或送到教养院强迫其劳动；将贫困儿童寄养在指定人家，到一定年龄后去当学徒。——译者注

[2] 学徒条例规定：在开市城市中，若想从事现有的某一行业，必须先做7年学徒。——译者注

[3] 斯图亚特王朝英国女王，在位期间为1702—1714年。——译者注

工业产品的两大需求来源。军事部门成为工业产品消费者,消费规模取决于大规模雇佣军的发展情况;军队纪律越发展,武器和所有军事技术越趋合理化,就越是这样。在纺织业,主要是制服的生产,因为军队不具有生产制服的能力,但却是统一编制并控制士兵,从而保持纪律的必要手段。铁工业从事火炮与枪械的生产,商业则忙于军队给养供应。除了陆军,也存在海军;军舰体积的增加是创造工业产品市场的一个因素。尽管商船的体积在18世纪末之前几乎没什么变化,直到1750年,驶入伦敦的船舶通常仍是大约140吨的载重量;而军舰的载重量早在16世纪便已达到1 000吨,进入18世纪后,1 000吨成为一般吨位。与陆军的需求一样,海军的需求因船舶数量以及航程远近的变化而变化(商船也是如此),特别是在16世纪之后。直至那时,地中海东部巡航一般需要一年,此时船舶停留在海上的时间已经长了很多;与此同时,陆地战役规模的扩大也需要更大规模的给养和军火供应。最后,在17世纪后,船只与火炮的制造速度突飞猛进。

桑巴特曾认为大规模标准化战争供给是影响资本主义发展的一个关键性因素。这个观点应降到合适的位置。的确,陆海军每年花费巨额款项;西班牙每年70%的财政收入用于这项支出,其他国家为2/3或者更多。可是在西方之外的地方,就像莫卧儿帝国和中国,我们也发现了配有火炮的大规模军队(尽管尚未配备制服),然而却并未因而产生向资本主义发展的推动力。此外,即便在西方,随着资本主义自身的发展,军队的需求也越来越由军事部门自设的工场和兵工厂来满足,换言之,往非资本主义方向发展。因此,将产生现代资本主义的主要推动力通过军队需求归结为战争,这个结论是错误的。战争固然与资本主义有关,而且不只限于欧洲,然而这一动力并非是关键性的。否则,国家对军队需求的直接供给日渐增加,势必阻碍资本主义的发展,不过这种情况并未发生。

对王室人员与贵族的奢侈品需求而言,法国颇具代表性。16世纪,国王曾每年直接或间接用于奢侈品的花费高达1 000万利弗尔。王室和社会最上层的这种支出成为很多工业的强劲刺激。除了巧克力与咖啡这些用于享受的物品，最重要的物品有刺绣（16世纪）、亚麻纺织品（17世纪）以及为整理这些织品而产生的熨斗（17世纪）、长筒袜（16世纪）、伞（17世纪）、靛蓝染料（16世纪）、地毯（18世纪）。在需求量方面，最后两种在奢侈品工业中最为重要，它们意味着奢侈品的普及，对资本主义生产趋势至关重要。

中国和印度宫廷生活的奢靡是欧洲从未有过的，可并未因此发展出任何对资本主义或资本主义工业有重大意义的刺激。这是由于此类需求通过强制贡奉以经理制方式供应。这种制度是如此根深蒂固，以至于直到现在，北京地区的农民仍必须向皇室供给与3 000年前一样的物品；尽管他们并不知道如何生产这些物品，而不得不向生产者购买。印度和中国的军队需求也是以服劳役以及实物捐税方式满足的。欧洲自身并不是对东方的经理制贡奉毫无了解，尽管是以不同的形式出现。欧洲的王侯通过间接手段将奢侈品工业的工人变为强制性劳工，通过土地赐予、长期契约以及各种特权将他们束缚于工作地点——尽管在奢侈品工业领先于其他国家的法国，情况并不是这样。欧洲手工业的机构形式，一部分是以料加工制机构，一部分是以作坊制机构保持不变，不管是手工业的技术机构还是经济机构都未发生任何彻底变革。

向资本主义发展的关键动力只能有一个来源，那就是大众市场需求；大众需求只能通过需求的普及，特别是通过生产社会上层奢侈品的替代品，而在一小部分奢侈品工业中产生。这类现象的特点是价格竞争，而面向王室人员的奢侈品工业遵循手工艺品的质量竞争原则。国家机构通过政策制定展开价格竞争的首个事例发生于15世纪末的英国，当时英国力图以很多出口禁令与佛兰德的羊毛工业进行价格比拼。

16、17世纪的重大价格变革，通过生产成本和价格的降低，有力促进了资本主义所特有的逐利倾向的产生。这次变革应归因于海外重大发现所带来的贵金属的持续流入。贵金属的流入从16世纪30年代持续至30年战争时期，可却以完全不同的方式影响经济生活的不同部门。农产品价格差不多全面上涨，使得农产品的面向市场生产成为可能。工业产品的价格变化则截然不同。工业产品价格总体上保持稳定，或略微上涨，因此与农产品价格相比，其实是在下降。只有通过技术与经济变革才可能实现价格的相对下降，而价格的下降促使工业通过生产成本的持续降低来增加盈利。因此发展顺序不是先有资本主义然后价格下降，而是正好相反，先有价格的相对下降，然后资本主义才发展起来。

在17世纪，产生了技术与经济关系的合理化趋势，这是为实现与成本有关的价格下降，因此引起了发明创造的热潮。这一时期的所有发明者都受降低生产成本这一目标影响；把持续运动作为能量来源的想法仅仅是这一非常普遍的运动的诸多目标之一。发明家这类人很早以前就有。可是若仔细分析前资本主义时期最优秀的发明家列奥纳多·达·芬奇（Leonardo Da Vinci）（他的实验来源于艺术领域而非科学领域）的发明，便会发现他所追求的并非生产成本的降低，而是合理驾驭技术问题。前资本主义时期的发明者基于经验进行发明创造，他们的发明差不多都具有偶然性。采矿业是个例外，因而这是采矿业与审慎的技术进步有关的问题。

第一部合理的专利法是一项与发明有关的积极革新，这是一部1623年的英国法律，它包括了现代法令的所有必要条款。直至那时，一向是将特别授权当作报酬来安排对发明的利用；形成对比的是，1623年的法律把发明的保护期限限定为14年，把向原发明者支付适当的专利权税当作企业家以后利用发明的条件。若没有这部法律的刺激，就不可能有对18世纪纺织业的资本主义发展至关重要的那些发明。

若再将西方资本主义的突出特征与其原因结合在一起分析，将会发现以下几点。首先，只有这种制度产生了以前任何地方都未曾有过的合理的劳动组织。时时处处都有贸易的存在，这可追溯到石器时代。同样地，我们可在各个时期和各种文化中发现国家贡奉、税款包征、战争财政等，却没有发现合理的劳动组织。此外，我们处处都能发现完全一体化的、原始的内部经济，同一部落或氏族的成员之间没有任何经济活动自由，而对外则有完全的贸易自由。内外道德准则明显不同，在对外道德准则上，财政程序十分冷酷；中国氏族经济及印度种姓经济的规定最为严格，而另一方面，印度外贸商人也最不择手段。相比之下，突破内部经济与外部经济、对内道德准则与对外道德准则之间的藩篱是西方资本主义的第二个特点，并将商业原则和以此为基础的劳动组织融进内部经济。最后，尽管在其他地方也可能见到原始经济稳定性的瓦解，比如在巴比伦，不过在其他任何地方都没发现西方那种企业家的劳动组织。

  如果这种发展仅发生在西方，原因应在于其独特的一般文化演进特征。只有西方了解现代意义的国家，它有专门行政机构、专职官员以及以公民权概念为基础的法律。在古代或东方的发端，这种制度绝不可能获得发展。由法学家制订并进行合理诠释与应用的合理法律只有西方才了解，也只有在西方才能发现公民概念，因为那种特定意义上的城市只存在于西方。此外，现代意义上的科学一词只有西方才有。中国人和印度人所熟知的是哲学、神学以及对人生终极问题的沉思，其深度可能是欧洲人所无法达到的；可是这两种文明仍无法了解理性科学以及与之相关的理性技术。最后，西方文明更因以理性道德准则指导生活的人的存在而区别于任何其他文明。尽管随处可见巫术与宗教，能够一直坚持下去的有序生活必然走向明确的理性主义，这种生活的宗教基础也仅为西方文明所特有。

第二十八章 市民[1]

按社会史的用法，市民概念明显有三方面的含义：

首先，市民可包含有各自独特社会经济利益的若干社会范畴或阶级。如此定义的市民阶级不是一元的，包括企业家与手工工人，大市民与小市民均属市民阶级。

其次，从政治意义上讲，市民身份表示国家成员的资格，可以享有某些政治权利。

最后，从市民的阶级意义上讲，我们将官僚、无产者以外的其他人联合而成的阶层理解为有文化的有产者，即受领财产收入的人、企业家以及大体上能维持一定生活水平、所有有文化并有一定社会声望的人。

市民概念第一方面的含义为西方文明所独有，是从经济性质出发的。尽管现在而且一直是到处都有企业家和手工劳动者，可从来没有任何地方将两者列入同一社会阶级。在古代及中世纪的城市，国家公民的概念便有其先导。西方曾有拥有政治权利的市民，而西方之外的地方则只可找到这种关系的痕迹，像《旧约全书》里的约瑟林以及巴比伦的贵族这类拥有全部法律权利的城市居民。越往东，这些痕迹越少；国家公民的概念在伊斯兰教世界、中国以及印度仍不为人知。

---

[1] 一般参考文献——韦伯(M. Weber)：《经济和社会》，蒂宾根，1922年版，第513页；弗斯特·德·库朗齐(N. D. Fustel de Coulanges)：《古代的城市》，巴黎，1864年版。

最后，作为不仅区别于贵族，而且区别于无产者的有文化的有产者——或者只是有文化，抑或只是有财产——的市民，其社会阶级含义，与中产阶级概念一样，也是西方所特有的现代概念。的确，在古代及中世纪，市民是阶级概念；特定阶级的成员资格使一个人成为市民。差异之处在于，市民在这种情况下所拥有的特权不仅有消极意义而且有积极意义。

从消极意义而言，他放弃了比如参加锦标赛的资格、拥有封地的资格以及宗教团体的成员资格的某些合法要求；从积极意义而言，比如在中世纪的城市，他仅可从事某些工作。拥有某一阶级成员资格的市民一直是某一特定城市的市民；只有西方才存在这样的城市，或者在其他地方，这样的城市像在早期的美索不达米亚一样仅停留在初始阶段。

对整个文化领域，城市有着广泛贡献。城市使政党与政客得以产生。的确，我们发现派系、贵族派别以及谋求官职者之间的斗争贯穿于整个历史，然而西方城市之外的任何地方都不曾有现代意义上的政党，政党领导人和内阁成员职位的谋求者这样的政客同样稀少。

城市，也只有城市创造了艺术史的奇迹。与罗马、迈锡尼艺术形成对比，希腊与哥特艺术是城市艺术。现代意义的科学也产生于城市。在希腊城市文明中，科学思想得以发展而来的学科——即数学，已获得了能一直发展至今的形式。巴比伦的天文学基础与城市文化存在相似关系。此外，某些宗教制度的基础是城市。不仅不同于以色列宗教的犹太教完全建立在城市——农民不可能遵守宗教戒律的规范，而且早期基督教也建立于城市；城市越大，基督教徒所占比例越高，清教与虔诚派也是这样。农民直到现代才可成为宗教团体的成员。异教徒一词在古代基督教中同时含有异教徒与乡村居民的意思，就像被流放后，居于城镇的法利赛人[1]蔑视对法律一无所知的农村居

---

[1] 一个要求所有人完全遵守摩西立法的犹太教派别。——译者注

民那样。即使托马斯·阿奎那（Thomas Aquinas）[1]在谈论不同社会阶层及其相对价值时，也是说起农民也极为轻蔑。最后，只有城市产生神学思想；另一方面，未受神职人员的骗术束缚的思想也只能在城市找到庇护。在城市之外的环境难以想象柏拉图（Plato）的杰出才华以及在他思想中居显著地位的怎样使人成为有用公民的问题的。

一个地方是否应被视为城市的问题，并非基于其地域面积来判断[2]。从经济角度来看，不管在西方还是在其他地方，工商业所在地首先是城市，需要外界持续供给生活资料。大地方因付款方式、供给来源的不同而被分成各种类别。生活资料并非来源于自身农业生产的大地方，可能以自己生产的工业产品、租费、贸易或年金购入生活资料。"租费"表示官员的地租或薪俸；可以威斯巴登（Wiesbaden）为例阐释以年金为生的情况，在威斯巴登，用文武官员的年金支付输入货物的费用。大地方可按用来支付生活资料输入费用的主要收入来源进行分类，不过这是全世界的普遍情况；而且这是适用于大地方的，而并非用来分辨城市的。

城市的另一普遍性特点在于这一事实：从前城市通常是个城堡，在很长时间内，一个地方只要是设防地点便被视为城市。为此，城市往往是教会和政府管理层所在地。西方的城市一词被在某些情况下认为含有主教所在地之意。而在中国，官员驻地是城市的一个关键特点[3]，而且根据官员的品级对城市进行分类。

---

[1] 中世纪的哲学家和神学家，将理性引入神学，提倡自然神学，他所创立的托马斯哲学是天主教研究哲学的重要根据。——译者注

[2] 要不然在欧洲尚未任何城市性质的东西时，北京从一开始就已经被视为一个"城市"了。不过北京的正式名称是"五城"，而且将其当作五个大村庄进行行政管理，因此不存在什么北京"市民"。

[3] 相比之下，日本的官员和大名直到明治维新时还在城堡住着，根据面积大小各个地方有所区别。

的确，在西方之外的地方，也存在政府、设防地点和宗教管理机构所在地意义上的城市。然而西方之外的地方未曾有过单一共同体意义上的城市。在中世纪，拥有各自的法庭、法律和各种程度的管理自治是显著特点。中世纪的市民成为市民的原因在于受法律管辖并参与行政官员的甄拔。西方之外的城市为何不存在政治共同体意义上的城市，这个事实需要加以解释。原因在于经济性质的说法十分令人怀疑。也并非由于推动联合的独特的"日耳曼精神"，因为比西方更有凝聚力的统一集团存在于印度和中国，可城市的那种独特联合在那里并未发现。

若探究根源就要回顾某些最根本的事实。我们想解释这类现象，但无法基于亚历山大大帝（Alexander the Great）进军印度时建立的城市，抑或以中世纪的政治或封建的赐予。最早把城市当作政治单位的说法颇具革命性。西方的城市因兄弟会这类古代和中世纪的联盟的建立而产生。因而中世纪发生的冲突和斗争所具有的法律形式，是无法区分与其背后所隐藏的事实的。霍亨斯陶芬王朝（Staufer）取消城市的声明并非禁止任何具体假定的市民权，而是禁止联盟与争夺政治权力有关的联合防御的武装组织。

726年的革命运动是中世纪的首个实例，这次革命以威尼斯为中心，使得意大利脱离东罗马帝国的统治。此次革命运动尤其是为反抗皇帝在军事压力下掀起的破坏圣像运动而发起的，因此宗教因素是促使革命发生的动因，尽管它并非唯一因素。此前威尼斯的地方长官（也就是后来的总督）向来由皇帝指派，尽管另一方面，大多总是某些家族的成员被任命为军事护民官及地区指挥官。从那时起，便由服兵役的那些人甄拔军事护民官及地方长官——即能当骑士的那些人——控制。运动便如此发动起来。可仍需再过400多年才于1143年出现了威尼斯公社的名字。古代的"村镇联合"与之非常类似，尼希米（Nehemiah）[1]在耶路撒冷采取的方法便属此例。这位首领使那里的主要

---

[1] 生长于外邦的犹太人，公元前5世纪带领犹太人回到耶路撒冷。——译者注

家族及选出的一部分人盟誓齐心协力管理并保卫城市。我们不得不认为所有古代城市的起源都有着相同的背景。城邦始终是这类联盟或"村镇联合"的产物，并非都真的总是定居在附近地区，不过不可或缺的是该组织的明确盟誓，这类盟誓不仅表示相同就餐礼仪的确立以及联盟仪式的形成，而且表示只有将死者葬于卫城并在城市拥有住处的那些人方可参加这个礼仪群体。

这类发展之所以仅发生于西方，有两方面的原因。首先是防卫组织的独特特征。一开始西方城市便首先是个防卫组织，即有经济能力自行装备、配备武器和训练的组织。该军事组织是以自行装备原则为基础，还是以由供给武器、马匹以及粮食的军事领主负责装备的原则为基础，这对社会史而言是根本性区别，就像经济生产资料是工人的财产还是资本主义企业家的财产这个问题一样。

在西方之外的任何地方，阻碍城市的发展都是这一事实：王侯军队的历史比城市还悠久。最早的中国史诗并非与荷马史诗一样，提到驾着自己的战车去战斗的英雄，而仅提到作为士兵首领的军官。在印度，同样是由军官率军抗击亚历山大大帝的军队。在西方，劳动者与生产资料的分离类似的士兵与装备的分离，和军事领主装备的军队，均是现代社会的产物；而在亚洲，这却处在历史发展的顶峰。任何埃及或巴比伦—亚述军队的情形都不会类似于西方封建军队、荷马时期的民众军队、中世纪的行会军队或古代城邦的城市军队。

区别基于这样的事实：在西亚、埃及、印度以及中国的文化演进中，灌溉问题至关重要。水利问题对官僚的存在、附属阶层对国王官僚体制运行的依赖和依附者阶层的强制性服役有着重要影响。国王也通过对军事的完全控制行使权力，这是亚洲和西方军事组织的差别的基础所在。在第一种情况下，从一开始皇家的文武官员便是主要人物，而两者在西方最初均不存在。宗教组织为战争自行装备的形式，使得城市的起源及存在成为可能。的确，在亚洲也能发现相似发展的萌芽。我们在印度发现了与建立西方意义的城市相接近的那类关系，即合法市民权与自行装备的结合；一个人若能为军队提供一头象，便可成为梵沙利自由城的正式市民。在古代的美索不达米亚，骑士间也彼此争战，而且建立了可自治管理的城市。然而，在这两种情况下，这些开端随着以水利制度为基础的大王国的出现而逐渐消失了。因此只有在西方，这种发展才能日臻完善。

与巫术相关的观念与制度是阻碍东方城市发展的第二个障碍。在印度，种姓制度无法形成礼仪共同体，所以也无法形成城市，因为不同种姓在礼仪上互不相同。同样的事实解释了中世纪犹太人的地位很特殊。大教堂和圣餐均象征着城市的一致性，然而犹太人既不可在教堂祈祷，也不可参加圣餐仪式，所以注定成为离乡背井聚居的群体。相反，城市在西方的发展之所以那么顺其自然，是因为古代的神职人员有着广泛的自由，在与神的交流上，神职人员没有任何垄断权，不像亚洲所通行的那样。在古代西方，由于不存在像印度那样各种巫术限制的阻碍，所以由城市官员负责主持宗教仪式，因而城邦拥有对属于主的物品以及神职人员的财富的所有权，致使神职人员的职位都通过拍卖要价的方式来进行。

在晚些时候，西方发生了三件至关重要的大事：

第一，便是在犹太教范围内破坏了巫术的犹太人的预言；巫术尽管实际上仍然存在，可已沦为歪门邪道，不再神圣。

第二，是五旬节[1]圣迹，这种礼仪融入基督精神，是早期基督教热情广泛传播的关键因素。

第三，保罗那天在安提阿反对彼得而支持未受割礼的伙伴，这也是最后一个因素。

---

[1] 犹太教节期，是从逾越节开始算的第 50 天，后成为基督教的圣灵降临日。——译者注

巫术虽然仍在相当程度上存在于古代城邦，可是部落、氏族以及民族间的巫术障碍却被这样消除了，使得西方城市有可能得以建立。

尽管严格意义上的城市是独特的西方制度，可是在此类城市内存在两个基本差别，首先是古代城市与中世纪城市之间，其次是南欧城市与北欧城市之间。在城市共同体的最初发展期，古代城市与中世纪城市存在很大的相似之处。不管在古代还是在中世纪，城市群体的积极成员都仅仅是那些骑士出身的人和过着贵族生活的家族，而其他任何人都只是被迫服从。完全是出于分享商业机会的考虑，这些骑士家庭才居住在城市的。

在意大利成功脱离拜占庭的统治以后，由于里亚托（Rialto）成了与东方贸易往来的中心，所以威尼斯的部分上流社会人士聚集在那里。应该记住，尽管威尼斯在政治上已经独立，但其海上贸易及海战依旧属于拜占庭体系。同样在古代，有钱家族并非直接从事贸易，而是作为船只所有者或放贷者参与其中。在古代，所有重要城市都位于离海不超过一天行程的地方，这也是一特征；只有那些因为政治或地理原因而有着特殊贸易机会的地方才会繁荣起来。因此桑巴特关于地租是城市与商业之母的观点本质上是不正确的。事实正好相反；城市的定居是贸易用到地租的可能性与意向导致的，贸易对城市建立的关键影响十分显著。

一位新人中世纪初期在威尼斯的发达经历大体如下：

他一开始是名商人，即零售商人；接着他从上流社会筹集了一笔货币或实物贷款，随后去海外经商，在地中海东部附近地区做买卖，回来时将所得收益分给放贷者。若是他成功了，他通过买地或者买船进入威尼斯的圈子。船只所有者或土地所有者晋升为贵族的通道一直是毫无阻碍的，这种状况一直持续到1297年大议事会结束。以地租和资本利息——两者均以贸易利润为基础——为生的贵族成员，通常在意大利被称为Scioperato，在德意志被称为ehrsamer Müssiggänger，也就是"尊贵的闲人"。的确，威尼斯的贵族中始终有些家族一直从事贸易，就像在宗教改革期间，丧失财富的贵族试着将工业作为谋生手段那样。不过一般正式市民和城市贵族是同时拥有土地和资本的人，虽靠收入生活，自己却不参加贸易或工业。

至此为止，中世纪的发展与古代极为类似；然而随着民主制的建立，它们走上了不同的发展道路。开始的时候，在这方面固然也存在一些类似之处：公民、平民、人民以及市民均是以相同方式指民主制影响的词汇，都指大多数无法过骑士生活的市民。贵族，即有骑士身份及封建资格的人的选举权被剥夺了，他们就像列宁（Lenin）对俄国资产阶级那样被监视起来，不受法律保护。

在每个地方民主进程的基础都完全是军事性质的；这个基础在于中世纪的行会军队以及古希腊的重装备步兵这些经过严格训练的步兵的兴起[1]。关键事实是，证明了与英雄间的搏斗相比，军事训练更有优势。军事训练意味着民主制的获胜，因为社会既希望也必须获得非贵族民众的合作，所以将武器和政权一起交给他们。另外，不管在古代还是在中世纪，货币都发挥了作用。

相似情形也可发现于民主制的建立方式中。和国家建立伊始一样，人民分别作为独立的群体与他们的官员进行斗争。作为反对国王的民主制代表的古罗马保民官[2]以及斯巴达长官均属此例，而在中世纪的意大利城市，商人长官或人民长官也均是这样的官员。他们的特征在于起初承认自己是不合法的官员。意大利城市的执政官依旧在其头衔前加上"恩赐"一词，不过人民长官就不这样做了。保民官的权力来源并不合法，其神圣性在于他并非法定官

---

[1] 有关印度军队拥有战术部队和战术机构的记载，在亚历山大大帝时期流传下来的最古老的希腊报告中就有了记载，可以说是英雄格斗的典范。在大莫卧儿帝国的军队中，自行装备的骑士不仅与军事领主征募并装备的士兵地位相当，而且更还受到社会的尊敬。

[2] 古罗马维护平民利益的官职，从平民会议中选举产生。——译者注

员，因而只受神灵干预或民众复仇行为的保护。

两条发展路径对其目的来说也是一样的。社会阶级而并非经济阶级的利益起着关键作用，这主要是一个防止贵族侵害的问题。人们知道自己是富有的，曾与贵族一起为城市而战并且获胜；他们已武装起来，所以感到自己受了歧视，而且不再满足于以前所接受的附属阶层的地位。最后，相似的情形也存在于此类独立组织的官员可使用的手段上。他们在所有地方的平民反对贵族法律程序中争取介入诉讼的权利。这个目的是通过罗马保民官与佛罗伦萨人民长官的仲裁权实现的；仲裁权的行使是以呼吁或私下审理的方式进行的[1]。此类独立组织主张城市的法令只有经过平民的批准才能生效，而且最终确立了只有平民决定的才是法律的原则。"各族人民的决定约束全体人民"这一罗马法原则的复本可见之于佛罗伦萨法典以及列宁将所有非工人阶级均排除在无产阶级专政之外的做法。

在确立其统治地位的过程中，强行加入平民的队伍是民主制的另一个手段。在中世纪，不得不加入行会，在古代，贵族不得不加入部落，尽管在很多情况下其最终的深远意义被忽略了。最后，所有地方的官职都出现了极大规模的骤然增加，获胜的政党以战利品酬谢其成员的需要导致了政府冗员的现象。

到此为止，中世纪民主制与古代民主制之间也存在一些相同之处。不过除了这些相同之处以外，两者也显然存在一些差别。关于城市的分类，从一开始便存在根本区别。中世纪城市由行会构成，而古代城市则从未有行会性质。我们从这个角度观察中世纪的行会便会发现各行会阶层先后掌权。在佛罗伦萨这一古典行会城市内，最早的那些阶层逐渐分成有别于小工艺家的大工艺家群体。大工艺家群体中不仅有医师、法学家、药剂师以及现代中产阶

---

[1] 与1918年德国革命非常相似，士兵委员会提议争取获得取消司法判决的权力。

级意义上的通常有文化的有产者，而且有兑换商、商人、珠宝商以及通常得有大量工业资本的企业家。关于企业家组成的行会，我们可以假定起码50%的会员以收入为生或很快便这样做。这些有文化的有产者被称为"胖子"。恰好相同字眼也可在赞美诗中找到，尤其是虔诚高尚之人反对领年金者及贵族这些上层阶级的诗歌，又或者按照一些诗作里的专业术语来说，在那些不赞成"胖子"的气愤诗作里。

小资本家属于大工艺家群体，而小工艺家群体则包括糕点师、屠夫以及织布工等，他们起码在意大利均处在劳动阶级的边缘；尽管在德意志，在某种程度上他们已然是大企业家。另一方面，只有单纯的劳工，也就是梳理工，很少获得权力，而且通常仅发生于贵族与最底层联合反对中产阶级之时。

中世纪城市在行会的控制下实行一种被称为城市经济的特殊政策。维持传统就业以及谋生手段是政策的首要目标；其次是使周围乡村在最大程度上为城市利益服务，这是通过独占权以及城市市场的强制使用实现的。它还试图限制竞争并阻挡大规模工业的发展。虽然这样，随着家庭工业以及长期雇工——即现代工人阶级的先导——的发展，商业资本与行会内组织工艺劳动之间的矛盾越来越突出。所有这些在古代民主制中都不曾发生。的确，初期存在过一些这样的迹象。因此，罗马塞弗拉斯（Severus）军事组织内的手工劳动者、工匠以及军队铁匠可能均属此类残存。然而在民主制已经充分发展的时代，却没有找到任何关于此类事情的记录，直至罗马时代末期，才又发现一些痕迹。因此在古代，不存在控制城市的行会，更不存在行会政策以及中世纪末期出现的劳资对立。

在古代，尽管不存在劳资对立，可是存在地主与无地者间的对立。无产者并非如蒙森（Mommsen）[1]所言，是仅能以生育方式服务于国家的人，而是

---

[1] 德国文学家、历史学家，许多见解比较偏执；著有《罗马史》一书，并因此书获得1902年诺贝尔文学奖。——译者注

地主和正式公民的勤恳的无继承权的子孙。古代所有政策都是针对这类无产者；为此，对债务奴役进行了限制，还减轻了债务人的法律责任。城市债权人与农村债务人间的差异是古代的常见差异。放贷贵族居于城市，负债小民居于农村；在古代债务法的影响下，这样的状况容易导致小民失去土地而成为无产者。

由于上述原因，类似于中世纪城市的生活政策，古代城市未曾有过，其政策只是为了保持份地，也就是人们赖以为生并将自己全副武装成士兵的地产。目的在于防止共同体军事实力的减弱。因此，绝不可从现代角度将革拉古兄弟的改革理解为阶级斗争方法，其目的完全是军事性质的，是维持市民军队、防止其被雇佣军替代的最后尝试。

中世纪贵族的对立者既包括企业家，也包括手工业工人，在古代则始终是农民。与这两种对立的差别对应的是，古代城市的划分方式不同于中世纪城市。在中世纪，贵族不得不加入行会，而在古代城市，他们则不得不加入村落，也就是乡村地主构成的地区；在这些地区内，他们与农民受相同法律约束。他们在中世纪是工匠，在古代则是农民。

不同阶层在民主制内的分化是古代民主制发展的另一个特征。首先，有能力全副武装自己上前线打仗的纳税人阶层掌握了权力。其次，由于海军政策的缘故，在古代部分地区，尤其是在雅典，因为军舰只能由各阶层人民配备，无产阶级掌握了权力。雅典的军国主义导致水手最终在公民大会上获得了统治地位。因西姆布赖人与条顿人的侵略而在罗马第一次出现了相似的现象。然而，这种发展并未使士兵获得公民权，而是引起了由大将军领导的职业军队的发展。

除了这些差别，古代与中世纪的发展在阶级关系上也存在差异。商人或工匠是中世纪行会城市的典型市民；假如他也拥有住房，那他便是正式市民。而古代与此相反，正式市民都是地主。因此，在行会城市，阶级不平等是常态。没有土地的人若想获得土地,必须由地主作其中间人;无地者在法律上处于劣势,这种法律上的附属地位只能渐趋平等,并非所有地方都能实现完全平等。然而中世纪的城市居民在人身关系上是自由的。"城市空气使人自由"的原则主张,在农奴逃跑一年零一天后,领主便无权再将其要回。尽管这一原则并非在所有地方都获得承认,而且受到一些限制,特别是受霍亨斯陶芬王朝法规的限制,然而却与城市市民的法律观念相符;城市市民对军事与税赋利益的追逐便建立在这种观念的基础上。因此,消灭不自由以及实现阶级的平等成为中世纪城市发展的主导趋势。

相比之下,古代初期类似于中世纪的阶级差别更为突出;不仅贵族与继骑士式的武士后而成为乡绅的平民间的差别得到承认,而且依附者与奴隶制的关系也得到承认。然而阶级差别因城市实力的增强以及向民主制的发展而越来越尖锐;大批奴隶被购入或运入境内,形成了人数持续增加的底层阶级;另外,那些已摆脱奴籍的自由民也属于底层阶级。因此,和中世纪城市形成对照,古代城市的阶级不平等越来越严重。最后,在古代未发现任何中世纪行会垄断的迹象。在雅典民主制处于支配地位的时期,在关于伊瑞克提翁神庙的石柱放置问题的资料中,我们发现雅典的自由民与奴隶在同一个自发性群体里一起劳动,而且由奴隶充当雅典自由民的工头;考虑到强大的自由工业阶级的存在,这样的关系在中世纪是难以想象的。

总之,从前面的论述中可得出如下结论:古代城市民主无异于政治行会。它确实有特殊的工业利益并拥有垄断权;不过军事利益被置于这种工业利益之上。联盟城市的缴获物、贡金以及缴付只是分给市民。因此,与中世纪末的手工业行业一样,古代的民主市民行会也对吸纳太多人加入不感兴趣。因而出现了对市民人数的限制,这是导致希腊城邦衰落的其中一个原因。将征服土地以及战利品分给公民的制度包括在政治行会的垄断权内;最后,粮食配额、陪审费以及参加宗教仪式的费用是用政治活动场所入场费支付的。

因此，不断的战争是希腊正式市民的常态，像克里昂（Cleon）那样蛊惑民心的政客也意识到有理由煽动战争；战争使城市富有，长时间的和平意味着市民的倾家荡产。所有以和平方式赚得利润之人，都没有这样的机会。这类人包括已摆脱奴籍的自由民以及外邦人；在他们中间，我们首先找到了与现代中产阶级的某些类似之处，即没有土地所有权却仍旧富裕。

古代城邦只要维持其惯常形式，便无法发展出手工业行会或与之相似的事物，可却为市民建立了政治军事垄断，从而发展成士兵行会；这一事实可用军事方面的原因来解释。古代城市代表着当时军事技术发展的最高水平，任何军事力量都无法与古希腊重装备步兵或古罗马军团相匹敌。这解释了古代工业的形式及其发展趋势与通过战争谋取的利润以及完全以政治手段取得的其他利益之间的关系。与市民相对的是"出身卑下之人"；任何以现在意义上的和平方式谋取利润的人出身卑下。与之形成对比的是，中世纪初期的军事技术重心却在城市之外的骑士之中。没有什么能够与武装起来的封建军队相抗衡。所以市民的行会军队从不冒险进攻，而只是防守，1302年的库尔特雷（Courtray）战役是仅有的一次例外。因此，中世纪的市民军队从未履行过古希腊重装备步兵或古罗马军团的贪得无厌的行会职能。

在中世纪，我们发现了西方南部城市与北部城市间的显著差异。在南方，骑士通常居住在城市，而北方则与之相反，从一开始他们就居于城外，甚至是被阻止进入城市。北方城市的特权授予包括可以不准高级官员或骑士居住的规定；另一方面，北方的骑士把城市贵族视为出身卑下之人而不愿与他们为伍。其原因在于，两个地区的城市是在不同的时期建立的。在意大利公社开始兴起时，骑士的军事技术达到了顶峰；因此城市被迫雇佣骑士或与之结盟。就本质而言，城市间的圭尔夫—吉柏林（Guelph—Ghibelline）战争是不同骑士群体间的争斗。因此城市坚决主张骑士应定居下来，要不然便将"无礼"的罪名强加其上；而城市不希望骑士离开城堡活动而影响道路安全,而是希望他们为其市民弄到他们所需的东西。

英国城市与这类情况形成最鲜明的对比,与德意志或意大利城市不同,英国城市从未成为城邦,除了极稀少的例外情况,从来不曾试图控制附近村落或者将其管辖范围扩展到农村。它既没有取得这类成就的军事实力,也没有这样的想法。英国城市的独立是以从国王那儿租来的征税权为基础的,因此只有此项租赁的参加者才是市民;根据租约规定,城市应作为一个单位缴纳规定金额的款项。英国城市的特殊地位可用以下两点来解释:一是征服者威廉之后,英国政治权力的高度集中,二是英国的自治群体在13世纪后联合成为议会。如果贵族想做任何反对国王之事,便不得不求助于城市,寻求钱财方面的援助,就像另一方面城市也得依靠其军事支持一样。从城市派代表参加议会开始,消除了城市方面实施政治脱离政策的动机与可能性。城乡对立早已消失,而且还接纳了很多拥有土地的中小地主成为市民。市民最终获得了控制权,尽管直至最近,贵族在国家事务中依然是形式上的领导。

在论及与资本主义发展有关的这些关系的影响时,我们必须强调古代与中世纪工业的异质性以及资本主义自身的不同种类。各种不合理的资本主义形式我们在各个历史时期都能碰到。这些资本主义形式可分为以下几种:

(1)出于包税目的——在西方、中国和西亚——以及为战争筹资的目的——在中国和印度的列国分立时期——而建立的资本主义企业。

(2)与贸易投机有关的资本主义,差不多每个历史时期都存在商人。

(3)因外来者的需要而产生的放贷资本主义。

所有这些资本主义形式均与赋税、战掠物、以权谋私或官方的高利贷、贡物以及现实需求相关。需要指出的是,过去官员都像恺撒获得克拉苏(Crassus)[1]的资金支持那样被资助,而且都想方设法通过滥用职权收回提前

---

[1] 古罗马军事家、政治家,和庞培、恺撒并称为"三巨头",是声名显赫的罗马首富。——译者注

支付的款项。然而所有这些都是不合理的非经常性经济活动，合理的劳动组织制度无法从这些安排发展而来。

相反，合理的资本主义是为了市场机会，所以也是为了真正的经济目标组织起来的；而且它与民众需求及供给民众需要联系得越紧密，便越合理。不过中世纪以后现代西方的发展才将资本主义发展为一种制度，而在整个古代，只有一个其理性主义可以比得上现代资本主义的资本家阶级，即罗马的骑士。当希腊城市需要贷款或签订供给契约或出租公地时，便不得不鼓励不同地区的资本家互相竞争。相比之下，罗马则出现了理性的资本家阶级，自革拉古兄弟时期起，该阶级便在国家中起到了关键性作用。此阶级的资本主义全然与国家及政府的机会相关，与包税、政治冒险和战争的融资活动有关，或者与公地或攻占的土地和土地的租赁有关。尽管它必须考虑到官僚贵族的持续敌对，它还是时而对罗马的公共政策发挥关键作用。

中世纪晚期资本主义开始将注意力转向市场机会，城市在失去自由之后的发展中出现了与古代资本主义的明显差别。在这里我们再次找到了古代、中世纪以及现代之间在发展路径上的根本区别。在古代，不再为资本主义政治留一席之地的以官僚方式组织的世界帝国彻底清除了城市的自由。帝王在一开始被迫求助于骑士的财力，不过我们发现他们逐渐得以解脱，而且不让骑士阶层参加税款包征，从而将骑士排除在最能赚钱的财源之外——就像埃及国王在其统治范围内政治和军事的需求不靠资本家的力量供给、将包税人降为收税官员那样。在罗马帝国时期，所有地方的田地租赁都下降到了便于永远世袭拥有的程度。一般是通过受奴役者的强制捐纳以及强制性劳役而非竞争性契约来实现国家经济需求的供给的。居民阶级的划分开始根据居民的职业进行，国家需要由新成立集团根据连带责任原则承担。

这种发展导致了古代资本主义的死亡。征募的军队取代了雇佣军，而船只通过强制服役提供。任何有剩余粮食的地区都将所有收成根据需要在城市中分配，不得进行私人贸易。道路修建之责以及必须供给的其他各项服役由依附于土地继承和职业的各特定群体承担。最后，罗马城市共同体，大概像乡村共同体通过共同会议那样，通过其市长，要求富有的市议员基于财产比例回馈城市，因为居民对应缴国家的捐税及服役要负连带责任。这些服役按照原籍地原则规定，这一原则是仿照埃及托勒密王朝的原籍制建立的；被奴役者的强制捐税只能在原籍共同体缴纳。这种制度确立后，资本主义谋利的政治机会便结束了；在以强制捐纳为基础的罗马帝国的末期，资本主义已毫无容身之处，就像在以强制劳役为基础的埃及那样。

现代城市的命运截然不同。它的自治权此时再次逐渐取消了。17、18世纪的英国城市是只有财政与社会阶级意义的行会集团。除帝国城市外，相同时期的德意志城市都仅仅是凡事听从上级指挥的地理实体。西班牙城市被查理五世在公社的起义中剥夺了权力，而法国城市的这种发展在很早之前就出现了。西方意义上的自由状态，在俄国城市从未达到过，而意大利城市则处于"君权"的统治之下。每个地方城市的司法、军事以及工业权力都被夺走了。在形式上，原来的权力通常未发生改变，可实际上，就像在古代随罗马统治权的确立而发生的一样，彻底夺走了现代城市的自由；尽管与古代不同，不管在和平时期还是在战争年代，它们在无休止的权力争夺中处于相互竞争的民族国家的控制之下。这种竞争性的斗争为现代西方资本主义提供了极大机会。这些分立的国家必须互相争夺流动资本，而流动资本则规定了支持它们争夺权力的各种条件。在国家与资本这种迫不得已的联姻中，民族市民阶级——即现代意义的资产阶级——应运而生。因此封闭的民族国家为资本主义发展创造了机会，而且只要这种民族国家不被世界帝国取代，资本主义便会持续存在。

第二十九章
合理化的国家

一、国家、法律与官员

只有西方出现过合理的国家。在中国以前的统治制度中[1]，迂腐的官员的士大夫阶层居于根深蒂固的氏族与工商业行会的势力之上。士大夫主要是受过文化教育的有功名的文人，可未曾受过一点儿的行政培训；他是一位出色的作者，擅于吟诗作对，精通古文，并能加以解释，却对法律一窍不通。他在政治服务中毫无重要性。这样的官员行政事务由办事人员处理，并不亲自从事行政工作。为防止士大夫在自己的管辖区域内扎根、拥有势力，他们不停地从一地调到另外一地，而且绝不会让其回家乡上任。他不懂所在省份的方言，因此无法与民众沟通。有着这样官员的国家必然与西方国家有些差异。

实际上，这一切都以巫术理论为基础，官员的功绩以及皇后的美德，即文学素养的尽善尽美，平时尚可安然无忧。一旦发生旱灾或棘手之事，便颁布诏书，加速审判，强化科举，安抚鬼魂。这个帝国是农业国，因此农民氏族代表了经济生活的90%，商业与贸易的行会组织代表着另外10%。实际上所有事情都由其自行处理。官员并不进行管理，只有发生动乱或意外之事时，才出面干预。

---

[1] 见韦伯：《宗教社会学论·文集》，蒂宾根，1920年版，第1卷，第27以下各页，及其引用的参考文献。

合理的国家则截然不同，资本主义也只有在这样的国家才能得以发展；其基础在于合理的法律以及专业的官员。早在7、11世纪，中国便进行过改革，由训练有素的官员取代士大夫处理政事，不过这种改革只是昙花一现，一切又恢复原样。然而并不能因而认为中国人的精神与专业化的行政管理无法相容。可行政管理的专业化和合理国家的发展却遭到对巫术的顽固信奉的阻碍。因为这个事实，氏族的势力便无法和西方一样因城市与基督教的发展而被瓦解。

受过训练的官员作出决定所依据的现代西方的合理法律，其形式——尽管并非其内容——是从罗马法发展而来的。罗马法一开始是民主制从未占过统治地位的罗马城邦的产物，罗马城邦的法律制度从未以与希腊城邦同样的形式出现。希腊法庭在审判小型案件时，原告和被告通过引起同情、哭诉以及指责对方打动法官。这种做法也见之于罗马的政治审判，就像西塞罗（Cicero）[1]的演说所表明的那样；然而在民事诉讼中却并非如此，在民事诉讼中，由罗马执政官指派一名审判员，对于在什么情况下作出不利于被告的判决或不予审理均作出严格指示。在查士丁尼（Justinian）统治时期，拜占庭的官僚慢慢地关心起了法律，他们觉得成体系和明确的法律才便于学习，因此对合理的法律进行了整理并使之形成体系。

在西方，罗马帝国灭亡后，意大利公证人控制了法律。这些公证人，还有大学，都希望恢复罗马法。公证人坚持以前罗马帝国的合同形式，并依据时代发展的需要对其进行重新解释。与此同时，大学发展出了一种自成体系的法学理论。然而发展的基本特征在于司法程序的合理化。古代德意志的案件审理形式十分僵化，就像各原始民族那样。当事人会因为在法律程序中一个单词的发音错误而败诉，因为法式具有巫术意义，担心天降灾祸。德意志

---

[1] 古罗马政治家、演说家，被认为是三权分立学说的先驱。——译者注

案件审理中这类巫术性质的形式主义与罗马法的形式主义正好吻合。与此同时，起了一定作用的还有法兰西王国创立的代理人或辩护人制度，这种代理人或辩护人的任务是，专门负责法律程序的正确发音，尤其是与教会法有关的程序。为了维持世俗纪律以及自身内部纪律，庄严的教会管理组织需要有其固定的形式。对于这种日耳曼的折磨或神裁法，资产阶级最无法忍受。商人不可通过背诵惯用词语的比赛决定商业权利，而且每个地方都能从这种死抠法律条文的辩论与神裁法中获得豁免。教会起先也犹豫不决，最终也认为这种程序是歪理邪说，无法忍受，而且使教会法程序以尽可能合理的方式创立。世俗与宗教这两方面法律程序的合理化扩展至整个西方。

农民阶级没落与资本主义发展的基础可见之于罗马法的恢复过程。罗马法原则的应用确实有不利于农民之处。举例而言，过去的马尔克共同体的权利变为封建义务之时，马尔克共同体的首领被视为罗马意义的所有者，而由马尔克成员的保有地承担封建捐税。然而另一方面，法兰西王国只有通过受过罗马法培训的法官才能阻止领主将农民赶出土地。

对于资本主义的发展而言，罗马法并非资本主义发展的完美的基础。英国——资本主义的发源地——从未接受过罗马法，原因在于存在一批与皇家法庭有关的辩护人防止国家法律制度走向衰败。法律学说的发展也受这些人控制，因为那时法官像现在这样是从他们当中挑选出来的。为了防止外界人士成为法官，他们阻挠英国大学教授罗马法。

实际上，现代资本主义的所有独特制度都并非起源于罗马法。不管年金债券是起源于私人债务还是战争贷款，它都来自于中世纪的法律，而德意志的法律思想在中世纪的法律中起了一定作用。相似地，股份凭证也源自于中世纪或现代的法律，而在古代法律中尚不存在。汇票也是如此，意大利、阿拉伯、德意志以及英国的法律均对汇票的发展有所助益。商业公司也产生于中世纪，只有委托事业出现于古代。注册的担保、抵押、信托契约以及代理权都最早出现于中世纪，而非古代。

仅从缔造了形式的法律思想这个角度来说，对罗马法的接受至关重要。在其体系中，各种法律制度要么是以物质原则为基础，要么是以形式法律原则为基础。物质原则就像伊斯兰教的法官进行宗教审判所依据的原则，应理解为实用主义与经济上的考虑。在所有的神权政治与专制制度中，法律制度是物质导向的，就像相比之下，在所有的官僚体制中，法律制度都流于形式。弗雷德里克大帝憎恶法学家，因为他们总是从形式主义的角度实施他建立在物质原则基础上的法令，因而使他把这些法令都用在他不喜欢的事情上。为此，一般而言，罗马法是支持形式法律制度摧毁物质法律制度的手段。

然而这种流于形式的法律是可信赖的。在中国，发生这样的情况，某人已将房屋出售给他人，后来由于极度贫困而请求在里面居住。若是买主拒绝听从帮助兄弟的中国古老训诫，便会搅扰鬼神，因而穷困潦倒的卖主便作为不付租金的租户住进这所房子。在如此形成的法律基础上，资本主义不能运转。它需要像机器那样可以依靠的法律，宗教礼仪与巫术都应一律不得干扰。

现代国家为实现其权力主张而与法学家结盟，从而完成了这样一部法律的创立。现代国家曾于16世纪一度尝试与人文学者合作，而且在建立第一所大学时，便有让在里面受教育的人入朝为官的打算；由于在很大程度上，政治争辩是以交换国家文件的方式进行的，因而只有受过拉丁文与希腊语教育的人才具有必需的知识。这种幻想很快便夭折了。很快便发现，大学预科出来的这些人并非仅仅因这种专长便具有了政治生活素质，最终还得找法学家帮忙。在中国，天下由具有人文修养的官员治理，君主找不到可用的法学家，诸子百家一直在争辩哪一流派能培养出最杰出的政治家，最终正统的儒学获胜。印度也有文人，可没有受过训练的法学家。相比之下，西方有正式组织起来的司法制度——这是罗马智慧的结晶——可以使用，和所有其他官员的专业行政官员相比，受过这种法律培训的官员更加优秀。从经济史的角度看，这个事实具有深远的意义，因为形式法学与国家的联合间接对资本主义有利。

二、合理化国家的经济措施

对国家而言，拥有名副其实的经济政策，即连贯的稳定的经济政策，只是现代才出现的制度。所谓的重商主义是它所产生的第一种体制。在重商主义发展以前，存在两种广泛实行的商业政策，那就是福利占支配地位的商业政策与财政利益占支配地位的商业政策，而福利是从通常生活标准的角度来说的。

在东方，它基本上是出于礼仪上的考虑——包括种姓与氏族组织，而这却阻碍了深思熟虑的经济政策的发展。在中国，政治制度经历了重大变化。中国曾有过高度发达的对外贸易，贸易往来远至印度。然而，后来中国实行闭关自守的经济政策，13家商号控制了所有进出口生意，而且集中于广州一个港口。对内政策则受宗教因素主导，当发生自然灾害时，就会进行调查。各省的合作决定看问题的角度，最重要的问题在于，国家的需要应由税赋还是由强制性服役供给。

日本的封建组织引起了相同的结果，而且形成了完全的对外封闭。这里的目的在于维持阶级关系的稳定，担心对外贸易搅乱财产分配状况。在朝鲜，封闭政策取决于礼仪上的原因，担心外国人，即不谙宗教仪式之人，来到这个国家，会引起鬼神的愤怒。我们发现在中世纪的印度，罗马商人、希腊商人、罗马士兵以及犹太移民都曾被给予特权；然而这些萌芽无法发展，因为后来这一切再次被种姓制度所固化，使得有计划的经济政策无法实行。此外，印度教对出国旅行的强烈指责是另一个因素，出国之人回来时必须重新获准加入其种姓。

在西方，直至14世纪，有计划的经济政策才只在与城市有关的方面有机会得以发展。的确，经济政策的萌芽也曾出现于王侯方面；在加洛林王朝时期，我们发现价格规定以及民众对福利的关系表现在各个方面。然而大部分都只停留在纸上，除了查理曼大帝的度量衡制度以及铸币改革，后来这一切都消失得无影无踪。与东方的关系上，也曾经乐于实行一种商业政策，可是由于没有船只，便就此作罢了。

当王侯控制的国家放弃争斗时，教会却开始关注经济生活，尽力将最低限度的法律的诚实及教会的道德准则加于经济往来之上。维持公共秩序是其最重要的措施之一，最初试图在某些日期强行实施，最终成为了一般原则。另外，大教会财产共同体，特别是修道院，支持十分合理的经济生活，尽管还不能将其称为资本主义经济，可却是当时存在的经济中最合理的。由于教会恢复了其原先的禁欲思想并使其紧跟时代变化，这些尝试便越来越丧失信誉了。在帝王之中，腓特烈一世统治时期也出现了一些商业政策的萌芽，包括价格规定以及为惠及德意志商人而和英格兰缔结的关税协定。尽管弗雷德里克二世维持了公共秩序，可总的来说却推行只有利于富商的单纯的财政政策，并授予他们特权，特别是对其关税的豁免。

在经济政策上，莱茵河通行费上的争夺是德意志的国王采取的唯一措施，然而由于莱茵河沿岸小领主数量众多，这项措施大体上徒然无效。除此之外再无有计划的经济政策。给人留下此类政策印象的措施，比如在与科隆的斗争中对莱茵的临时封锁，或皇帝西格蒙德（Sigmund）对威尼斯的贸易禁令等，都完全是政治性质的。关税政策由拥有领土的王侯控制，即使是关税政策，也缺乏对工业的持久鼓励，很少有例外。政策的主要目的在于以下几个方面：

首先，鼓励当地贸易而限制远途贸易，特别是推动城市与附近乡村间的物资交流，因而出口税始终高于进口税。

其次，给予当地商人关税优惠。道路通行费存在差别，为了更便利地将其作为收入来源，王侯尽力偏袒自己的道路；出于这一目的，他们甚至不遗余力地要求必须使用某些道路，而且使市场法形成体系。

最后，城市商人被给予了特权；对自己打压乡村商人，巴伐利亚的富豪路易斯（Louis）就此颇感得意。

保护性关税尚不为人知，不过也有几个例外，蒂罗尔（Tirolese）为从抵制意大利进口的商品的竞争而征收的酒税便属此例。整个关税政策由财政观点及维持传统生活水平的看法主导的。对于13世纪的关税协定，这种观点也适用。关税的征收方法一直在变化。最初的关税是从价税，征收价值的1/60；在14世纪，关税税率提高到了1/12，这是由于关税在这个时候也可起货物税作用。经济政策的现代措施——比如保护性关税，被直接的贸易禁令所取代；在需要保护国内工匠或后来的雇工的生活水平时，往往暂时取消禁令。有时准许批发贸易而禁止零售贸易。在14世纪的英国，王侯最早的合理经济政策的迹象产生了，亚当·斯密称之为重商主义。

三、重商主义

重商主义[1]的本质在于将资本主义工业观点被运用于政治，把国家当作仅

---

[1] 重商主义，见《国家科学大辞典》，第3版，第6卷，第650页中的"重商制度"条目，以及帕尔格雷夫（Palgrave）：《政治经济学辞典》，总共3卷，伦敦，1895年版中的"贸易平衡"等有启示性的条目；另参见亚当·斯密：《国富论》，第4卷；施穆勒（G. Sehmoller）：《重商制度》（"阿什利经济丛书"中的英译本）；桑巴特（W. Sombart）：《资产阶级》，慕尼黑和莱比锡，1913年版；克莱蒙（P. Clément）：《法国保护制度的历史》，巴黎，1854年版；阿什尔（A. P. Usher）：《法国粮食贸易史（1400—1710）》，坎布里奇（马萨诸塞州），1913年版。

由资本主义企业家构成的国家对待。对外经济政策以占对手最大便宜的原则为基础，以最低的价格进口并以高很多的价格销售。目的在于增强政府对外关系实力。因此重商主义代表着国家政治权力的发展，居民纳税能力的提高直接导致这种发展的达成。

将尽可能多的货币收入来源纳入该国是重商主义政策的前提。如果认为重商主义的政治家与思想家将贵金属的所有权与国家财富混淆了，那无疑是错误的。他们清楚地知道纳税能力才是国家财富来源，他们想方设法将因通商而有消失危险的货币留在国内，完全是出于提高纳税能力的目的。尽最大可能促进人口增长是重商主义计划的第二点，这与追求实力的政策这一制度特征明显有直接关系；为供养新增人口，必须竭尽全力竞争国外市场，那些需要最多国内劳动力的产品——即产成品而非原材料——尤其属于这种情况。最后，国内商人应竭力开展贸易，贸易收益应全部用来提高纳税能力。在理论上，这种制度有贸易平衡理论的支持，贸易平衡理论认为假若进口商品价值大于出口商品价值，国家会陷入贫困；这个理论在16世纪最早在英国发展起来。

重商主义的发源地明显是英国。应用重商主义原则的最早迹象可追溯到1381年的英国。在软弱的国王理查二世（Richard II）[1]统治时期，发生了一次货币紧缩，英国议会任命了一个调查委员会，委员会第一次以贸易平衡概念分析了其基本特征。当时委员会仅采取了禁止进口、刺激出口等紧急措施，可并没有赋予英国政策真正的重商主义特征。通常真正的转折点是从1440年开始算的。当时，在为解决指出的弊端而通过的众多就业法案中，其中一个法案提出了两项建议，尽管这两项建议以前实施过，可仅仅是偶然如此。第一，带着货物来到英国的外国商人必须将其在英国的所有货币收入转换为英国商品；第二，有海外生意往来的英国商人起码必须把一部分销售货款以现

---

[1] 英格兰国王，在位期间为1377—1399年。——译者注

金形式带回国内。直至1651年航海法及其取消外国船只的规定颁布时，以这两项建议为基础，整个重商主义制度才逐渐得以发展。

重商主义，在国家与资本主义利益联盟的意义上，曾以两种形式出现。一种是阶级垄断，以其典型形式出现在斯图亚特王朝与圣公会的政策中，特别是后来被斩首的劳德主教的政策中。这种制度设想了基督教社会主义意义上的所有居民的阶级组织，设想了一种阶级稳定状态，期望以基督教博爱为基础建立社会关系。在与清教主义——将所有穷人视为怕工作之人或罪犯——的鲜明对比下，它对穷人的态度是友好的。实际上，斯图亚特王朝的重商主义的定位主要基于财政方针；新兴工业只准以王室垄断权的特许为基础进口，而且国王为了进行财政剥削，对其进行永久控制。法国科尔伯特（Colbert）的政策与此类似，尽管并非一直如此。他力争以垄断权为支撑，用人为方式推动工业发展，他与胡格诺派教徒持相同观点，因而不赞成对他们的迫害。在英国长期国会时期，清教徒推翻了国王与圣公会的政策。他们在"破除垄断"的口号下与国王斗争了九十年，朝臣和外国人各有一部分垄断权，而殖民地则由王室亲信所掌握。在此期间，小企业家阶级已逐渐发展起来，特别是在行会范围内，尽管有一部分在行会以外；他们都加入了反对皇家垄断权的行列，从而垄断者的选举权被国会剥夺。清教徒的这些斗争体现了英国人民坚持不懈的非凡的经济精神，英国人民就是在这种精神的指引下反抗托拉斯和垄断的。

民族形式是重商主义的另一种形式的称呼，它仅限于保护真正现有的工业，与依靠垄断创办工业的做法形成对比。重商主义创办的工业几乎都没能存活至重商主义时期之后，斯图亚特王朝的经济举措也消失了，同时消失的还有西方欧洲大陆诸国以及后来俄罗斯的措施。因此资本主义发展并非民族重商主义的必然结果，资本主义起初是与英国财政垄断政策一起发展起来的。事情发展过程是，斯图亚特王朝的财政垄断政策瓦解后，不靠政府部门发展起来的企业家阶层在18世纪获得了议会有计划的支持。不合理的资本主义与合理的资本主义在这里发生了最后一次面对面的争斗，不合理的资本主义是指财政、殖民地特权和政府垄断领域的资本主义，而合理的资本主义定位于市场机会，市场机会是以适销的服务为基础靠自身商业利益发展起来的。

这两种形式资本主义的碰撞发生在英格兰银行。这家银行是由一位叫帕特森（Paterson）的苏格兰人成立的，他是斯图亚特王朝的垄断权授予政策鼓动起来的资本主义投机分子。不过清教徒商人也加入了这家银行。英格兰银行最终离开投机性资本主义的发展轨道与南海公司有关。撇开投机活动不说，我们可以逐步查出帕特森以及他那类人的影响力逐渐削弱而银行转由支持合理资本主义的银行成员控制的过程，这些银行成员都被清教徒影响了，或直接或间接地出身于清教徒。

1884年建的曼哈顿公司的国家和商人的银行

重商主义也发挥了经济史上所常见的那类作用。重商主义在英国最终消失了，而自由贸易得以确立，这个成就是由非国教的清教徒布赖特与科布登[1]以及他们与工业利益的联盟所取得的，那时的工业利益已无需重商主义的支持。

---

[1] 英国政治家，自由贸易政策的主要推动者，与贵格会教徒约翰·布赖特一致主张自由贸易。——译者注

第三十章
资本主义精神的进化演变

将人口增长列为西方资本主义发展中真正决定性的因素,这是普遍的错误认识。与这个观点相反,卡尔·马克思(Karl Marx)认为,任何经济时期都自有其相应的人口规律,尽管这个观点以这样一般的形式提出并非绝对正确,可在目前的情况下,却仍有其合理性。从18世纪初到19世纪末,西方经历了最快速的人口增长。在同一时期,中国也经历了至少同样程度的人口增长——从6 000万或7 000万增长到4亿,尽管难免有些夸大,却与西方的人口增长大体相符。虽然如此,资本主义在中国并未得到发展,反而发生了倒退。中国的人口增长出现的阶级与西方是不相同的。这使中国成了小农聚集地;这和西方无产阶级的人口增长相似,仅仅是使外国市场有苦力("苦力"最初是印度词语,意思是邻人或同一氏族的人)可用。欧洲的人口增长确实对资本主义发展有利,因为如果人口少,资本主义便无法得到必需的劳动力,可是并非人口增长本身就能引起资本主义的发展。

桑巴特所暗示将资本主义的产生主要归因于贵金属的流入,其实并非如此。的确,在既定情况下,贵金属供给量的增长就像1 530年后欧洲发生的那样,可能导致价格的重大变革;而且当存在其他有利条件时,正如发展过程中出现了一定形式的劳动组织之时,某些群体就会掌握大量现金,这未尝不会推动进步。然而印度的情况表明仅靠贵金属的输入无法产生资本主义。在罗马人掌权的期间,便有大量贵金属流入了印度——大概每年2 500万塞斯特帖姆（sestertii），用来购买当地货品，然而贵金属的流入并未带来一点儿商业资本主义。大部分贵金属都成了印度王侯的贮藏物，而不是变为通货，用于成立合理资本主义性质的企业。这个事实表明，劳动制度的性质完全决定贵金属的流入会导致怎样的发展。发现新大陆后，金银先是从美洲流入西班牙，然而随着金银的输入，西班牙资本主义的发展却发生了倒退。接着发生的，一方面是公社遭到压制，而且西班牙大公的商业利益遭到破坏，另一方面是货币用于军事目的。因此，尽管贵金属流经西班牙，却没怎么影响它，反倒是助推了其他国家的发展，早于15世纪，那些国家便经历了有利于资本主义的劳动关系的变革。

现代工厂

所以，不管是贵金属的输入，还是人口增长，西方资本主义都无法产生。反而首先是地理方面成为资本主义发展的外部条件。在印度与中国，与之相关的关键性的地区间的内陆商业，对于通过贸易赚取利润并用商业资本创建资本主义制度的阶级而言，高昂的运输成本必然成为严重阻碍；而在西方，地中海作为内海的地位和纵横交错的河流都有利于国际商业迥然不同的发展。然而反过来也不应高估这个因素所起的作用。古代文明显然是沿海性质的。与时而刮起台风的中国海域相比，这里的商业机会十分有利，可是古代并未产生资本主义。即使在现代，与热那亚或威尼斯的资本主义相比，佛罗伦萨的资本主义发展得更深入。西方资本主义产生于内陆工业城市，而并非海上贸易的中心城市。

军事需要也是有利因素，是由于西方军队独特需要的性质，并非因为是军事需要才有利。奢侈品需求尽管并非因为它本身才有利，也是资本主义发展的有利因素。在很多情况下，它反而导致了各种不合理形式的发展，比如很多与德意志王侯有关的劳动者的强制定居地与法国的小作坊。最终产生资本主义的因素理性的持续经营的企业、合理的技术、合理的账目以及合理的法律，可也并非只有这些因素。必要的辅助因素有理性精神、生活行为大体上的合理化和理性主义的经济伦理。[1]

所有的道德准则及其所产生的经济关系的开端是传统的神圣性、传统主义和从祖辈流传至今的对这类工商业的完全信任。直到现在，传统主义仍然存在；对上一代人而言，若想给一名西里西亚（Silesia）的承包割草工作的农业工人双倍工资诱导他更加努力，那是没用的。他只会减少一半工作量，因为这一半的工作便能让他挣到以前的全部工资。这种不能和不愿离开原有生活轨道的普遍情况是维持传统的动机。

然而，因为两种情况，可能会从根本上加强原始的传统主义。首先，可能物质利益与传统的维持绑在一起。比如，当中国尝试让某些道路改变，或用更合理的运输路线或方式时，威胁到了一些官员的利益；中世纪的西方

---

[1] 见韦伯：《宗教社会学论集》，第1卷，第30页。

和现代兴建铁路时，也是这样的情况。在阻碍合理化发展趋势上，地主、官员以及商人的这种特殊利益起了关键作用。在巫术基础上，贸易的模式化越严重，对既定生活行为的任何改变都极为反感的原因便在于对天降灾祸的恐惧。总的来说，这种反对中隐藏了对经济特权的侵害，不过其有效性取决于巫术方法的威慑力。

单靠经济刺激传统的阻碍是无法克服的。认为理性的资本主义时期的特征在于比其他时期更强大的经济利益的观念是幼稚的。举例而言，现代资本主义的倡导者并不具有比东方商人更强大的经济刺激。例如，科尔特斯（Cortez）[1]与皮萨罗（Pizarro）[2]或许是经济利益最强大的化身，他们并没有理性主义经济生活的观念，只靠经济利益的解放，无法产生合理的结果。假若经济刺激本身是普遍存在的，那这倒是一个令人关注的问题：即经济刺激在怎样的关系下才能趋于合理并能合理地调整，从而使资本主义企业性质的理性机构得以产生。

对于利润的追逐，两种相反态度起初同时存在。对内，坚持传统，坚守氏族、部落以及家庭共同体的成员间的虔诚关系，在因宗教关系结合在一起的集团中，禁止对利润的无限制追逐；对外，在经济关系中可以完全不受限制地发挥逐利精神，起初所有外来者都是敌人，对敌人不适用任何道德限制；换言之，对内与对外的道德准则截然不同。发展过程一方面意味着不得不将自私的算计带入传统的手足情谊中，以替代原先的宗教关系。经营责任制在家族共同体内一旦确立，经济关系就将不再具有完全的共产主义性质，朴素的虔诚及其对经济刺激的压制便从此结束。西方这方面的发展尤其独具特征。与此同时，随着内部经济对经济原则的采纳，也一定缓和了对利润的无限制追逐。结果形成了有节制的经济生活，经济刺激在一定限度内起

---

[1] 西班牙殖民者，1519—1521 年征服墨西哥。——译者注
[2] 西班牙早期殖民者，1531—1533 年征服秘鲁印加帝国。——译者注

作用。

详细说来，发展过程多种多样。在印度，对追逐利润的限制仅适用于婆罗门与刹帝利这两个最高阶层。某些职业是不准这两个种姓的成员从事的。一位婆罗门能经营餐饮店，因为只有他拥有洁净的手；不过他与刹帝利[1]一样，若是放贷收息，则会被逐出种姓。然而刹帝利可以加入商业种姓，我们发现商业种姓在贸易中不讲道德的程度是世界上任何地方都无法相比的。最后，在古代，只有利息方面的法律限制，"买者自负"的主张是罗马经济伦理的特征。在那里并没有发展起来现代资本主义。

最终，这样奇特的事实出现了：现代资本主义的萌芽只有在一种理论——这种理论与古代传统理论、东方理论以及原则上对强烈敌视的理论截然不同——在正式居于支配地位的地方才能找到。"商人始终不会得到神的欢心"，这句可能取自阿里乌斯教的古老评语已对古典经济伦理的特质有过总结；他可能没有犯罪，可却无法使上帝满意。直至15世纪，这种原则仍然存在，在经济关系变迁的压力下，对其进行调整的首次尝试在佛罗伦萨慢慢地成熟了。

后来的路德派[2]的伦理和天主教的伦理对所有资本主义趋势的反感，根本上是基于对资本主义经济中非人格化关系的厌恶。可正是非人格化关系将世间某些事情置于教会的影响之外，防止后者渗透后，根据它们的伦理观念进行改造。尽管人与奴隶的关系可受道德准则的直接管束；然而如果不是不可能，起码也很难从伦理上解释[3]背书人与汇票间的关系，或受押人与抵押财产间的关系。教会因此而采取的立场最终导致了这样的结果：中世纪的经济

---

[1] 古印度四种姓之一，仅次于婆罗门，是王公贵族等统治者所属的种姓。——译者注

[2] 新教主要宗派之一，认为应摒弃所有与圣经不符的礼仪、制度和学说。——译者注

[3] 见韦伯：《宗教社会学论文集》，第1卷，第544页。

伦理建立在公平价格原则以及确保所有人生存机会的基础之上，禁止定价过高、讨价还价以及自由竞争。

并非像桑巴特所主张的那样是犹太人打破了这种思想约束[1]，从社会学角度看，中世纪犹太人的地位类似于一个印度种姓在没有他们就没有等级的世界上的地位，他们是流浪民族。然而却存在这样的差别：根据印度宗教的承诺，种姓制度永远存在。个人可以最终通过轮回而升天，时间的长短取决于他的修行；然而这只有在种姓制度中才有可能。种姓是永远存在的，若想脱离，就会入地狱，遭天谴。相反，根据犹太教的承诺，今世的等级关系会在来世发生翻转。他们在今世是被驱逐的民族，遭受践踏，并不是《命记·以赛亚书》上所说，为了拿撒勒人耶稣预想的救世的使命，把祖辈的惩罚记在他们身上，随着社会的发展，他们会被解放出来。在中世纪，犹太人存在于社会政治之外，是客民；由于他们不参加圣餐仪式，因而不能被任何城市的市民集团接受，不能属于这个联盟。

犹太人并非仅有的客民；举例而言，考尔森（Caursine）人的处境与他们类似。他们是基督教商人，经营放债生意，因而和犹太人一样受王侯保护，而且因为支付一笔款项而享有从事放债生意的特权。犹太人明显不同于基督教客民，他们不能与基督教徒发生商业往来和婚姻关系。基督教徒对接受犹太人的招待起初并不犹豫，与之形成对比的是，犹太人担心主人不遵守他们关于食品的仪式规定。中世纪首次爆发反犹太主义时，基督教的忠实信徒被教会会议告诫不得行为不端，所以拒绝了犹太人的招待，而对基督教徒的招待，犹太人也嗤之以鼻。与基督教徒结婚是完全不可能的，从以斯拉[2]（Ezra）与尼希米（Nehemiah）时期起便是这样。

---

[1] 桑巴特：《犹太人与现代资本主义》（爱泼斯坦译），伦敦，1913年版。

[2] 希伯来《圣经》中的重要人物，公元前5世纪带领犹太人回到耶路撒冷。——译者注

犹太工匠的存在是导致犹太人遭受驱逐的另一个原因；尽管在叙利亚，犹太骑士阶层仍然存在，可由于从事农业与仪式要求不符，犹太农民仅是例外。仪式上的原因致使犹太人的经济生活集中于放债生意。犹太人很虔诚，他们重视法律知识，持续研究的同时兼顾放债生意比兼顾其他职业容易得多。另外，虽然教会对高利贷的禁令谴责兑换业务，然而犹太人不受教会法约束，何况这个行业毕竟不可或缺。

最后，犹太教起初便主张内、外道德态度的普遍二元论，认为可以向不属于同教或没加入组织的外人收取利息。在二元论的影响下，其他不合理的经济事务也获得准许，特别是包税以及各种政治性筹资相继出现。犹太人处理这些事情长达几个世纪，因此掌握了特殊技能，使他们成为被人需要的有用之人。然而所有这些都是被排斥者的资本主义，而并非起源于西方的合理资本主义。因此在现代经济情势的开创者——即大企业家——中很难发现犹太人；这类人都是基督教徒，也只有在基督教才可以想象，而犹太厂商直到现代才出现。犹太人不能参与创立合理的资本主义的原因是由于他们处于工艺组织之外。在波兰，他们已经拥有了很多无产者，而且他们原本可以作为家庭工业企业主或制造商将这些人组织起来；但即使在像波兰这样的地方，他们也无法与行会并存。毕竟真正的犹太道德准则，就像《塔木德经》所显示的那样，是一种特别的传统主义。虔诚的犹太人在面对创新时的敬畏之心，与以巫术信仰确立制度的原始民族成员没什么差别。

然而，从犹太教将其对巫术的敌意传给基督教而言，它对现代资本主义仍有着明显的重要性。除基督教、犹太教以及两三个东方教派（其中一个在日本）外，没有哪种宗教直言对巫术的敌意。可能因环境产生了这种敌意：以色列人在迦南看到的是农业之神——太阳神的巫术，而耶和华则是地震、火山与瘟疫之神。两教教士间的敌意，再加上耶和华派教士的获胜，使太阳神派教士的丰饶术遭到怀疑，还被打上了堕落与不信神的烙印。由于犹太教使基督教有可能而且给予其从根本上摆脱巫术的宗教性质，从经济史的角度来说，它做出了重要贡献。由于巫术在基督教盛行的范围之外占统治地位是经济生活合理化最严重的阻碍之一。巫术还意味着技术与经济关系的模式化。当中国开始尝试兴建铁路与工厂时，立刻便发生了与风水术的冲突。风水术认为，在选定山脉、森林、河流和坟头上的施工地址之前，应先看风水，这样是为了不惊动鬼魂[1]。

印度种姓与资本主义的关系与此类似。无论在何处，新技术的使用对印度人首先意味着离开原有种姓而定然降至低级种姓。由于他们相信轮回，因此贬降的直接含义是必须等到来世才有机会涤罪。所以他无法赞成这样的改变。另一个事实是任何一个种姓都会使所有其他种姓沾染不洁。因此工人不敢接受他人递过来的水，所以无法雇用到同一间厂房工作。直至目前，在被英国控制了将近一个世纪以后，这个障碍才被克服。很显然，资本主义无法在被巫术信仰这样捆住手脚的经济组织内发展起来。

破除巫术势力、确立合理生活方式的方法始终就只有一个，即重大的理性预言。破除巫术势力并非所有预言都能做到，只有预言家以圣迹的形式给出凭据，才有可能破除传统的神圣规则。预言从巫术中解放世界，从而为资本主义及其现代科学和技术奠定了基础。中国始终未出现这样的预言，就像老子与道教里的预言都来自于外面。然而印度出现了一种救世宗教，与中国相比认识到了重大预言的使命。不过他们是通过示范预言；换言之，有代表性的预言家，比如释迦牟尼（Buddha），在世人面前过着超度众生的生活，不过并不把自己看作是上天派来履行过超度生活的义务的；他的主张是任何

---

[1] 只要官员意识到这是赚钱的机会，这些阻碍便不再无法逾越；现在他们成了铁路的主要股东。从长远来看，当资本主义全副武装地站在门前时，任何宗教伦理都无法阻挡资本主义的的进入。不过尽管它已经跨越了巫术这道障碍，但并不能说明在巫术起着这样作用的环境中，能产生真正的资本主义。

想把超度当作其自由选择的目标的人，都应该过这种生活。然而任何人都可以拒绝超度，因为并非每个人都想涅槃重生；只有真正的哲学家由于憎恶这个世界，才决心禁欲并远离世俗生活。

因此对知识分子来说，印度的预言家对他们有着直接影响。这些人成了清苦的僧侣与山林中的隐士。然而创立佛教的意义对于民众而言截然不同，对他们而言这是求佛的机会。因而便出现了这样一些圣人，认为他们得由人好生供养，能创造奇迹；以便他们将来报答这种善行，保证其被赐予财富、更好的投胎转世、长寿等诸如此类今世的福气。因此真正的佛教只在少数的僧侣中存在。指导生活的道德训诫，世俗之人无法在佛教中找到的；佛教虽然有十诫，可是与犹太人的戒律不太一样，它仅仅是一些建议而已，并未给出有约束力的戒规。最重要的修行曾经和现在都是保持肉体。这样的宗教精神绝不会替代巫术，至多只是以一种巫术代替另一种罢了。

从一开始犹太教与基督教便是普通民众的宗教，而且直到仍然保持不变，这是有意的行为，这和印度救世宗教的禁欲苦修与它对民众的不完全影响形成对比。为防止他们抢夺教会领导权，古代教会发生了反对诺斯替教[1]的斗争，这场战斗只不过是反对知识分子贵族——这是禁欲宗教所共有的——的斗争。这场斗争对基督教在民众中的成功传播很重要，因而对巫术在普通民众中受到最大程度的压制也很重要。的确，直到现在巫术也没能被完全消除，不过它已经沦为了邪门歪道。

在古代犹太人的道德准则中便可找到巫术的这类发展的发端，这种道德准则与我们在埃及人的谚语以及所谓的预言文字中碰到的那类观点有很大关系。然而埃及只需在胸口上放一个圣甲虫雕像便能让死者成功隐瞒其罪孽，蒙蔽死者的判官升入天堂，因此其道德准则最重要的训诫是没什么用处的。

---

[1] 罗马帝国时期流行于地中海东部的神秘主义教派，认为只有领悟到真知才能拯救灵魂。——译者注

犹太教和基督教的道德准则没有这些愚弄人的伎俩。虽然基督教在圣餐中将巫术升华为圣礼,可它并未像埃及宗教那样给其信徒逃避最终审判的方法。如若一个人想清楚一种宗教对生活的影响,那他便必须区别开正式教义与实际上可能违背教义本愿的今生或来世的程序。

对行家高手的宗教与民众的宗教也有必要进行区分。行家高手的宗教对日常生活仅具有示范的作用;它的要求极高,可无法用来决定日常道德准则。两者的关系因宗教的不同而有差异。在天主教中,就宗教专家的主张与福音会普通信徒的义务得到同样对待而言,两者是一样的。基督徒毫无疑问是真正的僧侣,尽管也将某些适当的美德当作理想,可是并不用他的生活方式来要求所有人。这样结合的好处在于道德准则不像在佛教那样断然裂开。毕竟僧侣的道德准则与民众的道德准则之间的差别意味着宗教意义上最值得尊敬的人都离开世俗社会而建立一个独立的共同体。

并非只有基督教存在这种情况,它就像具有强大影响力的禁欲主义所显示的那样,在宗教史上经常发生,它实行一种有条理的、明确的生活方式。禁欲主义一直都起着这样的作用。由禁欲主义决定的这样一种有条理的生活方式有可能产生巨大成就,这可用中国西藏的实例进行解释。西藏好像成为永远的不毛之地,这似乎是被大自然惩罚了,然而一个独身的禁欲者的社会却在拉萨建成了庞大的工程,而且使佛教学说的传播在这里达到饱和。中世纪的西方也出现了相似的现象。在那时,僧侣是最早过着规律的生活,以有条理的方式,通过合情合理的手段为了来世而奋斗的人。时钟只是为他们报时,每天的时间也只是为他们而划分——为了祷告。僧侣共同体的经济生活也是合理的。僧侣在中世纪初期提供了部分官员。在威尼斯总督因任命权的斗争而不再有可能让海外企业雇用教士时,他们的权力也瓦解了。

然而仍然仅限于僧侣有着合理的生活方式。尽管方济各运动尝试通过三级制把它在普通民众中推行,然而忏悔室制度却成为推行的阻碍。中世纪的欧洲被教会通过忏悔与苦行制度感化了，然而对中世纪的人而言，在他们已经犯下罪过，并应接受惩罚时，通过忏悔而使其卸去负担的可能性，意味着从因教会教义而产生的罪恶意识中解脱出来。有条理的生活方式的一致性与效力实际上被这样打破了。在对于人性的认识上，教会固执地持有这样的观点，尽管有忏悔室与苦行的告诫，无论多么严厉，他还会再次堕落，它没有考虑到个体是一个封闭的单一的伦理人格这个事实；换言之，它对正义之人和非正义之人都施与恩典。

宗教改革和这种制度断然决裂。福音会被路德的宗教改革取消了，这代表着具有普遍约束力的道德与特别有利于行家高手的法典之间的差别的消失，也代表着双重道德准则的消失。对来世的苦修从而结束。以前有些宗教人物毫不动摇地一头扎进僧院，而现在不得不在世俗生活中践行他们的宗教了。对世俗生活中的禁欲主义，基督新教的禁欲教义创造了一种适合的道德准则，尽管没有要求清苦，可是对财富的追求不得误入恣意享乐的歧途；尽管没有要求独身，可却把婚姻完全视为一种合理的养育后代的制度了。因此，"你认为你已经逃出了寺院，然而所有人都成了终身僧侣"，塞巴斯蒂安·弗兰克（Sebastian Franck）用这句话概括宗教改革的精神是恰当的。

在新教禁欲信仰的发源地，禁欲思想的上述转变所具有的广泛意义至今不衰。宗教派别的意义在美国特别明显。然而，迟至15或20年前，尽管国家与教会是分开的，每一个银行家或医生选择居住地或结婚都会被问及其所属教派，他回答的好坏就是其前程的好坏。一个人道德品行的严格调查决定能否被某个教派接受。否定犹太教内、外道德法典差异的教派成员身份保证了其业务上的信誉度和可靠性，从而也保证其业务上的成功。所以有了"诚实是最好的策略"这一原则，使浸礼会教徒、贵格会信徒以及卫理公会教徒不停地重复上帝会照顾自己这一根据经验得出的教条。"不信神者在路上擦肩而过而无法相互信任；他们想做生意时便来求助于请我们；虔诚是获得财富的最可靠道路。"这绝非"言不由衷的谎话"，而是虔诚与始料未及的影响的结合。

的确，将财富的获得归因于虔诚，就会出现类似于中世纪寺院常常陷入的困境，由此进入了一个两难境地：财富由宗教行会带来，使人堕落的是财富，而堕落就有必要进行改造。加尔文主义[1]试图避免陷入这样的困境，于是提出了人只是上帝所有恩赐的管理者这个观念；它不准人逃离世俗，然而却谴责享乐，将一起工作以及工作的合理纪律视为个人的宗教任务。"天职"一词便产生于这个思想体系，这个词为受《圣经》的新教译本影响的语言所熟悉[2]。它表达了受这个思想体系影响的合理活动的价值，而合理活动是为完成上帝给予的任务而按照合理的资本主义原则而进行的活动。归根结底，这也是清教徒与斯图亚特王朝间的差别的基础所在。资本主义控制两者的观念；不过对于清教徒而言，犹太人所有令人厌恶事物的化身，因为他们投身于迎合宫廷的不合理、不合法的那类职业，比如战争贷款、包税以及职位出租。[3]

现代企业家，还有勤劳的工人，在天职概念的发展中立刻拥有了完全问心无愧的感觉；企业家的雇员以苦修方式投身于天职，并且容忍着企业家通过资本主义而对他们进行的残酷剥削，而企业家则把永远得救的希望当作付给雇员的工资；在那个时期，教会纪律在我们目前无法想象的程度上控制着整个生活，因而这种希望代表着与现在完全不同的现实。天主教与路德教派也承认并实行这种纪律。然而在新教的禁欲共同体中，是否准许参加圣餐

---

[1] 16世纪约翰·加尔文许多主张的统称，认为人无法拒绝上帝的救赎，人的原因不可能阻挠上帝的救赎。——译者注

[2] 韦伯：《宗教社会学论文集》，第1卷，第63页及以下各页，第163、207页。

[3] 尽管得有所保留，可是通常可以用以下说法表明他们的差别：犹太人的资本主义是投机性的流浪者的资本主义，而清教徒的资本主义则由市民的劳动组织构成。参见韦伯：《宗教社会学论文集》，第1卷，第181页。

取决于道德品行是否适合；而道德品行又取决于商业信誉，可是并不探究信仰的内容。对于资本主义个体的生产而言，这样强大的、在毫无察觉中道德完善了的组织，在任何其他教会或宗教中都从未出现过；而且，就对资本主义发展的贡献而言，就连文艺复兴都相形见绌了。它的践行者投身于技术问题，而且是一流的实验者。实验是从艺术与采矿而发展成为科学的。

然而统治者的政策却主要取决于文艺复兴的世界观，尽管这些世界观并不像宗教改革那样，改造了人的精神。16世纪、甚至17世纪早期，几乎所有重大科学发现都是在反对天主教的背景下做出的。哥白尼（Copernicus）是位天主教徒，而梅兰希通（Melanchthon）与路德（Luther）则否定了他的发现。毫无疑问，科学进步绝不能与新教等同。天主教确实时而阻碍科学进步，然而除非在与日常生活的物质需求有关的情况下，新教的各禁欲教派向来倾向于不接触科学的态度。而另一方面，新教的独特贡献是将科学应用于技术与经济学上。

现代经济人文主义已经丧失宗教根基，现在天职的概念在世界上已毫无用处。禁欲的信仰已被一种悲观的世界观所取代，尽管其决非禁欲，正如曼德维尔在《蜜蜂的寓言》中所说的那样，在一定条件下，私人的恶德符合公众利益。各教派起初的巨大宗教感召力完全消失，在经济思想领域，18世纪后期与19世纪早期的王侯、政客以及作家的指导原则是相信利益相符的启蒙运动的乐观主义取代了新教禁欲主义的位置。经济伦理是以禁欲主义为背景出现的，其宗教意义现在已失去了。工人阶级只要它能给予永远幸福的承诺，便有可能接受命运安排。这种慰藉一旦消失，在后来快速发展的经济社会中，那些紧张与压力的出现便无法避免了。于19世纪铁器时代早期，初期资本主义结束之时这种情况便出现了。